Fulgencio Argüelles
Bernardo Atxaga
Mario Benedetti
Alfredo Bryce Echenique
Carlos Casares
Agustín Cerezales
Miguel Delibes
Fernando Fernán-Gómez
Ángel Fernández-Santos
Roberto Fontanarrosa
Eduardo Galeano
Juan García Hortelano
Julio Llamazares
Javier Marías
Justo Navarro
Rosa Regàs
Julio Ramón Ribeyro
Manuel Rivas
Augusto Roa Bastos
José Luis Sampedro
Osvaldo Soriano
Jorge Valdano
Manuel Vicent
Juan Villoro

Cuentos de Fútbol

Selección y prólogo de Jorge Valdano

EXTRA
ALFAGUARA

ALFAGUARA

Juan Bravo, 38. 28006 Madrid
Teléfono (91) 322 47 00
Telefax (91) 322 47 71

• Aguilar, Altea, Taurus, Alfaguara S. A.
Beazley 3860. 1437 Buenos Aires
• Aguilar, Altea, Taurus, Alfaguara S. A. de C. V.
Avda. Universidad, 767, Col. del Valle,
México, D.F. C. P. 03100

ISBN: 84-204-8200-5
Depósito legal: M. 31.590-1995

Del infortunio a la gloria, del éxito al fracaso. Pocos acontecimientos en la vida consiguen, como el fútbol, recorrer de un extremo al otro y en poco menos de dos horas, los sentimientos de una muchedumbre dividida por dos querencias rivales en el terreno de juego. Pasión, odio, fidelidad, desencanto, son elementos viscerales de un deporte, un juego tan aplaudido por la masa como abucheado y despreciado, hasta hace pocos años, por los intelectuales. Cuentos de fútbol *nace gracias a la iniciativa de Jorge Valdano, una de las personalidades que más han dignificado el lenguaje con el que se discute de fútbol en España, tanto en su etapa de jugador como de entrenador. Por eso, este libro ofrece al aficionado, al lector, la otra cara del fútbol —la literaria—, imposible de captar a través de un zoom fotográfico o una cámara de televisión.*

Esta antología reúne veinticuatro relatos —trece inéditos y diez publicados— de prestigiosos escritores españoles y latinoamericanos, con selección y prólogo del propio Valdano. Agradecemos la coordinación del periodista Santiago Segurola y el apoyo inestimable del escritor Mario Benedetti, punto de referencia inexcusable cada vez que se habla de la pasión futbolística. El autor uruguayo confió en este proyecto desde El césped *literario, nombre que da título al cuento que aporta a este volumen.*

Aparcada la crónica periodística —siempre temporal y caduca—, Cuentos de fútbol *presenta de forma sosegada y divertida la dialéctica poética y reflexiva de la literatura. Toda la obra provoca un acercamiento al fútbol a través de la palabra, a la vez que un desplante a la eterna enemistad y desencuentro entre los intelectuales y el* deporte rey. *«Culturalmente despreciado, políticamente utilizado y sociológicamente reducido a una expresión popular de menor cuantía, el fútbol sigue atrapando la emoción dominguera de aficionados de todo el mundo, convertido en un cautivante fenómeno de movilización de masas que debería ser merecedor de una atención más respetuosa», señalaba hace unos años Jorge Valdano desde la* Revista de Occidente.

Cuentos de fútbol *es un homenaje al jugador manteado y humillado por fallar un penalty, al que vende su alma al diablo por golear la portería contraria, al árbitro que vistió de luto en señal de pésame por él mismo, y a los sentimientos de vida y muerte capaces de encender una pasión, o dos: la del fútbol y la literatura.*

ÍNDICE

Prólogo

Jorge Valdano

Dentro de la cancha hacer cuento, como hacer teatro, son malas artes; una prueba más, acaso casual, del poco aprecio que el fútbol siente por la inteligencia clásica. No descarto la venganza como móvil, al fin y al cabo pocas veces fueron amables las opiniones de los intelectuales con respecto al fútbol.

Este libro es un lugar de encuentro para el músculo y el pensamiento con la intención de que vayan perdiendo la desconfianza que se tienen. Un juego, el del fútbol, metido dentro de otro juego, el de la literatura. El hombre escapando de la realidad con el afán de buscar sus aspiraciones más auténticas.

Y es que resulta placentero un viaje de la inteligencia por los alrededores del fútbol; siempre que no intentemos comprenderlo todo como Alcides Antuña Cavallero, un serio intelectual de izquierdas que creía en el hombre nuevo y despreciaba el borreguismo de las masas. Indignado por lo que el fútbol provocaba en el mundo entero el pobre pretendió entenderlo.

Vio parecida pasión en los estadios de todos lo continentes: «Es un fenómeno universal», se dijo.

En un parque de Camerún vio jugar a un padre con su hijo: «Produce un diálogo intergeneracional», se dijo.

Fue en Río de Janeiro donde vio a un negro salir de una favela y a un blanco de una mansión para jugar un mismo partido en la arena de Copacabana: «Es un rito de inversión social», se dijo. En Múnich vio jugar con eficacia alemana y en Sevilla comprobó que también en la cancha el público quería jactarse de arte: «Es una expresión cultural como otra cualquiera», se dijo. Vio a dos aficionados discutir de fútbol y luego a cuatro, y luego a diez en una esquina de Riyadh: «Es un vehículo de comunicación», se dijo.

Vio una piedra estallar contra la cabeza de un árbitro en Hong Kong: «Es una vía de escape», se dijo.

Vio obreros dejando energías detrás de un balón en un suburbio de Buenos Aires: «Es un arma de distracción», se dijo.

El fútbol provocaba más cosas de las que había imaginado pero no lograba saber por qué y empezó a ponerse pesado. Durante horas clavaba la mirada en el mapamundi de su hijo mayor como si esa pelota llena de países fuera la síntesis de su búsqueda. Nada.

Se puso a viajar por la biblioteca y lo mismo se entusiasmaba que decaía. Albert Camus le contó que lo mejor que sabía sobre la moral y las obligaciones de los hombres se lo debía al fútbol. «Voy bien», dijo Alcides, y siguió buscando.

Fue Jorge Luis Borges quien escribió que resultaba increíble que una cultura que se desarrollaba con juegos como el ajedrez, hubiera degenerado en juegos tan vulgares como el fútbol. «Cagamos», se le escapó a Alcides, pero no abandonó. A veces una pista lo llevaba a Marx, Sartre o Virgilio pero se terminaba enredando en una maraña sin salida. Hurgó en la historia y los antropólogos le contaron que la primera pelota fue la cabeza de un ser humano. Ya no sabía si eso era bueno o malo para su investigación.

Intelectualmente sobrado, cada conversación sobre fútbol la convertía en una tesis doctoral.

—¿Has visto cómo paró el balón? —comentaba alguien.

—No digas paró —saltaba Alcides—, di recepcionó o amortiguó... y en cuanto al balón, Wenceslao Fernández Flórez lo definió como «aire de cuero forrado», para que te enteres.

—¿Vas al estadio? —consultaba otro.

—Estadio —aprovechaba él—, según Manuel Vázquez Montalbán, «mausoleo de tranquilidad»; según Mario Benedetti, «esqueleto de multitudes»...

Y así andaba como un poseído repartiendo lecciones y espantando amigos. El propio Alcides se empezó a cansar de sí mismo y de tanto simbolismo que no lo conducía a ninguna parte. No le encontraba salida a su obsesión y empezó a emitir señales inquietantes. Un día la mujer lo encontró hablándole a una pelota vieja como Hamlet a la calavera.

—¿Pero se puede saber qué haces? —le gritó.

—La seducción de la esfera... —intentó principiar Alcides pero la mujer no lo dejó progresar; después de gritarle «loco» catorce veces se largó a llorar sin consuelo y lo dejó por imposible.

Alcides siguió con una insistencia ya claramente lunática. Durante una noche insomne le encontró una ruta nueva a su empeño científico: «Si es un fenómeno popular la respuesta la tiene el pueblo», dedujo y, de madrugada, salió a la calle con un grabador en la mano y una euforia que empezaba a tener mala pinta. La gente le contestaba a sus preguntas pensando que se trataba de una encuesta radiofónica pero los testimonios recogidos eran de una vulgaridad devastadora. Uno declaró que los jugadores cobraban mucho dinero, otro se quejó de no sé qué injusticia arbitral y una señora mayor, tampoco se sabe a cuento de qué, explicó que a ella Jesús Gil no le caía del todo mal.

Alcides se sintió casi obligado a enloquecer del todo...

Cuando los enfermeros llegaron a su casa el pobre estaba descuartizando aquel viejo balón a cuchillada limpia con la cara desencajada y un clamor como grito:

—¡Contesta, contesta, contesta!

Ahora está mejor. Vive para los fines de semana y ya no se hace preguntas raras. Los domingos por la mañana su mujer le prepara un bocata, le pone una camiseta número 12 de la selección y lo lleva a unos campos municipales para que anime a cualquier equipo. Se ayuda con un bombo que sus amigos intelectuales le regalaron para Reyes. Pobre Alcides, cuanto más ruido hace más feliz parece.

La historia de Alcides sirve al tono de este prólogo y la escribo por simpática antes que por buena, sin otra pretensión que la de abrir el apetito de los lectores y advertir a los intelectuales sobre los riesgos de ponerse serio con un juego.

La ciencia se ha ocupado de demostrar que la inteligencia tiene muchas maneras de expresarse pero cada día hace falta mayor número de pruebas para romper un prejuicio. Este libro servirá a la causa. Primero hizo falta involucrar a algunos amigos en este proyecto, después comprometer a escritores admirados para que arrimaran algún inédito y finalmente integrar a autores queridos para que autorizaran la incorporación de cuentos de fútbol que ya son célebres.

Y bien, lector, sólo faltas tú por convencer. Si te gusta el fútbol piérdele el miedo a las letras, si amas la literatura no creas que el balón es un objeto siniestro. Si te gustan las dos cosas qué más puedes pedir que esta recopilación.

Por mi parte estoy feliz. Cierto día un crítico deportivo me acusó de ser un «vendedor de sueños», supongo que con la intención de ofenderme. Nunca logré de un amigo un elogio más hermoso. Vendedor de ilusiones me siento hoy mientras empaqueto estos cuentos. Son regalos inolvidables que grandes escritores le hacen al fútbol y a usted.

JORGE VALDANO

Cuando los balones se volvieron invisibles

Fulgencio Argüelles

Arrullado por la pestilencia perenne de la bruma de cenizas que las grandes chimeneas de los crematorios esparcían por el aire, Héctor Guerrero salió de la duermevela del final de la tarde con el suspiro lastimoso y elocuente de quien acaba de vislumbrar flotando en el charco alborotado de su propio corazón el barco impasible de la muerte. Quiso gritar, pero observó cómo la materia viscosa del silencio del universo se escurría por las paredes desnudas de su cuarto y el grito se le desvaneció como una resina cáustica en las grietas hirvientes de sus labios. Se incorporó sobre la colchoneta de espuma y se quedó aturdido por el derrumbe repentino de su voluntad. El mundo le pareció irreal. Por primera vez en su vida tuvo la evidencia física de que la tierra estaba dando vueltas sobre sí misma y también alrededor de los humores corrosivos de su cerebro. Se acercó a la maraña de trapos y cartones aparvados en una esquina del cuarto y alcanzó una bolsa de plástico de la que extrajo con cuidado uno de los valiosos álbumes que guardaba como la única y última referencia con el pasado, cuando el mundo no era todavía una ciénaga pestosa de muerte y desolación. Pertenecía a la última liga del campeonato de fútbol disputada seis años atrás. Lo dejó en el suelo, abierto por la página del que había sido su último equipo como entrenador. Luego extrajo de uno de los bolsillos del pantalón que colgaba de la manilla de la ventana un globo blanco. Lo infló, lo ató, le dibujó las rayas negras tal como venían en las fotos de balones que llenaban los márgenes del álbum y comenzó a elevarlo una y otra vez golpeándolo con la cabeza, los muslos o los pies, mientras iba sintiendo cómo el globo, él mismo y el mundo entero se quedaban nadando en un estado de brumas imaginarias donde la realidad no era otra cosa que el cúmulo de los residuos que habían dejado en su memoria tantos buenos recuerdos. Mientras el globo ascendía, él cerraba los ojos y soñaba con aquellos balones de antaño que volaban sobre el área girando sobre sí mismos, igual que gira la tierra, buscando el golpeteo acrobático de su derecha mágica. El globo se elevaba a cámara lenta y él se retorcía sobre sí mismo reproduciendo cabriolas, chilenas, volatines y piruetas como aquellas que en otro tiempo habían enfervorizado al público y entusiasmado a todos los críticos deportivos y cuyas imágenes habían recorrido el mundo repartidas y repetidas una y mil veces por todas las cadenas de televisión extranjeras. En cada viaje lánguido del globo-balón hacia las alturas, Héctor Guerrero iba desclavando las imágenes colgadas y disecadas en las paredes de su memoria y las iba extendiendo en el aire de ceniza de la tarde agria como una sábana nevada sobre la hoguera de su miseria. Veía la entrada triunfal en la avenida del aeropuerto bajo una lluvia de flores y serpentinas montado en el automóvil plateado y abierto que el presidente de la nación usaba en las inauguraciones públicas, cuando el equipo regresó con la copa de todas las copas debajo del brazo después de un encuentro inolvidable contra los ingleses donde él consiguió, con el tiempo ya vencido y el árbitro ojeando su cronómetro, una volea desde cuarenta metros que incrustó el balón por la mismísima escuadra y dejó al portero londinense de las cien manos y los mil pies tendido en el césped como una alimaña herida de muerte y ahogado en un llanto de niño abandonado imposible de contener. Veía los pasillos alfombrados y las cristaleras floridas de los ministerios en las innumerables recepciones organizadas para las felicitaciones oficiales por tantos títulos nacionales y continentales y las caras triunfales y sebosas de los políticos que lo abrazaban como a un mesías libertador de todos los males patrios. Veía a las patrullas espontáneas de aficionados llenando los muros de la ciudad con su nombre pintado con brocha gorda. Veía a la muchedumbre enloquecida saltando al campo para elevarlo en hombros la noche en que consiguió su primer título como entrenador en un partido glorioso que durante noventa minutos detuvo al país entero en un suspiro subliminal de infartos contenidos. En el fragor de estas imágenes revividas consumió lo que quedaba de la tarde hasta que el globo, que había ido trazando en quiebros extenuados los perfiles de un mundo feliz perdido, alcanzó los pinchos de un pequeño cactus que agonizaba sobre el cajón de la basura y desapareció en una explosión súbita y desproporcionada que a él se le antojó como un síntoma más de la maldición que desde hacía años había caído sobre la pasión o deporte del fútbol y sobre todos sus apropiados, derivados o referentes y que había hundido al país en la más cruel y enigmática de las miserias. Recogió los añicos de goma como quien recoge en un último y definitivo esfuerzo los despojos de sus entrañas y los arrojó, junto con el cactus moribundo y asesino, al féretro de la basura. Triste y derrotado por la evidencia del maleficio se desplomó sobre la colchoneta de espuma, tomó el álbum que había permanecido abierto en el suelo y encendió la radio. Mientras repasaba las hojas amarillentas reconociendo cada una de las caras, deteniéndose en cada rostro y preguntándose qué habría sido de éste o de aquél, compañeros, la mayoría, en los equipos a los que él había pertenecido, primero como jugador y después como entrenador, mientras esto hacía con el gesto perdido en el ámbito gris de la melancolía escuchó la voz de naufragio del locutor que anunciaba las últimas medidas urgentes del *Gobierno de Salvación Nacional.* Se declaraba no potable el agua de todas las ciudades y se emplazaba a la población a consumir únicamente aquella que los *Consejos Urbanos* repartirían por las calles en camiones cisterna. Los cadáveres de las gentes que morían cada día como si fueran chinches se depositarían junto a los contenedores de basura donde serían recogidos en turnos de día y noche por los carros dispuestos al efecto para ser llevados lo más pronto posible a los centros de incineración. Se establecían los criterios de actuación para las múltiples comisiones nombradas para encauzar las ayudas llegadas del exterior y su distribución adecuada entre la población, sacudida y diezmada por el hambre y las pestes antiguas y de nueva aparición. Se suspendían definitivamente todas las actividades académicas y los centros de enseñanza serían utilizados para la asistencia sanitaria y social, por lo que se recomendaba a todos los voluntarios que quisieran ofrecer su ayuda que se presentaran en dichos centros con ropa limpia y papeles de identidad para pasar las pruebas de asepsia y quedarse, si procedía, a total disposición de los *Consejos Urbanos*. El *Ministerio del Pensamiento Oficial y la Meditación* convocaba a todos los intelectuales, profesores y gentes de la cultura a concentrarse en las bibliotecas públicas para unas jornadas intensivas de reflexión sobre las causas y los efectos de aquel irracional desastre sin paliativos en la historia de la humanidad. Se declaraba la guerra abierta y sin miramientos contra los terroristas del grupo *Trece de Mayo*, que habían elevado al fútbol a la categoría de religión, preconizaban sus méritos y bondades, reivindicaban la vuelta de las competiciones, declaraban al gobierno actual como único responsable del desastre nacional por su torpeza y su maníaca superstición y atormentaban a las autoridades con constantes y trágicos actos de muerte y brutalidad. Y por último se establecía la pena de muerte para todo aquel que manifestara públicamente, de palabra o de obra, cualquier tipo de apoyo, consideración o referencia a la plaga del fútbol o a cualquier recuerdo, objeto o teoría que con aquel juego diabólico tuviera algo que ver. Héctor Guerrero, al oír el relato de esta última medida, abrazó con fuerza la bolsa amarilla donde guardaba los álbumes y sintió cómo se le descuartizaban las ansias de vivir en aullidos sangrientos que le arrugaban el espinazo y la nuca y el alma y la pierna mágica que tantas satisfacciones le había proporcionado a su país, ahora sumido en el barrizal de lo indescriptible. Aquellos álbumes eran lo único que le quedaba. Había perdido a sus dos hijos en el último azote de peste que en ráfagas mortíferas propias del más lóbrego apocalipsis hizo estragos entre la población infantil, y su mujer se había fugado con un miembro del grupo terrorista *Trece de Mayo* culpándolo a él de no tener cojones para unirse a ellos, tanto que amaba su fútbol de las entrañas, y de haber dejado morir a sus hijos de hambre por no vender en el mercado negro aquellas reliquias de mierda que no hacían otra cosa que agrietarle la coraza del corazón con punzadas de nostalgia y de dolor, pues el país, decía ella, no necesitaba símbolos muertos sino hechos consumados que despertaran las conciencias dormidas de las gentes y mandaran al otro barrio a la inútil manada de gobernantes. Héctor vivía en un piso sin muebles, sin puertas, sin marcos, quemado todo como leña para superar la crueldad del último invierno que fue como una desmesurada y larga pesadilla que acabó convirtiendo aquella nación a la deriva en el reino de la pesadumbre. Trabajaba cada noche por los vales de la comida, una pastilla de jabón, unas pilas para la radio y las medicinas en uno de los grandes crematorios braceando entre destrozos humanos, empujando hacia los hornos candentes los cadáveres de los apestados y sosteniendo a duras penas las ansias de arrojarse también él al fragor de las llamas y acabar de una vez con tanta penuria indescifrable. Pero cada amanecer de ceniza salía de su puesto de trabajo con destino a la colchoneta triste de espuma aplazando la decisión hasta la noche siguiente. Al mediodía bajaba para hacer las colas y entregar los vales a cambio de la carne enlatada, la leche en polvo o el arroz cocido que distribuían los funcionarios del *Ministerio de la Lucha contra el Hambre*. Dormía seis horas diarias distribuidas en dos sesiones de mañana y tarde y cuando estaba despierto escuchaba los noticiarios de la radio y repasaba una y otra vez los álbumes, como un rito secreto de salvación, al que a veces asistía su amigo Rafael, también futbolista de fama en otro tiempo y ahora con la boca comida por el escorbuto, la pierna de lanzar aquellas magistrales faltas paralizada por la inclemencia del reuma y el cerebro congelado y vidrioso de tanto pedirle al cielo argumentos para su desgracia. Rafael y él se abrazaban a veces despavoridos de la nostalgia sideral que fumigaba sus vidas y acababan empapando con los efluvios del llanto la colchoneta de espuma. Héctor Guerrero se puso triste. Hacía varios días que no veía a su amigo Rafael.

En la radio comenzó un programa sobre útiles consejos para la supervivencia, pero él accionó el interruptor y apagó la voz empalagosa de la locutora sabihonda sin dejar de abrazar los álbumes de la misericordia. Si algún funcionario del *Ministerio de la Guerra contra la Peste del Fútbol* descubría aquellas reliquias lo condenarían a muerte, como habían hecho con su amigo Belarmo, al que descubrieron intercambiando cromos del último *Mundial* en un vagón del *Metropolitano*. Él podría vender a buen precio en el mercado negro aquellos álbumes de la época dorada. Con ello sacaría dinero suficiente para vivir dignamente durante varios meses y comprar en el estraperlo algunas de las cosas más necesarias. Tentado estuvo de hacerlo muchas veces, y en una ocasión salió con la bolsa amarilla bajo el brazo dispuesto a encontrar un comprador. Fue cuando la enfermedad de sus hijos. Pero no era fácil el mundo subterráneo del estraperlo y se necesitan varios días de contactos arriesgados para vender algo con la garantía de la discreción. Cuando volvió, a los dos días, aún con los álbumes bajo el brazo, pero con una cita segura para el día siguiente con un buen comprador, sus hijos habían muerto. Su mujer lo abandonó a la semana siguiente. Le dejó una nota donde decía: «¡Cómete los malditos álbumes, cabeza de balón!». A él se le fruncieron las entrañas y desde entonces padeció una colitis crónica que lo arrastraba una y otra vez camino del excusado y que fue engullendo sus carnes y secando su piel hasta dejarlo en un estado de absoluta misericordia.

Se asomó a la ventana buscando una luz diferente y vio la ciudad inmóvil, sin más signos de vida que los maullidos de unos gatos invisibles. Sin duda la tierra había detenido su frenético girar. El mundo había sido condenado a caminar hacia atrás para corregir ilusiones y descifrar la urdimbre de los malos sueños. No podía ser que el fútbol fuera el causante de tantos males. Héctor Guerrero se resistía a creerlo, aunque los intelectuales del *Ministerio de la Verdad* habían sido rotundos al manifestarse sobre tal cuestión.

El fútbol llegó a convertirse en la religión de un país ajeno a su propia ruina. Los partidos de la liga se repartieron a lo largo de toda la semana, con el fin de que todos los días, y no sólo el domingo, fueran jornadas de fútbol. Las televisiones organizaban debates interminables sobre las jugadas dudosas y unos comités oficiales nombrados al efecto, después de analizar los vídeos y atender las reclamaciones, decidían en acto público televisado, si procedía, la repetición de los partidos. Algunos se repetían varias veces, con lo cual las ligas se hacían interminables. Los grupos políticos se vieron obligados a hacer declaraciones públicas detrás de cada encuentro y a incluir en sus programas electorales medidas para coordinar el mundo del balón, multiplicar las ayudas económicas, ampliar los estadios y cambiar los planes de enseñanza adaptándolos a la nueva importancia del deporte rey. Las cadenas de televisión que no emitían programas referidos al mundo del fútbol se quedaron sin audiencia y se vieron obligadas a cerrar. Los horarios de trabajo se adaptaron al complicado calendario de retransmisiones ligueras y se crearon sindicatos al efecto. Las páginas que los periódicos dedicaban al deporte fueron aumentando más y más hasta hacer de toda la prensa nacional una prensa deportiva. Entrenadores, jugadores y presidentes de los clubes daban su nombre a las calles de las ciudades y a los colegios y a los hospitales, grababan discos, pronunciaban conferencias y escribían libros que desplazaban de las listas de ventas a los escritores más afamados, muchos de los cuales tuvieron que dedicarse a inventar relatos relacionados con el fútbol, a escribir biografías de ex futbolistas famosos o a dirigir las floridas memorias de los presidentes. Se crearon cátedras en las universidades donde se estudiaban materias como *La Historia del Fútbol, La Filosofía del Fútbol, Estrategias Futbolísticas Aplicadas a la Economía Nacional, El Achique de los Espacios y la Política de la Moneda Única, El Fuera de Juego y la Marginación, Fútbol y Dios, Psicología de los Banquillos y Teología de la Liberación, El Miedo Escénico y la Teoría Psicoanalítica de la Frustración, El Símbolo del Balón en el Primer Año de la Vida del Niño* y otros muchos temas que dieron pie a tratados, teorías y doctorados y que revolucionaron el mundo de la cultura y de las finanzas. Las acciones de los clubes cotizaron en la bolsa y acapararon en poco tiempo la mayoría de los movimientos bursátiles. El mercado interbancario, el precio de la deuda, los tipos de interés, obligaciones, pagarés, fondos de inversión y hasta el valor de los metales preciosos oscilaban en cada sesión en función de los resultados ligueros de la jornada anterior. Hubo quiebras de empresas importantes, cierre de bancos, suicidios señeros y huida de capitales extranjeros ante aquella fiebre desquiciante que más allá de las fronteras nadie lograba entender. El infarto se convirtió en una enfermedad al cabo de la calle y era frecuente ver caerse desplomados a peatones que esperaban para cruzar un semáforo con el transistor al oído. Se comercializaron los automóviles con televisión y aumentaron espectacularmente los accidentes de tráfico. En las últimas elecciones un grupo político con el nombre de *Fútbol al Poder*, formado en su mayoría por viejas glorias del fútbol y por catedráticos y doctores en las materias de nueva implantación, obtuvo la mayoría absoluta y entonces aquel juego de pelota de once contra once se transformó en una urdimbre asfixiante que lo fue invadiendo todo hasta ser capaz de conciliar las contradicciones más ancestrales del hombre en un único grito de salvación, y por lo tanto de inflexible superstición. Se legisló al respecto, y lo mágico, lo astrológico y lo quiromántico, en definitiva todas las técnicas de lo imposible, se pusieron al servicio de la nueva religión, y los teólogos se aplicaron en la tarea de inventar misterios que cimentaran las nuevas creencias. Las conciencias se fueron alterando y el país fue capaz de vivir durante mucho tiempo en el limbo de aquellas nuevas ilusiones. Las voluntades se solidificaron en un solo objetivo: el fútbol de cada día; y todas las órbitas de la realidad confluyeron en ese objetivo hasta invadir bárbaramente las personalidades de la misma manera que lo hacen las pestes, el hambre o el frío. Así vivió el país durante muchos años. Y no faltaron hechos impíos y criminales, pero la mayoría referidos a disputas entre seguidores de uno u otro equipo o a sucias campañas electorales para conseguir la presidencia de los clubes. Pero de pronto una maldición cayó sobre el discurso de esta forma de vida que parecía imparable. Los balones comenzaron a hacerse invisibles. La primera vez fue durante la disputa de la final de la *Copa del Presidente*. Héctor Guerrero lo recordaba muy bien. Él se sentaba aquella tarde en el banquillo como entrenador del equipo que iba venciendo por dos a cero. El delantero paraguayo de la otra escuadra fue a rematar a bocajarro un balón que se quedó suelto en el área con el portero batido y el esférico se esfumó. Un tirón en el muslo obligó al jugador a salir del campo en camilla. Se fueron sacando más balones, pero todos corrieron la misma suerte. Hubo que suspender el partido. En una semana desaparecieron todos los balones de cuero, de goma y de plástico, y hasta las pelotas de playa. Ni los más entendidos en las ciencias parapsicológicas supieron dar una explicación. Se pidieron balones a los países vecinos que fueron traídos cuidadosamente en camiones frigoríficos, pero en cuanto cruzaban las fronteras se volvían invisibles. En

Consejo Urgente de Ministros se decidió jugar los partidos con pelotas de trapo fabricadas al efecto, pero una nueva maldición cayó sobre el país del fútbol. Un virus desconocido que las autoridades sanitarias no lograron clasificar arremetía de manera fulminante contra las rótulas de los jugadores en cuanto éstos pisaban el césped y las bajas fueron tantas que hubo que suspender la competición. De nada sirvieron los análisis realizados con la tierra y la hierba de los campos por los especialistas enviados por la *Organización Mundial de la Salud.* Cundió el pánico. La bolsa se hundió, hubo suicidios colectivos, varios intentos de golpe de Estado, las fábricas se cerraron, las televisiones suspendieron sus emisiones, se organizaron procesiones monstruosas donde se practicó la penitencia pública, los alimentos escasearon, los asesinatos y los actos de histeria colectiva se multiplicaron y el país entero se encontró envuelto por la niebla espesa de un síndrome de abstinencia que acabó con él. La gente dejó de acudir a los centros de trabajo angustiada por la ausencia de aquel alimento del alma que durante tanto tiempo había sostenido sus vidas. Las turbas de los fanáticos asaltaban las videotecas y las sedes de radio y televisión en busca de las grabaciones de los partidos y el Ejército hubo de intervenir para requisar todo el material cinematográfico y recluirlo en los cuarteles. Se estableció el toque de queda y se suspendieron las libertades constitucionales. Por si las desgracias fueran pocas, llegó una ola de frío que se fue repitiendo cada año. Las nevadas duraban meses. Era como si el cielo hubiera querido purificar definitivamente las ciénagas brumosas en que se habían convertido las conciencias, sofocar los efluvios de polvo ilusorio a que se habían quedado reducidas las memorias y ahogar a base de gélidas y cegadoras tormentas blancas las pesadillas de una nación que se había quedado sin futuro y había perdido la noción del tiempo. El presidente del país y fundador del partido *Fútbol al Poder*, un trece de mayo, festividad de Nuestra Señora de los Desamparados, mortificado y despavorido por tanta absurda desgracia, se pegó un tiro en acto público televisado en directo diciéndoles antes a todos que, puesto que en este mundo ya no había fútbol, no merecía la pena vivir. Muchos ciudadanos siguieron su ejemplo y los árboles de los parques amanecieron abarrotados de cadáveres colgados y bandeados por el viento de la desilusión. Esa misma noche, con los alientos oliendo a resina y los cráteres de la luna pintados de alquitrán, los minúsculos grupos de la oposición, para quienes el fútbol había sido la peste desencadenante de todas las desgracias, tomaron el poder y se constituyó el *Gobierno de Salvación Nacional*.

Héctor Guerrero, abrumado más que nunca por el peso de la nostalgia (que es como el rumor corrosivo de la lluvia de los recuerdos cuando se ponen tristes) iba camino del crematorio a cumplir con su jornada nocturna de trabajo recordando los hechos, desde aquella noche de pasmo en el *Estadio Nacional* cuando el balón se volvió invisible, hasta el apocalipsis devastador en el que día a día iba sobreviviendo a base de reconstruir el mundo perdido de antaño en el espacio ceñido de su memoria. Los carros municipales recogían los cadáveres amontonados junto a los contenedores de la basura. Le dio una patada a un bote vacío con el mismo estilo y el mismo coraje con el que ejecutaba las penas máximas en los encuentros de la Selección Nacional. Los funcionarios que conducían los carros mortuorios le gritaron al unísono: «¡Eh, tú, que eso está prohibido!». Él se soltó a llorar y el agua salada de su llanto al mezclarse con la ceniza triste del aire formó en su rostro un barro luminoso parecido al polvo decrépito de la muerte. Tomó el sendero mugriento del crematorio, entre edificios descascarados de techos hundidos. Una especie de vagabundo gritaba consignas contra la peste del fútbol subido sobre un rimero de escombros. Hablaba de la primitiva bondad del hombre, del escepticismo, de las enfermedades que en el alma provocan las nuevas religiones y del peligro que para las voluntades y las conciencias suponen las de más antigua implantación; y gruñía, con voz desafiante de goznes oxidados y vidrios rotos, reclamando el cobijo y la enmienda de la esperanza como el único antídoto contra los devastadores efectos del veneno de la pelota. Héctor Guerrero sintió lástima de aquel desastrado predicador, y de sí mismo, y del mundo entero, y pensó que también la esperanza es una especie de religión que no trae a los corazones más que dolor y que es algo así como la antesala del infierno, y deseó con todas sus fuerzas convertirse en balón para volverse invisible.

(*Inédito*)

Sobre el tiempo

(Mesa redonda con hooligan)

Bernardo Atxaga

Decidí convocar a todas las letras del alfabeto y montar una mesa redonda sobre algún tema apropiado para las mesas redondas, es decir, sobre algo que al mismo tiempo fuera general —generalísimo— y escurridizo —escurridicísimo—. Pensé primero en la situación del mundo; luego en los problemas de la violencia en el fútbol; luego más tarde en las relaciones entre el asesinato de menores y las películas de la televisión; más tarde aún, en la influencia de la depresión en el desmembramiento de la familia, o al revés; pero, desechadas una tras otra estas posibilidades —no suficientemente generales ni escurridizas—, llegué a la conclusión de que lo que buscaba, el tema de los temas, era el tiempo.

—Tempus fugit —me dije poniéndome en situación y llamando a los veintiséis posibles miembros de la mesa redonda, desde la A hasta la Zeta—. Venid a mi casa. Es una cuestión de vida o muerte —les dije. No había pasado ni un instante y ya me sentía totalmente comprometido con el tema.

—Bien, ya veo que estáis todas y que ni siquiera la V, que estaba de vacaciones, ha querido quedarse fuera —les dije a las letras a modo de bienvenida.

—Tratándose del tiempo, yo no podía fallar —dijo la T.

—Ni tú ni nadie. El tema es tremendo —le respondí con la euforia habitual en cualquier comienzo de mesa redonda. Luego adopté un aire más grave y me dispuse a poner la primera frase de lo que, con un poco de suerte, sería un bello y sólido edificio intelectual.

—De todas las cosas que parecen reales —dije—, ninguna tan inefable como el tiempo. Muchos son los que podrían hablar con propiedad de la tierra que pisamos o del fuego que nos quema; o de la madera de los árboles, o del agua que se mueve en el mar, o del aire que respiramos. Pero deben de ser muy pocos los que, interrogados acerca de la sustancia que llena las horas y los días, podrían ir más allá de la famosa respuesta del santo: cuando no me lo preguntan, lo sé; cuando me lo preguntan, no lo sé. Con todo y con eso, yo me atrevo a pediros una respuesta. Amigas mías, viejas letras de nuestra cultura, ¿qué es el tiempo?

—El tiempo es el tiempo. Eso es todo —dijo la T de una forma un tanto tronante.

—Sólo una letra tan tautológica como la T puede afirmar una cosa así —dijo la K—. Sin embargo, según el punto de vista de Kant, el más grande de los filósofos...

—¡Bobadas! —exclamó entonces la B interrumpiendo a la K—. Me parece una babosería hablar a estas alturas de Kant. Pero ¿qué fue Kant? Pues una birria, un bodrio, eso es lo que fue. En cambio Bergson...

—Un momento, un momento —dije yo volviendo a interrumpir el diálogo. Estaba claro que la B podía aportar la pizca de agresividad que toda mesa redonda necesita, pero era demasiado pronto para discusiones; sobre todo para discusiones tan subidas de tono como la que auguraban las palabras de la B y de la K.

—¡Bochornoso! ¡Realmente bochornoso hablar de Kant a estas alturas! —insistió la B.

Contra la insistencia resistencia, pensé.

—Quiero recordar a todas las letras presentes en esta mesa que pueden intervenir cuando quieran —dije—. La discusión no debe ser una cosa de dos. Por ejemplo, y ya que tenemos entre nosotros a la P, a mí me gustaría preguntarle una cosa: ¿Cuál ha sido tu experiencia con el tiempo? O dicho de otra manera, un poeta, es decir, un poeta que es poeta y vive poéticamente, cómo vive la poesía, digo, perdón, el tiempo?

—Con pasión —dijo la P hablando con parsimonia—. Pero prefiero presentaros mi punto de vista a través de un pasaje de mi vida, porque estoy persuadido de que así respondo mejor a la pregunta. Pues resulta que hace poco, en casa de unos amigos, reparé en un perro viejo y maloliente que dormitaba junto a la puerta de entrada, y supe, después de las pertinentes preguntas, que aquel animal no era otro que *Moro*, el pastor alsaciano de la familia, el mismo que yo había visto en mi anterior visita. ¡*Pero si era un cachorro*!, exclamé. Tenía la impresión de que el envejecimiento del perro había sido súbito. Entonces, con suma amabilidad, mis amigos me recordaron que habían pasado años desde mi última visita, y que el tiempo dejaba más marcas en los perros que en nuestra cara. *De ahí tu susto*, me dijeron, *porque tú creías que el tiempo transcurrido entre las dos visitas había sido una nadería, un instante, cuando en realidad —te has dado cuen-*

ta de ello al ver a Moro— *ese instante equivale a la vida entera de un perro.* Nada más terminar mi amigo la frase, yo añadí mentalmente: *Y nuestra vida, en el mejor de los casos, equivale a seis o siete de esos instantes, a seis o siete perros como* Moro. De vuelta a mi ciudad, creí comprender. El tiempo es una enfermedad cuya silenciosa incubación generalmente se nos pasa desapercibida.

—Muchísimas gracias. Realmente poético —apunté.

—¿Puedo hablar? —preguntó entonces la H.

—Adelante —le dije.

—Pues yo quiero decir tres cosas. Lo primero, que soy un hincha, o para decirlo de una forma más moderna, un hooligan. Lo segundo, que yo no entiendo mucho del tema que se está tratando hoy, pero que en mi opinión sólo hay dos clases de tiempo, Primer Tiempo y Segundo Tiempo...

—Y Descanso ¿no? —dijo la D con displicencia.

—Al hilo de lo que ha dicho la P, yo quisiera contar una experiencia vivida en el tiempo de mi juventud —intervino entonces la nonagenaria N—. Pues resulta que estaba preparando unas oposiciones a notaría...

—Dejadme hablar ¡hostia! —chilló la H. La N se calló inmediatamente, y miró sorprendida a la E.

—¡Educación! ¡Un poco de educación, por favor! —dijo entonces la E. Pero su voz sonó enclenque.

—Y la tercera cosa que tengo que decir —continuó la H sin hacer caso de la reconvención y meneando la cabeza como un hipopótamo— es que ahora mismo se está jugando un partido muy importante. Están jugando el Paris St. Germain y el Milán, partido de campeonato de Europa. Y yo quiero saber cómo va ese partido, porque el Milán me gusta mucho. Así que pido permiso para abandonar esta mesa redonda y bajar al bar. Porque en el bar no es como aquí. Allí hay televisión.

—Le acompaño —dijo la P.

—¡Usted! ¡Qué sorpresa! —dijo la S.

—No sea simple —le amonestó la P levantándose de la mesa.

—Soy seria, no simple —respondió la S. Pero la P ya estaba en la puerta y no le oyó.

—Creo que yo también me voy a ir. Al fin y al cabo, estoy de vacaciones —dijo la V tomando el mismo camino de la H y la P.

—Yo me quedaría aquí con mucho gusto, porque la mesa redonda me parece genial —dijo la G—. Sin embargo, debo bajar a ver el partido. Sin mí puede haber buenas jugadas y aplausos, pero no puede haber goles.

—¡Viva el fútbol! —gritó la F con fanfarronería.

Temí por un momento que la mesa redonda fuera a quedarse sin mesarredonderos y que el edificio intelectual que estábamos levantando se desarbolara y cayera a plomo. Pero allí estaba la O —que es de la organización— para ayudarme. Le hice un gesto y ella intervino gritando como un ogro.

—¡Orden! —gritó.

—¡Silencio! —dijo la S con más seriedad que nunca.

Aproveché la calma que siguió a las intervenciones de la O y de la S para ceder la palabra a la nonagenaria N, que llevaba un rato con la mano levantada.

—Como he dicho antes, yo quisiera contar una experiencia vivida en el tiempo de mi juventud —comenzó la N—. Tenía que preparar unas oposiciones a notaría, que también entonces eran de temario muy amplio y bastante difíciles. Mi problema era, en aquel tiempo...

A la N se le nublaron los ojos y la nuez de su garganta subió y bajó varias veces. Pero se repuso y siguió con la narración.

—Mi problema era, en aquel tiempo, que en casa éramos nueve hermanos y que no había manera de estudiar. Naturalmente, hoy no tendría ese problema, ahora no me queda nadie...

Pareció que el ominoso barro que aquella anécdota acababa de remover en el fondo de su alma la anulaba y que no podría seguir. Pero sacudió la cabeza, ahuyentó a los malos espíritus y continuó con voz ya definitivamente firme.

—Así pues, debido a aquel problema que tenía en casa, decidí marcharme a un monasterio. Era un monasterio —digo este detalle porque tiene su importancia— que no estaba lejos de mi casa, sino a unos tres kilómetros, en una colina que domina nuestra ciudad. Al poco de llegar, a los dos o tres días, ya sentí el cambio. Sentí que algo se iba parando, parándose como un coche cuyo conductor ha dejado de acelerar, y sentí también, curiosamente, que yo iba dentro de aquel algo. *¿Será el tiempo como un vehículo?*, pensé. *¿Será algo que nos lleva, que nos transporta, que nos arrastra de un punto a otro a una velocidad variable?* A medida que pasaban los días y las semanas, la sensación de que en el monasterio el tiempo iba más lento se fue haciendo evidente. Me sobraban las horas, el temario de las oposiciones a notaría comenzaba a parecerme corto, tenía la impresión de que mi corazón palpitaba según un compás dulce y tranquilo. Un día, era al atardecer, salí a dar un paseo y reparé en la silueta y en las primeras luces de una ciudad *¿Qué ciudad será?*, pensé con una emoción parecida a la que debieron de sentir los mercaderes antiguos cuando, tras largas travesías, divisaban por fin Samarcanda o Estambul. No miento al decir que tardé bastante en darme cuenta de que aquella ciudad que tan ajena me parecía era justamente la mía, la de siempre. Al principio pensé que el cambio de tiempo —de vehículo— había alterado mi percepción de la distancia, pero luego, cuando lo volví a pensar, descubrí que el cambio había tenido más consecuencias, que había afectado a las zonas más íntimas de mi ser.

—¿Cómo que a zonas más íntimas? —preguntó la C aprovechando que la N se había tomado un respiro.

—¿Ha conocido usted a algún emigrante? —le dijo la N—. El emigrante vuelve a su país natal creyendo ser el mismo de siempre. Pero llega y no se acomoda. ¿Por qué? Pues porque la estancia en el extranjero le ha cambiado por dentro, y todo le parece extraño, ajeno.

—¿Y ésa era su sensación después de pasar unas pocas semanas en el monasterio? —preguntó la S con algo de sorna.

—Le repito lo que he dicho antes. Tuve la sensación de que me encontraba dentro de otro algo. Dentro de otro vehículo, dentro de otro país. Y que desde allí, mi ciudad de siempre me resultaba ajena.

—Desde luego, la experiencia parece muy interesante —dije—. Y ahora, para terminar su intervención y para que todo lo que nos ha contado incida más plenamente en el tema general de la mesa redonda, dígame en muy pocas palabras ¿cómo definiría usted el tiempo?

—A mí me parece que es una característica de cada país, entendiendo por país cualquier núcleo de vida, sea éste un monasterio, un pueblo, un cuartel, una casa o lo que sea. Igual que se habla de países húmedos y secos, podría hablarse de países de tiempo lento y países de tiempo rápido.

—Entonces, según usted ¿cuántas clases de tiempo hay? —preguntó la C con cara de curiosidad.

—Muchísimas clases. Quizás cien, quizás mil, quizás más —respondió la N—. Como ven, y aunque parezca paradójico, no estoy de acuerdo con Newton. Eso de que, como dice su teoría, el tiempo sea algo que fluye sin relación con nada externo, me parece bastante negable.

Escuchaba las palabras de las participantes y me regocijaba pensando en lo bien que estaba saliendo la mesa redonda. Por decirlo de una manera vulgar pero contundente, el soberbio edificio intelectual soñado iba para arriba con la ligereza de la espuma, y todo hacía pensar que aquella ascensión continuaría hasta el tejado del verdadero saber. Pero la barbarie, siempre al acecho, no deseaba aquello. Deseaba que nuestra obra quedara a medias.

Ocurrió cuando la C preparaba un comentario sobre las palabras de la N. La puerta de la sala se abrió de golpe, y la G, en plan gorila, gritó:

—¡Goooool! ¡Gol! ¡Gol! ¡Gol!

—Seguro que ha marcado Savicevic —dijo la S con una sonrisa de superioridad.

—Así es, Savicevic. ¡Ha sido la hostia! ¡De verdad que ha sido la hostia! —dijo la H hollando todo lo que encontraba a su paso. Desde luego, era un hooligan auténtico.

—¿De qué equipo es Savicevic? —preguntó alguien.

—Del Milán —respondió la M.

—¡Paris St. Germain cero, Milán uno! —gritó la H poniéndose a bailar sobre nuestra mesa.

—¡Qué partido! ¡Pura poesía! —suspiró la P desde la puerta.

—¡Forza Milán! —gritó la F.

—¡Forza! —corearon una buena decena de letras. El entusiasmo de la cuadrilla hooliganera comenzaba a ser contagioso.

Ante el desastre mano de sastre, pensé. Ya que una buena parte de la tela había sido mordida por la polilla, sólo cabía el tijeretazo. Valía más quedarse con un pequeño pero fiel grupo de letras, que seguir adelante con todo aquel lío.

—Los que quieran ver el fútbol, que se vayan y nos dejen a los demás en paz. Esta reunión es muy seria —dije en alto.

Se hizo el silencio en toda la sala y, por un momento, pensé que todo iría bien, que incluso la H se iba a quedar. Pero aquella calma no hacía sino presagiar la tormenta que vino a continuación. En medio de un ruido de sillas y botellas, la mayor parte de las letras dejó su puesto y se abalanzó hacia el bar.

—¡Forza Milán! —gritó la F.

—¡Forza! —corearon las letras que ya bajaban por la escalera. Sonó tan fuerte que temí por la estabilidad de la sala.

Cuando tuve la suficiente presencia de ánimo como para levantar los ojos, miré al grupo de fieles que había decidido seguir con la mesa redonda y continuar su lucha con el escurridizo tema del tiempo. Eran únicamente cinco.

—Os lo agradezco mucho —dije.

—La primera de las letras no podía faltar —dijo la A.

—Yo soy una entusiasta dc las mesas redondas —añadió la E.

—Yo soy del Milán, y vería el partido con gusto —explicó la M—. Pero estoy en una época meditativa de mi vida, y prefiero no moverme.

—A mí no me interesa el fútbol —dijo la nonagenaria N.

—Para mí, lo primero es la corrección —dijo la C—. Y abandonar una mesa redonda cuando todavía faltan muchos grados para completarla es una falta de corrección. Dicho sea de paso, estoy bastante consternada por el comportamiento de la S. Creía que era una letra más seria.

—Ya lo he dicho antes. Ella se cree seria, pero es simple —dijo la P entrando por la puerta—. Hay tanta multitud viendo el partido que es imposible disfrutarlo. Prefiero reincorporarme a la mesa redonda. Si es que sigue habiendo sitio para un poeta, claro.

—Hay sitio de sobra —le respondí con cierto resquemor. No podía olvidar que él había sido el primero en unirse al hooligan.

—¿Queda mucho para que termine el partido? —preguntó la M.

—No mucho. Unos veinte minutos —respondió la P.

—Bien, sigamos —dije con cierta impaciencia—. ¿Quién quiere seguir? ¿Quién quiere recoger la antorcha?

—Tendré que ser yo —dijo la A sin asomo de esa arrogancia que algunos le atribuyen—. Pero no teman, no voy a hablarles de la concepción del tiempo en Aristóteles, sino de algo aparentemente más anecdótico y también, al menos eso espero, más ameno. Abreviando: voy a hablarles del ajedrez. Si se fijan ustedes en el tablero de ajedrez, verán que no tiene centro, o mejor dicho, que no tiene un punto central; verán que lo que hay en lugar de ese punto es un cuadrado de cuatro casillas, dos blancas en diagonal y dos negras también, por supuesto, en diagonal. ¿Qué significa eso? Pues, según cierta tradición, el tablero del ajedrez sería, entre otras cosas, una representación simbólica del tiempo. Efectivamente, el tiempo sería, y ésta es la definición que yo quiero aportar aquí, algo que no tiene centro y que avanza de cuatro en cuatro. Repito: algo que no tiene centro y que avanza de cuatro en cuatro.

—De cuatro en cuatro estaciones, supongo —inquirió la E.

—Así es —admitió la A—. El tiempo avanza de cuatro en cuatro estaciones. Siempre según la tradición materializada en el tablero de ajedrez.

—Cierto —dijo la C—, pero quisiera hacer una corrección. Ha hablado usted de un cuadrado, y quizás hubiera sido mejor hablar de un círculo, porque en la realidad, en la realidad del mundo rural por ejemplo, no se repiten únicamente esos cuatro momentos, sino que a lo largo del año se repiten muchísimos más; momentos que, generalmente, y dicho sea de paso, suelen estar señalados con fiestas y con santos, y que representan hitos de la vida agrícola o ganadera. Así las cosas, al haber tantos momentos repetidos, y no puramente cuatro, el tiempo pierde en cuadratura y gana en circularidad. Observe usted, y con esta apreciación acabo, que cuando se popularizaron los relojes, éstos tomaron forma circular.

Después de la correctísima intervención de la C, hubo un momento de silencio y de reflexión. A continuación, la A retomó la palabra.

—Si yo fuera la A de Antigüedad, le daría la razón y aceptaría su aportación en todo. Sin embargo, como me siento más cerca de la actualidad que de la antigüedad, me veo obligada a recordarle que su descripción ya no se ajusta a los hechos, porque, como usted bien sabe, hoy en día los relojes tienden a ser rectangulares. A medida que las ciudades van creciendo e imponiéndose sobre lo rural, el tiempo va transformándose y cambiando de naturaleza. En lo que respecta a Occidente, esto es completamente cierto.

—Amigas mías —murmuró la M—, no hay tanto misterio. Si se me permite un inocente juego de palabras, yo diría que en algunas partes del mundo, el mundo ha cambiado mucho. Repito: lo que ha cambiado en algunos lugares como Manchester, Michigan o Madrid es el mundo, o si prefieren otra palabra, el modo de vida, la cultura, la civilización. Así las cosas, el tiempo no es el mismo, pero tampoco la Muerte es la misma, ni la Música, ni el Mal, ni la Magia...

—Como saben, yo acabo de cumplir los noventa años —dijo la N—, y puedo afirmar con toda autoridad que eso que ha dicho mi compañera M es verdad. El mundo ha cambiado mucho. Yo creo que ha cambiado más desde mi nacimiento hasta ahora, que desde el nacimiento de Jesús hasta mi nacimiento. Más en setenta años que en mil novecientos...

—Muchos ancianos corroborarían esa opinión suya, estoy seguro de ello —dije.

—Si me lo permiten —continuó la N—, puedo contarles una anécdota que ilustra perfectamente ese hecho.

—Adelante —le animé yo con mi mejor sonrisa. Realmente, quién iba a pensar al comienzo de la mesa redonda que aquella letra anciana iba a convertirse en uno de los pilares del edificio intelectual que yo anhelaba construir.

—Pues, cuando vivía en Nápoles, tenía la costumbre de visitar el museo donde se guardan parte de las pinturas y esculturas de Pompeya, cuadros y esculturas en las que pueden verse escenas de la vida cotidiana de hace dos mil años. Pues bien ¿qué pensamos al ver esas escenas? Pues que son las mismas que las que hasta hace treinta o cuarenta años podían verse en las zonas rurales de Italia, España o Grecia. Por poner un ejemplo, hay en ese museo varios cuadros en los que se ve a varias niñas jugando a las tabas. Eso demuestra lo que decía antes. Que, en ciertas zonas, la vida cambió poco durante casi dos mil años.

—En Petronio se puede ver una cosa bastante parecida —dijo la P dejando a un lado el libro de poemas que había estado ojeando—. Petronio describe un juego que yo mismo practiqué en mi infancia y que, al menos en mi pueblo, se llamaba el juego del caballo fuerte o del burro. Consiste en que unos niños de un grupo se ponen en fila y se agachan hasta formar una especie de caballo o burro, mientras que los del otro grupo saltan sobre ellos como jinetes intentando que doblen la rodilla. Ya digo, este juego que cita Petronio lo he practicado yo. Y no soy tan viejo, creo.

—Tenéis razón —dije—. El mundo ha cambiado mucho. Pero ¿a mejor o a peor?

—A peor —dijo la P.

—A mejor —dijo la M.

Hay mesas redondas que, como ciertos cohetes que se usan en los llamados fuegos artificiales, explotan y se expanden por segunda vez cuando ya no queda sino el rescoldo de la explosión originaria. Según todos los indicios, la nuestra pertenecía a esa privilegiada clase. Habíamos partido de un tema general —generalísimo— y escurridizo —escurridicísimo—, y he aquí que, cuando ya parecía agotado, surgía desde su fondo otro tema general —generalísimo— y escurridizo —escurridicísimo—: el tema de si los tiempos cambiaban a mejor o a peor, la eterna cuestión de la edad de oro. Ya me felicitaba por lo que, suponía, iba a ser otra fiesta constructora de sabiduría, cuando un fragor procedente de las escaleras interrumpió mis reflexiones. Comprendí con horror que se trataba de la numerosa cuadrilla hooliganera de la H.

—Oe, Oe, Oe, Oe, Oe... —cantaba la cuadrilla. Reconocí, al frente de ella y como primera voz, a la O que supuestamente estaba encargada del orden.

—Parece que ha ganado el Milán —dijo la M.

—¡Victoria! ¡Victoria! —gritó la V irrumpiendo en la sala junto con la O, la H, la S y todas las demás desertoras de la mesa redonda.

—Ha sido la hostia. Milán dos, Paris St Germain cero —chilló la H dejando una caja de botellas de cerveza sobre la mesa.

—¡Savicevic! ¡El segundo también lo ha marcado Savicevic! —gritó la S.

La segunda explosión de la mesa redonda fue materialmente anulada por aquella otra bárbara explosión de alegría deportiva. Nada podía hacer yo, y nada podían hacer las letras que fielmente me habían acompañado. La A puso cara adusta, y la E y la C intentaron enfrentarse y contraatacar al grupo. La P llegó incluso a protestar en nombre de todos los que, según la M, estábamos siendo marginados o —según la N— ninguneados. Pero lo que la F llamó fiesta del fútbol continuó adelante. Decidimos —la P volvió a acudir en nuestra ayuda— armarnos de paciencia y esperar. No estábamos dispuestos a que la mesa redonda acabara de aquella manera. No, no serían los bárbaros los que dijeran la última palabra.

Después de unas horas, la fiesta perdió fuelle, y la tristeza bárbara que siempre sigue a la alegría bárbara hizo su aparición. La sala se llenó de lamentos y lloros alcohólicos, y la mayoría de las letras optó por marcharse. Aunque no todas lo lograron —caminar a cuatro patas no es tan fácil como parece—, nos quedamos bastante solos.

El momento de coronar nuestra ceremonia había llegado.

—Bien, si alguien quiere añadir algo, que lo haga —dije—. De lo contrario, daré por finalizada la mesa redonda sobre el tiempo.

Para mi sorpresa, la H levantó la mano. Estaba encima de la mesa, entre botellas vacías de cerveza.

—Yo quiero hablar —dijo.

—Adelante —le invité.

—Pues resulta que con el tiempo a mí me pasa algo raro.

—¿Desde qué punto de vista?

—Desde el punto de vista de un hooligan, supongo. Porque yo soy un hooligan, o para decirlo de una forma más antigua, un hincha. No sé si os lo había dicho.

—Sí, algo sabíamos. Pero, adelante, cuenta lo que te pasa.

—Pues me pasa que cuando mi equipo va ganando por uno a cero cada minuto se me hace larguísimo. Es como si el reloj se parara y como si el equipo contrario tuviera todo el tiempo para empatar. Cuando es al revés, en cambio, cuando somos nosotros los que vamos perdiendo por uno a cero, mi impresión es la de que el tiempo vuela y de que nos va a resultar imposible remontar el resultado. No sé, me gustaría que alguien me explicara este misterio.

—¿Conoces a un futbolista que se llama Einstein? —le preguntó la E.

—Me suena —dijo la H—. Juega en el Hamburgo, me parece.

—Efectivamente —dijo la E.

—¿Por qué me lo dices? —preguntó la H incorporándose.

—Porque es la persona adecuada. Él te explicará el misterio. Lo mejor será que se lo expliques en una carta.

—Pues eso voy a hacer. Y de paso le pediré una camiseta. Pero eso será después de dormir. Ahora tengo mucho sueño.

Dicho y hecho, la H se quedó dormida sobre la mesa.

—Bien, la mesa redonda ha finalizado. Os agradezco vuestra colaboración —dije, y las seis letras que habían conseguido llegar hasta allí asintieron con la cabeza y me devolvieron las gracias.

(Inédito)

El césped

Mario Benedetti

algo vuela hacia el sol y no se sabe
si es la pelota o si es la misma tierra
BALDOMERO FERNÁNDEZ MORENO

ante su red aguarda
la portería aún, araña parda
MIGUEL HERNÁNDEZ

1

El césped. Desde la tribuna es un tapete verde. Liso, regular, aterciopelado, estimulante. Desde la tribuna quizá crean que, con semejante alfombra, es imposible errar un gol y mucho menos errar un pase. Los jugadores corren como sobre patines o como figuras de ballet. Quien es derrumbado, cae seguramente sobre un colchón de plumas, y si se toma, doliéndose, un tobillo, es porque el gesto forma parte de una pantomima mayor. Además, cobran mucho dinero simplemente por divertirse, por abrazarse y treparse unos sobre otros cuando el que queda bajo ese sudoroso conglomerado hizo el gol decisivo. O no decisivo, es lo mismo. Lo bueno es treparse unos sobre otros mientras los rivales regresan a sus puestos, taciturnos, amargos, cabizbajos, cada uno con su barata soledad a cuestas. Desde la tribuna es tan disfrutable el racimo humano de los vencedores como el drama particular de cada vencido. Por supuesto, ciertos avispados espectadores siempre saben cómo hacer la jugada maestra y no acaban de explicarse, y sobre todo de explicarlo a sus vecinos, por qué este o aquel jugador no logra hacerla. Y cuando el árbitro sanciona el penal, el espectador avispado también intuye hacia qué lado irá el tiro, y un segundo después, cuando el balón brinca ya en las redes, no alcanza a comprender cómo el golero no lo supo. O acaso sí lo supo y con toda deliberación se arrojó al otro palo, en un alarde de masoquismo o venalidad o estupidez congénita. Desde la tribuna es tan fácil. Se conoce la historia y la prehistoria. O sea que se poseen elementos suficientes como para comparar la inexpugnable eficacia de aquel zaguero olímpico con la torpeza del patadura actual, que no acierta nunca y es esquivado una y mil veces. Recuerdo borroso de una época en que había un *centre-half* y un *centre-forward,* cada uno bien plantado en su comarca propia y capaz de distribuir el juego en serio y no jugando a jugar, como ahora, ¿no? El espectador veterano sabe que cuando el fútbol se convirtió en balompié y la *ball* en pelota y el *dribbling* en finta y el *centre-half* en volante y el *centre-forward* en alma en pena, todo se vino abajo y ésa es la explicación de que muchos lleven al estadio sus radios o transistores, ya que al menos quienes relatan el partido ponen un poco de emoción en las estupendas jugadas que imaginan. Bueno, para eso les pagan, ¿verdad? Para imaginar estupendas jugadas y está bien. Por eso, cuando alguien ha hecho un gol y después de los abrazos y pirámides humanas el juego se reanuda, el locutor idóneo sigue colgado de la «o» de su gooooooool, que en realidad es una jugada suya, subjetiva, personal, y no exactamente del delantero que se limitó a empujar con la frente un centro que, entre todas las otras, eligió su cabeza. Y cuando el locutor idóneo llega por fin al desenlace de la «ele» final de su gooooooool privado, ya el árbitro ha señalado un orsai que favorece, ¿por qué no?, al locatario.

Es bueno contemplar alguna vez la cancha desde aquí, desde lo alto. Así al menos piensa Benjamín Ferrés, veintitrés años, digamos delantero de un Club Chico, alguien últimamente en alza según los cronistas deportivos más estrictos, y que hoy, después de empatarle al Club Grande y ducharse y cambiarse, no se fue del estadio con el resto del equipo y prefirió quedarse a mirar, desde la tribuna ya vacía (sólo quedan los cafeteros y heladeros y vendedores de banderitas, que recogen sus bártulos o tal vez hacen cuentas), aquel campo en el que estuvo corriendo durante noventa minutos e incluso convirtió uno, el segundo, de los dos goles que le otorgan al Club Chico eso que suele llamarse un punto de oro. Sí, desde aquí arriba el césped es una alfombra, casi un paño verde como el del casino, con la importante diferencia de que allá los números son fijos, permanentes, y aquí (él, por ejemplo, es el ocho) cambian constantemente de lugar y además se repiten. A lo mejor con el flaco Suárez (que lleva el once prendido en la espalda) podrían ser una de las parejas negras. O no. Porque de ambos, sólo el Flaco es oscurito.

Ahora se levanta un viento arisco y las gradas de cemento son recorridas por vasos de plástico, hojas de diario, talones de entradas, almohadillas, pelotas de papel. Remolinos casi fantasmales dan la falsa impresión de que las gradas se mueven, giran, bailotean, se sacuden por fin el sol de la tarde. Hay papeles que suben las escaleras y otros que se precipitan al vacío. A Benjamín (Benja, para la hinchada) le sube una bocanada de desconsuelo, de extraña ansiedad al enfrentarse ¿por primera vez? con la quimera de cemento en estado de pureza (o de basura, que es casi lo mismo) y se le ocurre que el estadio vacío, desolado, es como un esqueleto de multitud, un eco fantasmal de esa misma muchedumbre cuando ruge o aplaude o insulta o agita banderas. Se pregunta cómo se habrá visto su gol desde aquí, desde esta tribuna generalmente ocupada por las huestes del adversario. Para los de abajo en la tabla, el estadio siempre es enemigo: miles y miles de voces que los acosan, los persiguen, los hunden, porque generalmente el que juega aquí, el permanente locatario, es uno de los Grandes, y los de abajo sólo van al estadio cuando les toca enfrentarlos, y en esas ocasiones apenas si acarrean, en el mejor de los casos, algunos cientos de fanáticos del barrio, que, aunque se desgañitan y agitan como locos su única y gastada bandera, en realidad no cuentan, es imposible que tapen, desde su islote de alaridos, el gran rugido de la hinchada mayor. Desde abajo se sabe que existen, claro, y eso es bueno, y de vez en cuando, cuando se suspende el juego por lesión o por cambio de jugadores, los del Club Chico van con la mirada al encuentro de aquel rinconcito de tribuna donde su bandera hace guiños en clave, señales secretas como las del truco. Y ésta es la mejor anfetamina porque los llena de saludable euforia y además no aparece en los controles antidopping.

Hoy empataron, no está mal, se dice Benja el número ocho. Y está mejor porque todos sus huesos están enteros, a pesar de la alevosa zancadilla (esquivada sólo por intuición) que le dedicaran en el toletole previo al primer gol, dos segundos antes de que el Colorado empujara nuevamente la globa con el empeine y la colocara, inalcanzable, junto al poste izquierdo.

2

Después de todo, la playa es mía. Desde hace quince años la vengo adquiriendo en pequeñas cuotas. Cuotas de sol y dunas. Todos esos prójimos, prójimas y projimitos que se ven tendidos sobre las rocas o bajo las sombrillas o corriendo tras una pelota de engañapichanga o jugando a la paleta en una cancha marcada en la arena con líneas que al rato se borran, todos esos otros están en la playa gracias a que yo les permito estar. Porque la playa es mía. Mío el horizonte con toninas remotas y tres barquitos a vela. Míos los peces que extraen mis pescadores con mis redes antiguas, remendadas. El aire salitroso y los castillos de arena y las aguas vivas y las algas que ha traído la penúltima ola. Todo es mío. ¿Qué sería de mí, el número ocho, sin estas mañanas en que la playa me convence de que soy libre, de que puedo abrazar esta roca, que es mi roca mujer o tal vez mi roca madre, y estirarme sin otros límites que mi propio límite o hasta que siento las tenazas del cangrejo barcino sobre mi dedo gordo? Aquí soy número ocho sin llevarlo en la espalda. Soy número ocho sencillamente porque es mi identidad. Un cura o un teniente o un payaso no necesitan vestir sotana o uniforme o traje de colores para ser cura o teniente o payaso. Soy número ocho aunque no lo lleve dibujado en el lomo y aunque ningún botija se arrime a pedirme autógrafos, porque sólo se piden autógrafos a los de los Clubes Grandes. Y creo que siempre seré de Club Chico, porque me gusta amargarles la fiesta, no a los jugadores que después de todo son como nosotros, sólo que con más suerte y más guita, ni siquiera a la hinchada grande por más que nos insulte cuando hacemos un fau y festeje ruidosamente cuando el otro nos propina un hachazo en la canilla. Me gusta arruinarles la fiesta, sobre todo a los dirigentes, esos industriales bien instalados en su cochazo, en su piso de la Rambla y en su mondongo, señores cuya gimnasia sabatina o dominical consiste en sentarse muy orondos, arriba en el palco oficial, y desde ahí ver cómo allá abajo nos reventamos, nos odiamos, nos derretimos en sudores, y cuando sus jugadores ganan, condescienden a llegar al vestuario y a darles una palmadita en el hombro, disimulando apenas el asco que les provoca aquella piel todavía sudada, y en cambio, cuando sus jugadores pierden, se van entonces directamente a su casa, esta vez por supuesto sin ocultar el asco. En verdad, en verdad os digo que yo ignoro si hacen eso, pero me lo imagino. Es decir, tengo que imaginarlo así, porque una cosa son las instrucciones del entrenador, que por supuesto trato de cumplir si no son demasiado absurdas, y otra cosa son las instrucciones que yo me doy, verbigracia vamo vamo número ocho hay que aguarle la fiesta a ese presidente cogotudo, jactancioso y mezquino, que viene al estadio con sus tres o cuatro nenes que desde ya tienen caritas de futuros presidentes cogotudos.

Bueno, no sé ni siquiera si tiene hijos, pero tengo que imaginarlo así porque soy el número ocho, insustituible titular de un Club Chico y, ya que cobro poco, tengo que inventarme recompensas compensatorias y de esas recompensas inventadas la mejor es la posibilidad de aguarle la fiesta al cogotudo presidente del Grande, a fin de que el lunes, cuando concurra a su Banco o a su banca, pase también su vergüenza rica, su vergüenza suntuosa, así como nosotros, los que andamos en la segunda mitad de la tabla, sufrimos, cuando perdemos, nuestra vergüenza pobre. Pero, claro, no es lo mismo, porque los Grandes siempre tienen la obligación de ganar, y los Chicos, en cambio, sólo tenemos la obligación de perder lo menos posible. Y cuando no ganamos y volvemos al barrio, la gente no nos mira con menosprecio sino con tristeza solidaria, en tanto que al presidente cogotudo, cuando vuelve el lunes a su Banco o a su banca, la gente, si bien a veces se atreve a decirle qué barbaridad doctor porque ustedes merecieron ganar y además por varios goles, en realidad está pensando te jodieron doctor qué salsa les dieron esos petizos. Por eso a mí no me importa ser número ocho titular y que no me pidan autógrafos aquí en la playa ni en el cine ni en Dieciocho. Los partidos no se ganan con autógrafos. Se ganan con goles y ésos los sé hacer. Por ahora al menos. También es un consuelo que la playa sea mía, y como mía pueda recorrerla descalzo, casi desnudo, sintiendo el sol en la espalda y la brisa en los ojos, o tendiéndome en las rocas pero de cara al mar, consciente de que atrás dejo la ciudad que me espía o me protege, según las horas y según mi ánimo, y adelante está esa llanura líquida, infinita, que me lame, me salpica, a veces me da vértigo y otras veces me brinda una insólita paz, un extraño sosiego, tan extraño que a veces me hace olvidar que soy número ocho.

3

Alejandra. Lo extraño había sido que Benja conociera sus manos antes que su rostro, o mejor aún, que se enamorara de sus manos antes que de su rostro. Él regresaba de San Pablo en un vuelo de Pluna. El equipo se había trasladado para jugar dos amistosos fuera de temporada, pero Benja sólo había participado en el primero porque en una jugada tonta había caído mal y el desgarramiento iba a necesitar por lo menos cinco días de cuidado, así que el preparador físico decidió mandarlo a Montevideo para que allí lo atendieran mejor. De modo que volvía solo. A la media hora de vuelo se levantó para ir al baño y cuando regresaba a su sitio tuvo la impresión de ser mirado pero él no miró. Simplemente se sentó y reinició la lectura de Agatha Christie, que le proponía un enigma afilado bienhumorado y sutil como todos los suyos.

De pronto percibió que algo singular estaba ocurriendo. En el respaldo que estaba frente a él apareció una mano de mujer. Era una mano delgada, de dedos largos y finos, con uñas cuidadas pero sin color. Una mano expresiva, o quizá que expresaba algo, pero qué. A los dos o tres minutos hizo irrupción la otra mano, que era complementaria pero no igual. Cada mano tenía su carácter, aunque sin duda compartían una inquietante identidad. Benja no pudo continuar su lectura. Adiós enigma y adiós Agatha. Las manos se movían con sobriedad, se rozaban a veces. Él imaginó que lo llamaban sin llamarlo, que le contaban una historia, que le ofrecían respuestas a interrogantes que aún no había formulado; en fin, que querían ser asidas. Y lo más preocupante era que él también quería asirlas, con todos los riesgos que un acto así podía implicar, verbigracia que la dueña de aquellas manos llamara inmediatamente a la azafata, o se levantara, enfrentada a su descaro, y le propinara una espléndida bofetada, con toda la vergüenza, adicional y pública, que semejante castigo podía provocar. Hasta llegó a concebir, como un destello, un título, a sólo dos columnas (porque era número ocho, pero sólo de un Club Chico): conocido futbolista uruguayo abofeteado en pleno vuelo por dama que se defiende de agresión sexual.

Y sin embargo las manos hablaban. Sutiles, seductoras, finísimas, dialogaban uña a uña, yema a yema, como creando una espera, construyendo una expectativa. Y cuando fue ordenado el ajuste de los cinturones de seguridad, desaparecieron para cumplir la orden, pero de inmediato volvieron a poblar el respaldo y con ello a convocar la ansiedad del número ocho, que por fin decidió jugarse el todo por el todo y asumir el riesgo del ridículo, el escándalo y el titular a dos columnas que acabaran con su carrera deportiva. De modo que, tomada la difícil decisión y tras ajustarse también él el cinturón, avanzó su propia mano hacia los dedos cautivantes, que en aquel preciso momento estaban juntos. Notó un leve temblor, pero las manos no se replegaron. La suya prolongó aquel extraño contacto por unos segundos, luego se retiró. Sólo entonces las otras manos desaparecieron, pero no pasó nada. No hubo llamada a la azafata ni bofetada. Él respiró y quedó a la espera. Cuando el avión comenzaba el descenso, una de las manos apareció de nuevo y traía un papel, más bien un papelito, doblado en dos. Benja lo recogió y lo abrió lentamente. Conteniendo la respiración, leyó: 912437.

Se sintió eufórico, casi como cuando hacía un gol sobre la hora y la hinchada del barrio vitoreaba su nombre y él alzaba discretamente un brazo, nada más que para comunicar que recibía y apreciaba aquel apoyo colectivo, aquel afecto, pero los compañeros sabían que a él no le gustaba toda esa parafernalia de abrazos, besos y palmaditas en el trasero, algo que se había vuelto habitual en todas las canchas del mundo. Así que cuando metía un gol sólo le tocaban un brazo o le hacían desde lejos un gesto solidario. Pero ahora, con aquel prometedor 912437 en el bolsillo, descendió del avión como de un podio olímpico y diez minutos después pudo mirar discretamente hacia la dueña de las manos, que en ese instante abría su valija frente al funcionario aduanero, y Benja comprobó que el rostro no desmerecía la belleza y la seducción de las manos que lo habían enamorado.

4

Benja y Martín se encontraron como siempre en la pizzería del sordo Bellini. Desde que ambos integraran el cuadrito juvenil de La Estrella habían cultivado una amistad a prueba de balas y también de codazos y zancadillas. Benja jugaba entonces de zaguero y sin embargo había terminado en número ocho. Martín, que en la adolescencia fuera puntero derecho, más tarde (a raíz de una sustitución de emergencia, tras lesiones sucesivas y en el mismo partido del golero titular y del suplente) se había afincado y afirmado en el arco y hoy era uno de los guardametas más cotizados y confiables de Primera A.

El sordo Bellini disfrutaba plenamente con la presencia de los dos futbolistas. Él, que normalmente no atendía las mesas sino que se instalaba en la caja con su gorra de capitán de barco, cuando Martín y Benja aparecían, solos o acompañados, de inmediato se arrimaba solícito a dejarles el menú, a recoger los pedidos, a recomendarles tal o cual plato y sobre todo a comentar las jugadas más notables o más polémicas del último domingo.

Era algo así como el *fan* particular de Benja y Martín y su caballito de batalla era hacerles bromas cada vez que, por azares del *fixture,* debían jugar frente a frente, ellos dos que eran tan amigos. Y el sordo mantenía al día su contabilidad particular. En los tres años que ambos llevaban en Primera A, Benja sólo le había hecho a Martín dos goles, pero de penal, y más de una vez el golero le había sacado a córner uno de esos fulminantes cabezazos que hacían el delirio de la hinchada y que constituían el más preciado don del número ocho. Cuando estoy frente al gol, decía Benja, mi obsesión es introducir la pelota en un ángulo absolutamente inalcanzable, y ahí no hay golero amigo que valga, pero si tengo la mala suerte de que el tipo que está en el arco me ataja el zurdazo o lo que sea, entonces prefiero que el que se luzca sea Martín y no otro.

El sordo llevaba la cuenta, con el mismo rigor que una computadora, de todas las atajadas de Martín, desglosándolas en varias categorías: con los puños, con una mano y al córner, retención con ambas manos, abandono momentáneo del arco a la manera de un *back* de antaño. Y también la nómina de los tiros al arco efectuados por Benja: de derecha, de zurda, de cabeza, de *chilena,* tiros muy desviados, apenas desviados, los que daban en el travesaño, en el poste izquierdo, en el derecho, los tantos anulados por «orsai», los penales errados y los acertados, y como corolario, los rotundos y gloriosos goles efectivamente convertidos.

A Benja y a Martín les divertía aquel culto singular, que oficiaba de memoria plural, pero si bien nunca lo admitían con todas las letras, ni siquiera en sus diálogos privados, en el fondo todo ello halagaba sus respectivas y modestas vanidades y constituía un motivo adicional (además de los ñoquis a la bolonesa y los capeletis a la caruso y el buen tinto de la casa) para hacerles coincidir, al menos una vez por semana, en el local de Bellini, que, aunque en los hechos (y en los precios) había ascendido con justicia a la categoría de *restaurante,* aún seguía mostrando en su refulgente neón bicolor su condición original de pizzería.

Sólo cuando, después de los comentarios y risotadas de rigor, el sordo consideró oportuno regresar a su puente de mando o sea la caja, Martín empezó a poner sus preocupaciones y dudas sobre la mesa.

Comenzó con rodeos, aproximándose al tema pero sin abordarlo directamente. Por ejemplo, preguntándole a un Benja, más callado que de costumbre, si pensaba en España o en Brasil. Que no pensaba nada, dijo Benja, pero el otro fue contundente: pues yo sí. Benja comentó que hacía bien, que todo era cuestión de temperamento. O de alergias. Y Martín, qué temperamento ni qué alergias, vos podés pegar el brinco más fácilmente que cualquier otro; un buen delantero siempre es codiciable, ya que es un producto que no abunda; para los dirigentes los campeonatos se ganan con los goles que se meten, no con los que se evitan. Benja intenta refutar y recuerda que ha habido sonados pases de goleros. Sí ya sé: Fillol, Pumpido, y ahora ese ruso Dassaev. Pero no vas a comparar, es tan raro que los intermediarios se rompan los cuernos por conseguir el pase de un arquero. Ustedes los delanteros son los que *maradonean,* los que prometen (y a veces consiguen) el paraíso; decime, Benja, cuántos números ocho tiene este país que puedan verdaderamente hacerte sombra; tenés que irte y si podés no cruces el charco chico sino el charco grande. España, Italia. Además, sos el modelito más codiciado aquí, allá y acullá, o sea el número ocho que colabora con la defensa, domina el medio campo, pasa como un maestro, y por añadidura, hace goles de campeonato. Te juro que si yo fuera delantero ya me había ido, pero no soy un metegoles sino un evitagoles y eso no cuenta. Si en un partido te meten tres, sabes cómo te putean: si te rompiste todo y no te hacen ninguno, si te pasaste los noventa minutos sacando pelotas imposibles y aguantaste todo el chaparrón de una delantera dribleadora, sorpresiva, potente, nadie se acuerda, pero si en un solo contraataque el número diez pescó a la defensa adelantada y corrió como un gamo e hizo el gol, el héroe es él, nunca el atajapelotas que quedó allá atrás, olvidado y a solas. En cambio, cuando el equipo contrario mete un gol, no se lo hace al cuadro entero sino al guardameta, es él quien falla en el instante decisivo, el que pese a la estirada no pudo alcanzar la pelota, el que tiene que ir mansa y humilladamente a recogerla en el fondo de la red, y también el que es enfocado por las cámaras para que el espectador pueda aquilatar su vergüenza, su bronca, su desconcierto, como contrapeso de la euforia, el estallido y la corrida triunfal del otro enfocado, o sea el autor del gol. Y encima te pasan el *replay,* para que tu humillación se duplique, se triplique, se multiplique hasta el infinito.

Martín concluyó su parrafada y miró a Benja, como pidiéndole apoyo. Pero el número ocho tomó despacito media copa de tinto, se limpió la boca con la servilleta, sonrió al mundo en general, y dijo: «Tengo novia».

5

En realidad, se había portado con paciencia y discreción. Tras el idilio manual del vuelo Pluna, dejó pasar tres días antes de llamar al 912437, cohibido tal vez por la secreta sospecha de que aquel número no existiera o sólo fuera una broma de la dueña de las manos. Por fin, el lunes (aprovechando que por suerte no había entrenamiento) se decidió a telefonear y si bien al comienzo la insistente llamada en el vacío pareció confirmar sus temores, precisamente cuando iba a colgar alguien decidió responder y él no dudó que aquella voz era la de ella.

Hola, soy el del avión, dijo como fórmula introductoria suficientemente ensayada. Ah, dijo la voz, yo soy la de las manos. Sí, claro, me llamo Benjamín. Ya lo sé, y te dicen Benja, yo soy Alejandra y me dicen Ale. Parece que a la gente ya no le gustan los nombres largos. No, más bien creo que es la ley del menor esfuerzo. ¿Te gustaría que nos encontráramos?, preguntó él haciendo lo posible para que la expectativa no se tradujera en tartamudeo. Me gustaría. Y la otra voz era firme, sin la menor preocupación por evitar las vacilaciones.

De modo que se encontraron, a la tarde siguiente, en Los Nibelungos. El lugar lo había sugerido Benja, que jamás iba a esa confitería, distinguida si las hay, creyendo sinceramente que era el sitio más adecuado para un primer contacto. Sólo después advirtió que cualquier boliche de barrio habría sido mejor.

A esa hora de la tarde, todas las mesas de Los Nibelungos estaban ocupadas. Las tortas de manzana, las frutillas *mit Sahne,* las caracolas, los ochos, los merengues, las palmitas alemanas, colmaban las bandejas de los camareros, entre los que todavía se contaban algunos veteranos que, a través de los años y las vicisitudes, habían atendido a varios estratos de burgueses alegres, burgueses contritos, burgueses monologantes, burgueses activos, burgueses retirados, y también a señoras locuaces, militares camuflados, nietos y bisnietos de ex nazis domésticos, jóvenes modelos de espalditas bronceadas, garbosos locutores de televisión, parlamentarios de ademán fatuo, terceros suplentes de mirada sumisa, y sólo excepcionalmente a algún turista, fogueado y pez gordo, sonriente entre aceitunas, precavidamente feliz con su muchacha en flor. El humo de los cigarrillos formaba una discreta calima, surcada por voces roncas o argentinas (en sus dos acepciones), carcajadas que intentaban no ser risotadas, ceños respetables que se fruncían y desfruncían al compás de temas y anecdotario. Por supuesto, también había clientes no particularmente diferenciados, gente que tomaba su chocolate con *stolen* o su cerveza con sándwiches surtidos y mientras tanto leía el diario o tomaba apuntes en libretas de tapas verdes. El conjunto era un solo rumor que amontonaba sílabas y sílabas pero no permitía identificar palabras y coexistía con una vaharada espesa de tabaco y miel, de alcohol y pan tostado.

Ale apareció con el mismo vestido que llevaba en el avión (¿no tendrá otro? pensó Benja, pero enseguida se avergonzó de su frivolidad), estaba linda y parecía contenta. El saludo, todavía formal, fue el pretexto para que las manos se reconocieran y lo celebraran. Hubo una ojeada de inspección recíproca y decidieron aprobarse con muy bueno sobresaliente.

Mientras esperaban el té y la torta de limón, ella dijo qué te parece si empezamos desde el principio. ¿Por ejemplo? Por ejemplo por qué te decidiste a tocar mis manos. No sé, tal vez fue pura imaginación, pero pensé que tus manos me llamaban, era un riesgo, claro, pero un riesgo sabroso, así que resolví correrlo. Hiciste bien, dijo ella, porque era cierto que mis manos te llamaban. ¿Y eso?, balbuceó el número ocho. Sucede que para vos soy una desconocida, yo en cambio te conozco, sos una figura pública que aparece en los diarios y en la televisión, te he visto jugar varias veces en el Estadio y en tu barrio, leo tus declaraciones, sé qué opinás del deporte y de tu mundo y siempre me ha gustado tu actitud, que no es común entre los futbolistas. No reniego de mis compañeros, más bien trato de comprenderlos. Ya sé, ya sé, pero además de todo eso, probablemente el punto principal es que me gustás, y más me gustó que te atrevieras con mis manos, ya que, dadas las circunstancias, se precisaba un poquito de coraje para que tu cerebro le diera esa orden a tus largos dedos. Tal vez no fuera el cerebro y sí el corazón, sugirió Benja pero no bien lo dijo le sonó empalagoso. Uyuy, quién te dice, a lo mejor tenés el corazón en el cerebro. O viceversa. Bah, una cosa es cierta. A pesar de que me gustás, jamás te hubiera enviado seña alguna, pero el hecho de que coincidiéramos en el mismo vuelo me pareció algo así como un visto bueno del azar, y yo con el azar me llevo bien, sigo moderadamente sus consejos, pero, claro, con la iniciativa de mis manos sobrepasé el consejo del azar, todavía me asombro, yo también arriesgué, ¿no? ¿Te arrepentís? Espero que no. Bueno bueno, parece que me conocés al dedillo, así que mejor contame un poco de vos. Está bien: Alejandra Ocampo, veintidós años, nací en Mercedes pero vivo desde los nueve años en Montevideo, estudiaba Humanidades pero lo dejé porque tuve que trabajar, me gano la vida en publicidad, proyecto textos seductores destinados a convencer a la pobre gente de que ingrese al mercado de consumo, a menudo trato de poner algún alerta en las entrelíneas, pero no puedo hacerlo siempre porque el jefe es avispado y se da cuenta. ¿Tus padres? Zona amarga ésa, están y no. Mi padre es uno de los uruguayos desaparecidos en Argentina. Hace tiempo que admití ante mí misma que está muerto, pero mi madre jamás lo admitirá mientras no disponga del necesario, imprescindible cadáver, y en esa esperanza dura, incontrolable, ha ido perdiendo su equilibrio. Mi hermano me lleva dos años, es dibujante y trabaja en otra agencia de publicidad (ya te habrás enterado de que es uno de los pocos sectores en que hay laburo). Él y yo tratamos de convencer a mi madre de que es imposible que papá vuelva a estar entre nosotros (lo desaparecieron en el 74), pero ella nos mira recelosa, desconfiada, como si fuéramos cómplices de ese no-regreso. Y sin embargo la ausencia del viejo también para nosotros dos fue una catástrofe. Distinta a la de mamá, pero sin duda una catástrofe. Aunque me veas animada y bastante vital, tengo a veces mis bajones y lloro larga y desconsoladamente, claro que a escondidas de mamá. Lloro porque es algo injusto, porque el viejo era un hombre estupendo, al que quizá debo lo mejor de mí misma. Ahora bien, he observado que cada vez transcurre más tiempo entre uno y otro llanto. La frustración y el sentimiento permanecen, quizá más refinados y sutiles, pero la imagen física del viejo se va como desdibujando, es una lástima pero es así.

Benja avanzó una mano hasta la de ella. Caramba, Ale (ella sonrió ante el estreno del diminutivo), jamás habría imaginado una historia así, no tenés cara de desgracia. Onetti 1960, acotó ella. No, no tengo cara de desgracia, la llevo bien guardada, para no olvidarla, ¿sabés? No tengo cara de desgracia porque no quiero que, además de hundir a mi padre, me hundan también a mí, no en la muerte sin duelo sino en la tristeza. Sé que les cae mal que uno siga viviendo, y aunque fuera sólo por eso, vale la pena vivir y disfrutar la vida.

6

Ahora Sobredo hace un pase largo de cuarenta metros destinado a Robles que no alcanza el esférico, el alero Pena ejecuta el óbol en dirección a Seoane pero el joven centrocampista es duramente marcado por Ortega, el árbitro dice aquí no ha pasado nada, y entonces Ortega elude diestramente a Menéndez y a Duarte, la acción es realmente espectacular y ahora toca la pelota muy suave en dirección al goleador Ferrés, el Benja Ferrés que cada vez juega mejor y que ahora entra como una saeta, mueve la pelota con la izquierda, cambia de pierna, se viene, se viene, el aguerrido defensa Murias intenta evitar el inminente disparo, pero el Benja lo engaña con un extraordinario vaivén, esto señores es un ballet, se viene, gooooooooool, el impresionante tiro del número ocho penetra en el ángulo izquierdo de la valla haciendo infructuosa la meritoria paloma del veterano Sarubbi, quien para algunos escépticos ya no está para estos trotes, gran jugada la del pibe Ortega y notable la definición del artillero Ferrés, este Benja que está reclamando a gritos su tan esperada inclusión en la selección nacional, pero ya no como número ocho sino como número nueve, pues es innegable su vocación de ariete. Es con estos notables valores, que se formaron en el campito, es con estos productos de la cantera doméstica, que podremos recuperar el prestigio que otrora, etcétera.

7

En el tercer encuentro, que éste sí fue en un boliche, Benja y Ale decidieron vivir juntos. Desde el segundo encuentro había quedado claro que se necesitaban, tanto espiritual como físicamente. Ale había advertido: Está bien, pero no me lleves a una amueblada, ¿eh? Benja asintió con la cabeza, se quedó un rato pensando y luego dijo que, gracias a los premios a que se había hecho acreedor en la temporada pasada, había podido comprarse un apartamentito en el Cordón, pero todavía estaba vacío, sólo había heladera y cocina de gas. Ale dio un gritito de alegría: Lo amueblaremos juntos, yo también tengo ahorros.

Y lo amueblaron. Deprisa. Aguijoneados por el deseo y también por una tímida confianza en ser felices. Empezaron por lo esencial, o sea cama, colchón, sábanas, fundas, almohadas. Luego, una mesa de cocina que serviría para todo. Había placares, de modo que se ahorraron el ropero. Mínima vajilla, cubiertos, platos, manteles, servilletas, hasta una cafetera eléctrica. Ella trajo dos cuadros que tenía en casa de su madre y él aportó unos telares artesanales que había traído de México, cuando fue con el equipo.

El día en que todo estuvo listo, llevaron sidra, brindaron (el orden fue meramente alfabético) por el amor, el fútbol y la publicidad, entre los dos tendieron la cama doble, besándose en cada cruce, con el mínimo pretexto de pasarse almohadas, fundas, portátiles. Luego se enfrentaron, conmovidos, entrelazaron sus manos ya que ellas habían sido las vanguardias, de tácito acuerdo empezaron a desvestirse mutuamente, amorosamente, hasta que el espectáculo de sus cuerpos, la plenitud de sus desnudeces, los exaltó más aún y se juntaron en el abrazo que tantas veces habían imaginado y que de a poco los fue volcando en el flamante lecho, que así quedó gloriosamente inaugurado.

8

Nunca se lo he confesado a nadie, dijo Benja pocos días más tarde mientras desayunaban en la cocina, pero a vos quiero contártelo. Tengo sueños, ¿sabés? Todos tenemos, dijo Ale. Sí, pero los míos son sueños de fútbol. Qué romántico, dijo ella riendo. No te burles, contigo no necesito soñar porque sueño despierto. Sueño que estoy en la cancha, pero no con mis compañeros de hoy. Estoy con Nazassi, Obdulio, Atilio García, Piendibeni, Gambetta, el vasco Cea, Schiaffino, Petrone, Luis Ernesto Castro, Abbadie y gente así, de distintas épocas, todo entreverado. Pero, Benja, vos no los viste jugar. No, pero he oído hablar tanto de todos ellos, para mi padre y mis tíos siguen siendo ídolos y ellos me han hecho relatos tan vivos de sus jugadas más célebres, que es casi como si los hubiera visto. Y fíjate que no sueño con los de ahora, Ruben Sosa, Francescoli, De León, Ruben Paz, Perdomo, Seré, a los que admiro y he visto jugar, sino con aquellos veteranos. ¿Y qué hacen en tus sueños? ¿Qué hacen? Jugadas extraordinarias. Una de esas noches el vasco Cea me dio un pase notable y sólo tuve que tocarla para hacer el gol. Y desde el fondo llega la voz de Nazassi, alentándonos, amonestándonos, dirigiéndonos. ¿Y eso te sirve de algo en los partidos verdaderos? Sí que me sirve, en realidad lo más extraño me ocurre en los partidos reales. De pronto, en plena cancha, me veo jugar con los viejos y no con mis compañeros actuales. Cuando advierto (no en el sueño sino en la realidad) que quien va a ejecutar el córner no es el pardo Soria sino el fabuloso Mandrake, entonces sé que la pelota va a volar directamente hasta mi cabeza y sólo tendré que darle un suave frentazo para colocarla en el ángulo. Sin ir más lejos, eso fue lo que me ocurrió el domingo. Y cuando, ya en los vestuarios, le pregunté a Soria cómo hiciste para ponerla justito en mi cabeza, él me dijo yo qué sé, fue rarísimo, como si la pelota, después que la lancé, hubiera seguido su propio rumbo hasta donde vos estabas, fue como si yo le hubiera dado un efecto sensacional pero no le di nada. Otras veces voy avanzando con la pelota y dos segundos antes de que el defensa contrario llegue a hacerme una zancadilla más bien criminal, oigo desde lejos la voz del negro Obdulio, cuidado botija, y puedo esquivar a aquel *bulldozer.* Y te podría seguir contando. Es raro, dijo Ale, y encendió un cigarrillo para pensar mejor. Es raro, sí, repitió Benja, por eso no lo cuento a nadie.

9

Desde que vivían juntos, Benja llevaba a Ale a la pizzería. El sordo Bellini la había recibido poco menos que con salvas, y la primera vez trajo un *chianti* para celebrarlo. Ale había caído bien entre los amigos de Benja, y especialmente Martín bromeaba preguntando al reducido auditorio qué le habría visto a Benja semejante preciosura. Algo habrá, decía el número ocho con aire de enigma, pero Ale se ponía colorada, así que no repitió la gracia.

Esta vez, cuando entró Martín, todos percibieron que venía radiante. Albricias, proclamó el sordo con su entusiasmo de costumbre, seguro que vos también te enamoraste. Frío frío, dijo Martín, cada vez más iluminado. Te sacaste la lotería, insinuó Ale. Frío frío. Te contrata Peñarol. Tibio tibio. ¿Nacional? Tibio tibio. Bueno, todavía no me enganchó nadie, pero el contratista Piñeirúa me aseguró esta mañana que hay un club español y otro italiano que se interesan por este joven y notable portero (te juro que dijo portero). Martín que no ni no, gritó Benja levantando los brazos. Hubo aplausos, abrazos, besos de Ale. Esperen, muchachos, vamos a no festejar antes de tiempo, parece que la decisión la tomará el domingo, justo el día que jugamos contra ustedes, Benja, de modo que cuando te enfrentes al arco pateá con ganas así me luzco. Pierda cuidado, míster, cumpliré sus instrucciones.

También él estaba contento, porque sabía cuánto deseaba su compinche dejar este mercadito deportivo para consagrarse en un supermercado de veras. A partir de ese momento todo fueron proyectos. Martín no tenía pareja, así que iría solo, y eso facilitaba las cosas. Ya te veo venir en las vacaciones con una galleguita colgada al pescuezo, intercambio cultural que le dicen. ¿Y por qué no? Mirá que han mejorado mucho, dijo Ale, ¿querés que te preste *¡Hola!* para que vayas haciendo boca? Bueno, tampoco exageres, no vayas a culminar tu carrera como violador de menores. En todo caso, de menoras. No jodan, che, el trabajo es lo primero. Te desconozco, flaco. ¿Me da la bendición, padre Martín? Ahora hablando en serio, ¿qué tal te sentís para el domingo, Benja? Como un potrillo.

10

Faltan apenas tres minutos para la conclusión de este excelente partido y el *score* se mantiene igualado en un gol por bando, resultado a todas luces justo y que a esta altura ya parece inamovible aunque ahora avanzan los anaranjados en lo que podría ser la última tentativa para vulnerar por segunda vez la valla de Martín Riera, que esta tarde (digamos que el único gol que le hicieron era sencillamente inatajable) ha confirmado su gran categoría al evitar varios goles que parecían cantados, en este momento lleva la pelota el puntero Suárez con su característica parsimonia, elude limpiamente a dos defensas y la cede a Henríquez quien sin dejarla picar la toca hacia Ferrés, que la empalma sin problema, la pisa de espaldas al arco, se la pone virtualmente en los pies a Soria, qué calidad señores, Soria sin pensarlo dos veces la devuelve a Ferrés, jugada de pizarrón pero qué pizarrón, se viene, falla el zaguero Zamora al intentar el quite, sigue el Benja con el esférico, va a tirar, se viene, tiró, goooooooool, increíble mis amigos, el balón, impulsado con gran picardía, le ha pasado a Martín Riera por entre las piernas, sí señores, aunque parezca increíble le ha pasado por entre las piernas, es algo insólito, desacostumbrado, asombroso, rarísimo, y aquí me faltan los sinónimos, que un arquero de la experiencia y calidad de Riera, a punto de ser transferido a un famoso club europeo, haya cometido un error tan garrafal que no sería de extrañar hipoteque el futuro de su hasta ahora brillante historial deportivo. Como se imaginarán los radioescuchas, la astucia de Ferrés, el extraordinario número ocho de los anaranjados, es todavía ruidosamente festejada en las tribunas, etcétera.

11

Cuando salían de la cancha, los abucheos y silbidos dedicados a Martín fueron de película. Benja no estaba en ánimo de festejar el triunfo, aunque en las duchas los demás cantaban a grito pelado y todos le abrazaban por aquel golazo fenomenal. Benja no podía dejar de pensar en Martín. La otra noche, en la pizzería, le había dicho: Cuando te enfrentes al arco, tirá con ganas, así me luzco. Bueno, y él había tirado con ganas. Cómo iba a imaginar que a un golero como Martín la pelota le fuera a pasar por entre las piernas. Benja bien sabía que, de aquí a la Polinesia, para un golero eso significaba la vergüenza universal. ¿Estaría el agente europeo en la tribuna? ¿Cómo podía el bueno de Martín tener tanta mala suerte?

Esa misma noche, Benja (solo, sin Ale) fue a casa de Martín pero no lo encontró. Estaba muy abatido, dijo el padre. Qué horrible, don Riera, que haya sido justamente yo. No te preocupes, él no te echa ninguna culpa. Sólo está furioso consigo mismo. Dice que pensó que vos ibas a tirar a un ángulo. Y tiré a un ángulo, don Riera, pero la pelota rozó apenas a un *back* de ellos, creo que nadie se dio cuenta y entonces la pelota se desvió y lo encontró a Martín totalmente descolocado. En las entrevistas que me hicieron al terminar el partido yo dije eso varias veces como explicación. Sí, él te lo agradece, se dio cuenta de tu intención, pero lo que queda de este partido es que a Martín le hicieron un gol por entre las piernas.

Benja fue a tres cafés que frecuentaba Martín y en el tercero lo encontró. Estaba un poco borracho, y eso era grave porque Martín nunca bebía. Se acabó el viaje, Benja, y no sólo eso, también se acabó mi carrera aquí, no hay golero que sobreviva a que le hagan un gol por entre las piernas. Benja dedicó dos horas a darle ánimos. Yo me siento tan mal como vos, Martín, no puedo acostumbrarme a la idea de que justamente yo te haya hecho eso. No, Benja, no me hiciste nada, todo me lo hice yo. No sirvo para golero. Ni para nada. ¿Pero estaba el contratista de España? Estaba. Y aunque no estuviera. Con las fotos que mañana aparecerán en los diarios, alcanza y sobra. Seguro que hasta las publican en España y en Italia. Cualquier día se van a perder ese manjar. Y no sólo la foto sino el comentario:

Y ésta es la maravilla que íbamos a importar del Tercer Mundo. Por otra parte, ya me dijo el entrenador que, *por prudencia,* no voy a ser titular por tres o cuatro partidos. Mira, Benja, de esto no me repongo ni atajando tres penales en una sola tarde. Pero, Martín, no quiero verte así, tenés ventiún años, te queda la vida, toda la vida. ¿Sabés lo que pasa? Pasa que para mí la vida es el fútbol, más aún, mi vida son los tres palos. Es como si me hubiera quedado sin vida.

Por solidaridad, Benja también se emborrachó y luego lo acompañó, llorando a dúo, hasta la casa de sus padres. El viejo Riera estaba despierto y dijo: Gracias, Benja, sos el mejor amigo de mi hijo.

12

El viernes, la noticia inauguró el noticiero de todos los canales: El ambiente futbolístico ha sido conmovido por un hecho inesperado y luctuoso. El conocido golero Martín Riera se ha pegado un tiro. Tanto el entrenador como sus compañeros de equipo atribuyen el suicidio a la profunda depresión que sufrió este excelente guardameta el domingo último, con motivo del fallo, realmente insólito en un jugador de su jerarquía, al serle marcado el segundo gol, casi sobre la hora, que significó precisamente la derrota de su equipo. Tanto este cronista como todo el equipo del noticiero, hacemos llegar a los familiares de Martín Riera nuestras más sentidas condolencias.

Benja estaba destruido y Ale no sabía qué hacer. Ni uno ni otra habían escuchado directamente la noticia. Fue el sordo Bellini quien telefoneó para comentarla y se encontró con que ellos la ignoraban. No puedo creerlo, decía aquel buenazo, no puedo creerlo. ¿Cómo puede matarse alguien sólo porque le metan un gol? Ni que estuviéramos en la Edad Media. Jamás se lo perdonaré, jamás, cómo puede habernos hecho eso a vos y a mí. No esperó a que Benja dijera algo (en realidad, habría esperado en vano, ya que el número ocho estaba temblando de tristeza, sentimiento de culpa y desconcierto), con la voz quebrada dijo chau Benja y colgó.

Benja lloró como una criatura. Ale también, de modo que sus caricias no servían de consuelo. Y pensar que yo lo llevé a eso. No seas tonto, Benja, decía ella, él mismo te pidió que lo emplearas a fondo porque quería lucirse ante el agente europeo. Ya lo sé, ya lo sé. Pero ¿por qué tuve que ser precisamente yo? Hubo por lo menos diez tiros peligrosos en ese segundo tiempo y él atajó todos como siempre, estirándose, arrojándose de palo a palo, alzando la pelota sobre el travesaño. Pero de eso nadie se acordó cuando la chiflatina del final, sólo lo juzgaron por ese maldito disparo mío. ¿Cómo podré entrar de nuevo en una cancha?

Ale lo besaba, lo abrazaba, lo defendía de sí mismo y de las fotografías que en las portadas del lunes habían documentado para siempre aquel gol de antología, así decía uno de los morbosos titulares. ¿Cómo voy a enfrentarme al viejo Riera, a ese pobre hombre que me dijo que yo era el mejor amigo de su hijo? ¿Y acaso no era cierto?

Besándose entre lágrimas, abrazándose poco menos que entre espasmos de dolor, de pronto advirtieron que una ola de ternura los había invadido y que, casi sin buscarlo, estaban haciendo el amor. Y Benja y Ale tuvieron en ese instante la certeza de que en esa misma jornada, cuando una vida cercana, entrañable había decidido abandonarlos, ellos estaban creando una nueva, que por supuesto se llamaría Martín.

13

Este cementerio es de pobres, sin grandes monumentos mortuorios ni enormes lápidas de mármol con letras doradas. Este cementerio es de cruces sencillas, de adioses casi cursis en placas herrumbrosas, de caminos con pozos y pastitos quebrados, de gente humilde doblada sobre flores.

Habló el presidente del Club y pareció sincero. Historió la trayectoria amateur y profesional de Martín Riera. Dijo que en estos momentos era el mejor golero del fútbol uruguayo, pero que además era un formidable ser humano, un constante animador del equipo, un gran compañero, y que incluso su trágico gesto era en cierto modo un colmo de dignidad, un alarde de vergüenza en estos tiempos tan desvergonzados.

Junto al féretro estaba todo el equipo, incluido el golero suplente, que ahora ascendía al primero y sin embargo maldecía esa buena suerte. También había jugadores de los equipos de Primera A, incluso de los dos Grandes.

Cuando todo terminó y aquella multitud todavía asombrada empezó a disgregarse (éstos habrían llenado la Colombes, murmuró sombríamente un hincha del montón, quizá uno de los que lo habían abucheado el último domingo), Benja y Ale se quedaron un rato, quietos y callados. No era fácil desprenderse de Martín.

Después, Benja puso su brazo sobre los hombros de la muchacha. Dejo el fútbol, Ale. Ella dijo que se lo temía, pero que tal vez era mejor no tomar ninguna decisión apresurada, pues ahora estaba demasiado afectado por la muerte de Martín. No, dijo él, con los ojos secos: Anoche, en esas dos horas que dormí, tuve uno de mis sueños. ¿Y? Y bueno, ya había terminado el partido, pero yo estaba todavía en la cancha y no sé por qué tenía la pelota bajo el brazo (eso sólo pasa en los sueños porque en la realidad la pelota se la lleva el árbitro), el público iba vaciando lentamente las tribunas, y de pronto sentí que alguien me tocaba el codo, suavemente, como con afecto, y me di vuelta. Eran Nazassi y Obdulio. A falta de uno, eran dos capitanes. Y uno de ellos, no sé cuál, me dijo: Dame la pelota, botija, y se la di. No tenés ninguna culpa, pero no tires más al arco. Siempre te vas a acordar de Martín y así no es posible meter goles. Dejá la globa, pibe, ahora que todos te quieren. Es duro dejar las canchas, nosotros bien que lo sabemos, pero será mucho más duro si esperás a dejarlas cuando empiecen a chiflarte porque errás goles seguros, penales decisivos. Y los dos me miraban con un cariño tan sobrio, tan poco escandaloso, pero tan real, que dije que sí con la cabeza y los abracé, no como a fantasmas sino como a capitanes. Y es por eso que dejo, Ale, porque, como siempre, tienen razón.

Ale se arrimó más a su hombre. Le tomó las manos con sus manos, esas conocidas de siempre. Ya pensaremos después sobre el futuro, dijo ella. Sólo entonces empezaron a alejarse de Martín y su cruz, caminando a pasos lentos sobre ese pastito quebrado que es el césped del pobre. El césped.

(Del libro Despistes y Franquezas,
Alfaguara, 1990)

Pasalacqua y la libertad

Alfredo Bryce Echenique

El de Pasalacqua volando es uno de los primerísimos recuerdos de mi idea de la libertad y de la forma alegre y mágica —o cuando menos sumamente aérea— en que me enfrenté a un nuevo estreno del mundo. Y no creo que vaya a tener que rastrear mucho en mi infancia para encontrar las razones que hacen de ese recuerdo visual una de las cosas más extrañables e inolvidables de mi vida.

De mi vida infantil decía mi madre dos adorables medias verdades que me la hacían realmente adorable... Además, mamá debía ser muy joven y guapachosa, por aquellos años en que uno aún no entiende de esas cosas, por más que tienda a tocar esas cositas; en todo caso, cuando debuté de lleno en la adolescencia y *la force des choses* me obligó a comparar sus blusas, chompas o escotes, con las chompas, blusas o escotes de Hollywood, Cinecittà y la Lima de entonces, mamá quedó francamente bien, para mi desvergüenza y para mi gran vergüenza pudibundamente católica, que así es de sutil y complicada la vida...

Adorable, mamá decía estas dos grandes y adorables verdades acerca de mí en mi infancia: 1) Nadie se enferma tan adorablemente como él. 2) Nadie es tan adorable como mi hijo Alfredo cuando decide dejar de ser la pata de Judas y pide que lo amarren. Al decir la primera de estas dos cosas, mi madre se refería a lo dócil y simpático que me ponía yo cada vez que me enfermaba, y eso que dos de los grandes males de mi infancia fueron una dolorosa otitis, que desapareció solita al alcanzar yo la mayoría de edad, y un tremendo y frecuente dolor en la boca del estómago, de origen nervioso sin duda, como tantos males en mí.

Ese dolor desapareció al llegar la adolescencia y, aunque parece que nunca pasó de la boca del estómago, lo recuerdo como atroz. Y desde entonces, creo, he tratado de encontrar a alguien en este mundo a quien también le duela o haya dolido la boca del estómago, pero ya estoy bastante convencido de que no han existido más dolores que el mío, con ese nombre, o que mi mamá se equivocó con mi anatomía, o que quiso quitarle realce y prestancia a determinados sufrimientos míos, dejándolos en la boca del, o, más bien, en la puerta del horno, como un pan que se nos quema, o como si mi máxima aspiración infantil hubiera sido sufrir aún más para mostrarle lo dócil y simpático que podía llegar a ser —al comparárseme por ejemplo con mi hermana Clementina, mujer de mucho carácter, y una fiera, no bien se sentía mal— cada vez que me enfermaba y a pesar del cólico y todo.

Con su segunda media verdad adorable mi madre se refería a lo insoportable y agotador que llegaba a ser yo cuando ponía en funcionamiento mi conducta ante la adversidad y a la forma en que, de pronto, como que tomaba conciencia de ello, me autoarrestaba y me entregaba solito a las autoridades. No era, precisamente, que yo pidiera ser amarrado a la pata de una cama (un verano, en La Punta, cuando La Punta era aún un balneario chic, lo pasé casi todo amarrado a la pata de mi propia cama, bastante feliz y hasta cómodo o satisfecho de mí mismo, me parece recordar), como decía mi madre. Creo que más bien era que yo le mostraba mi más profundo acuerdo a mi madre, cuando me miraba exclamando: ¡La pata de Judas! (esto sí que es enteramente cierto: me lo *exclamaba* a cada rato), y afirmaba exasperada que no le quedaba más remedio que amarrarme.

Mi madre, paradójica como en todo, encarnaba como pocos seres de mi entorno esa terrible incapacidad familiar para enfrentarse con la realidad, para convivir con ella, sobrevivir en ella, para responderle con realismo, y para no hacer de la vida misma una huida tan inmensa como irreal y por consiguiente muy dolorosa. Esto, por un lado, ya que por el otro solía reaccionar con un tan expeditivo como increíble sentido práctico. A la soledad que siguió al despertar angustioso de las primeras borracheras de mi vida, respondió con el envío inmediato de mis perros más queridos a mi dormitorio. Ella sabía que me cuidarían y acompañarían mejor que nadie en esos trances, sin criticarme sobre todo. También me clavó, sin avisarme ni nada y más de una vez, una inyección calmante a través del pantalón, al ver que ni los perros bastaban. Y, encontrándose gravísima, en una oportunidad, se dio tiempo para calmar al médico y decirle paso a paso todo lo que debía hacer para salvarle la vida, dejándolo realmente turulato. Nunca vi a un ser tan nervioso calmar a tanta gente.

En fin. Yo creo que la idea de amarrarme, a pesar de mi autoinculpación, autoarresto y entrega voluntaria y tembleque, se debía a que mi madre creyó siempre en la posibilidad de contraataque de mis estados de rabia o excitación nerviosa. Estoy seguro que ella pensaba que yo siempre podía volver a las andadas y sorprender a la familia entera con una nueva respuesta totalmente desproporcionada a un agravio o a la realidad de una mañana en La Punta en que había viento norte y nadie se podía bañar en el mar, por la cantidad de inmundicias que éste le devolvía al verano o le traía desde los barcos de la Marina del Perú y los que iban o venían por el horizonte nublado. Como la leña verde, yo era muy difícil de encender y una persona o la simple realidad podían volverme loco o abusar de mí durante horas, sin que reaccionara. Hasta que, como la leña verde, también, por fin me encendía y entonces sí que era muy bueno para arder y dificilísimo de apagar.

Y el incendio, curiosamente, fue la respuesta favorita de mi infancia a la rabia, a la impotencia y al abuso. Y mi madre me amarraba porque desconfiaba de mí más que de la leña verde, una vez que el mundo y yo empezábamos a arder. Por eso me amarraba, claro, y a lo mejor por eso también me dejaba amarrar yo, tan fácilmente. Pero no era porque se lo pedía, en todo caso. Lo que sí, una vez amarrado, devenía en el mismo ser dócil y supersimpático que era cuando estaba enfermo, como si ya limitada al máximo mi capacidad de contraataque, las aplastantes aguas de la realidad volvieran solas a su cauce, o como si yo poseyera en esta vida una gran capacidad para el autocontrol, siempre y cuando se me diera una ayudita antes.

Aún hoy siento que, el haber pasado muchísimas horas de la infancia simpáticamente amarrado, según mis recuerdos de aquellos años al este del paraíso, da una idea de la frecuencia con que los mejores diálogos entre mi madre y yo tuvieron lugar durante esas numerosas pero nunca largas horas de cautiverio gentil (el tiempo, ya se sabe, es algo muy subjetivo). Como siempre, a mí me parecía que el medio sí se correspondía con el fin, con el origen, con la causa y con todo. Y a mi madre le parecía que no. Pero, muy a menudo, ella estaba dispuesta a aceptar que todo podía ser una cuestión de matices o de puntos de vista, siempre y cuando yo continuara amarrado unas horas más. Claro que ella volvería a visitarme siempre, a la pata de la cama, siempre dentro de un rato.

O sea que yo podía tener razón en haber querido incendiar la casa de invierno de Chosica, aquella vez, pero siempre y cuando permaneciera amarrado unas horas más. Estoy seguro que ése es el secreto de lo bien que soportaba estar amarrado. El fin justificaba los medios, y estar simpática y dócilmente amarrado era la mejor manera de haber tenido razón en intentar incendiar la casa, por ejemplo.

Como la vez aquella de la casa de invierno de Chosica, en que me engañaron como a un niño cuando quise unirme a la expedición familiar que partía a subir un cerro. La encabezaba «la mama Maña», al cuidado del grupo integrado por mi hermano Eduardo, mi primo Pepe García Gastañeta, y Peter Harriman, el hijo de un gran amigo inglés de la familia. No bien entendí que se habían escapado, que ya eran inalcanzables y que ya podían haber atravesado el gran pedregal por el que se llegaba a la falda de los cerros, sentí la profunda humillación de haber sido inútilmente engañado, sobre todo en vista de que luego, cuando me explicaron las razones del engaño, las encontré totalmente inútiles. De habérmelo explicado razonablemente, yo habría aceptado que aún no estaba en edad de trepar un cerro tan grande.

Me hirió ese engaño, pues, y corrí en silencio a incendiar la casa por la parte de atrás, la más fácil para empezar un incendio del tamaño de mi rabia. Pero después, como siempre, pensé en lo mucho que trabajaba mi padre para darnos de todo y otras sensiblerías típicas de mi carácter y consideré que con haber arruinado ya la puerta del dormitorio de Juana, la cocinera, tendría que resignarme. Mi madre me ató, como casi siempre, cuando me presenté ante ella ya del todo autoarrestado.

Algo hay pues en mí de excelente marinero en tierra, cuando menos, o de sereno pez fuera del agua. Quiero decir que puedo soportar tranquilamente estar bastante tiempo amarrado a algo. O a lo mejor esto de dejarse amarrar o aplastar tanto rato, por las buenas, es una resignada y católica manera de saberla pasar en este valle de lágrimas. En cambio, en el aire sí que no me ataría nadie y desde muy niño me di cuenta de que la imaginación que yo poseía era aérea. Siempre me ha encantado que me dejen solo con mis ideas, que por lo demás no he querido imponerle a nadie, precisamente porque pienso que no sirven para la tierra sino para el aire, que no sirven para andar sino para volar como voló aquella tarde Víctor Pasalacqua en el estadio nacional de la Lima de mi infancia, pequeño, de mucha madera, como de pueblo o de club pobre, y que tenía, creo, hasta tribunas que al Perú le regalaron otros países o la colonia inglesa de Lima o algo así, en algún gran festejo tipo centenario de la independencia.

Algo hay de cierto en todo esto del estadio, estoy seguro, pero tampoco voy a insistir mucho en ello ni en verificarlo ni nada porque se trata de un recuerdo terrenal, o de tierra, en todo caso. No se trata, de ningún modo, de un recuerdo aéreo y volador, libre, entrañable e inolvidable como aquellos ratos en que se me deja darle rienda suelta a la imaginación y escribir en paz, por ejemplo, como aquellos ratos en que nada ni nadie me interrumpe mientras escribo y siento que voy a seguir escribiendo más allá de la muerte.

Así, inmenso y lleno de aire y de libertad o del aire de la libertad de inventar y crear por encima de toda amarra, así es el recuerdo de Pasalacqua, el arquero del Ciclista Lima Association aquella tarde de mi infancia en que Carlitos Iturrino, hijo de amigos de mi familia, mucho mayor que yo, me llevó por primera vez al estadio y, no bien llegué a la tribuna de Occidente de entonces, vi a un hombre volando.

Juro que al empezar estas páginas no recordaba que Pasalacqua —un apellido que me suena a Acquaviva y a lleno de vida e imaginación, creo que sólo porque me da la gana— se llamaba Víctor. Y juro también que nunca me importó que fuera Ganoza, otro gran arquero, trágicamente fallecido, el que se quedaba con el apodo de Pez Volador. Pasalacqua era hombre y volaba, en todo caso. Y del gran Ganoza puedo seguir escribiendo horas y horas sin que su nombre regrese jamás a mi memoria. Tendría que verificarlo, como sucede con el recuerdo terrestre del estadio nacional. Ganoza volaba y era pez, o sea que no me importa tanto como Víctor Pasalacqua que volaba y era hombre.

También estoy seguro de que aquella tarde, después del fútbol, regresé a mi casa más dispuesto que nunca a permanecer, dócilmente, simpáticamente, atado durante unas horas, cada vez que mi madre me lo impusiera. Y también cada vez que la vida, gracias a Pasalacqua, por supuesto, me lo impusiera. Y es que aquella tarde el Ciclista Lima Association fue derrotado, como si a fuerza de volar su mágico arquero hubiera desaparecido del estadio...

Después, cuando yo ya era más grandecito e iba solo al estadio, vi también cómo mi equipo desaparecía de primera división, luego de segunda, y así sucesivamente hasta que, nada menos que un gran amigo, el poeta, novelista y sociólogo Abelardo Sánchez León, afirmó que yo era hincha de otro equipo peruano, como si el Ciclista Lima Association y yo jamás hubiésemos existido uno para el otro... ¡Qué grave error, mi querido Abelardo! Desaparecieron el estadio nacional aquel y tantas cosas más. Pero... ¿El Ciclista Lima Association desaparecer del fútbol peruano y de mi corazón...?

Y tú mismo lo reconoces, querido Abelardo, cuando rectificas aquella equivocada aseveración y escribes que el Ciclista Lima Association ha reaparecido décadas después en el fútbol de toda la vida, exacto que antaño, lleno de *sportmen* que juegan sin cometer faltas, ajenos al aire enrarecido de las tribunas, pidiendo disculpas por ganar, escéptico y sin ambiciones, como yo, sin barra gritona y chillona y malera y maleada, asumiendo como toda la vida su papel de decano del fútbol peruano y con ese uniforme que el Juventus italiano le copió, según te aseguré la tarde en que Pasalacqua, mi equipo, y yo, volvimos a volar juntitos, para ti aquella vez, y ahora en que lo cuento con la palabra Víctor ya también en libertad...

(Inédito)

Qué viejo estás y qué gordo

Carlos Casares

Qué gordo estás, viejo. Y qué calvo. Bueno, pelo nunca tuviste mucho, pero ahora mismo estás casi pelado por arriba, o descapotado, si quieres, mondo y lirondo como el culo de un niño. Tiene gracia que algún día te hayan comparado con una saeta rubia. Más que una flecha, pareces un bidón, perdona que te lo diga, y del color rubio no te queda ni el recuerdo. La primera vez que te vi, aún conservabas un resto de cabello en esa cabeza redonda y llena de arrugas que en estos momentos estoy observando en el televisor. Se parece a la de una rana. Lo digo también por los ojos y por la boca: unos te saltan hacia afuera y la otra se alarga excesivamente, igual que una raja que te atravesase la cara de oreja a oreja. Por cierto, que al comentar uno de los partidos de hoy, hace apenas tres o cuatro minutos, has hablado del *referee*, una gilipollez que no viene a cuento, teniendo como tenemos en español la palabra árbitro. Es como si para decir pan, por ejemplo, dijeras *bread*. Una tontería.

Por culpa tuya me pillé yo un catarro de buey, hace años. Bueno, por culpa tuya y de Manolito Romero, que un día vino a mi casa a decirme que podíamos ir a verte a Madrid en la moto. Confieso que pudo más la ilusión que el miedo, pues yo quería y no quería, pero al fin quise completamente. Salimos de noche, con varios periódicos metidos debajo del jersey, con las gabardinas enrolladas en el cuerpo como mantas y un par de gorras calzadas hasta el cuello. De cuando en vez, pasados los primeros cien kilómetros, a mí me entraban ganas de dar la vuelta, no porque no quisiera verte, que quería, sino porque me había entrado la cagalera de que iba a coger una pulmonía y que podía palmar como consecuencia. Es que pensaba en mi primo Darío, que la apañó en un viaje en coche por culpa de una ventanilla rota a la que le habían puesto una caja de frutas para tapar, hecha con aquella tablilla ruin que se utilizaba en el embalaje de plátanos y naranjas. Para esto de las enfermedades, soy un poco flojo, como si tuviera el pecho delgado, de mosquito, o como si fuese de alma inocente, que era lo que me insinuaba Manolito Romero cuando me quejaba del frío y le decía que podíamos pensar en dar la vuelta.

Cada vez que yo le recordaba la aventura tonta en la que nos habíamos metido, él me respondía con esos reproches que te digo y luego se ponía a cantar como loco: «¡Hala, Madrid, caballero del honor, a vencer en buena lid!». Eso lo aprendió en el disco que le pedimos al club por correo desde la Peña y que él se llevó luego para su casa porque era el único que tenía tocadiscos. Por cierto, que el disco era un poco mierda, como si estuviera hecho de gelatina de pollo, indigno de un club tan millonario y señor como aquél. Tal vez por eso le duró tanto a Manolito, porque de porquería que era ni siquiera se rompía como los otros discos ni se rayaba. Una desgracia para los vecinos, porque seguramente que alguno ya quisiera que aquella música se acabara de una vez, por lo menos los del Barcelona, por no decir la gente normal, pues cada domingo lo ponía no menos de veinte veces, o más si ganaba el equipo, que ganaba casi siempre.

En la Peña, Manolito era el alma, el cuerpo, la boca, los ojos, el culo, todo. Esto lo digo porque lo decía él mismo. Lo del alma era cierto, pues se encargaba de comprar el *Marca* y de organizar las meriendas e incluso me ayudaba a mí a escribir las cartas de felicitación a don Santiago Bernabéu, que eso era asunto de mi exclusiva competencia por decisión unánime de los compañeros. No recuerdo bien la explicación de cada cosa, pero del culo, por ejemplo, me acuerdo muy bien de que nos decía que tenía el culo más potente de España, es decir, para cagarse en la madre que parió a todos los del Barcelona. En esto era de una pasión enloquecida, como si se tratara de odio por herencias o litigios de lindes y enfados de vecindad. No se le podía nombrar ni a Kubala ni a un defensa cuyo nombre olvidé, porque del primero decía que era una vaca gorda con botas, y del segundo afirmaba que antes de cada partido tenía que tirarse a una tía, pues si no lo hacía, fallaba como una coladera. Lo cual yo dudé siempre, porque en esas cosas, lo mismo en el polvo que en la paja, ya me entiendes, se pierde mucha glucosa, que es la base de la energía y de la fuerza.

Pero volviendo al principio, lo del catarro te lo debo a ti. Llegué a Madrid hecho una salsa verde, con la mocada saliéndome como una fuente incontenible por las narices y la fiebre pintándome los ojos de un color encarnado subido, pura sangre concentrada en las venas y a punto de reventar. De hecho, en aquellas condiciones no debía haber ido al campo a ver el partido. Pero lo hice por ti. Para que lo entiendas bien y sepas darle el valor que tiene, no fui al entierro de mi tío Andrés porque nevaba y tenía miedo de pillar la pulmonía del primo Darío. En aquella ocasión tuve que oírle decir a mi madre que era un desagradecido y que carecía de sentimientos de familia, mi padre me llamó maricón y poeta y mi hermano Julio me dijo que ojalá cogiera la pulmonía en casa, sin salir a la calle, que era donde se cogían entonces, sentados alrededor de la mesa camilla, con los pies bien calentitos por el brasero de carbonilla, pero la espalda desguarnecida y expuesta a la traición de las corrientes.

Pues a pesar del miedo a la pulmonía, me metí en una moto toda una noche para verte a ti. Era algo de locura, pero estas cosas no siempre dependen de la cabeza. A mí, por ejemplo, es que me gustó mucho la primera vez que te contemplé en un cromo, poco después de que llegaras a España para fichar por el Madrid. Yo antes era del portero Alonso, desde que lo vi en una foto del calendario Dinámico volando por el aire para atrapar un balón lanzado desde la izquierda por Panizo, con una leyenda debajo que decía que el guardameta del Real Madrid había hecho un prodigioso alarde de elasticidad. Lo estoy viendo aún, el cuerpo en arco flotando a más de un metro del suelo, los muslos oscuros y tensos, pero suaves como ratones, los brazos como tenazas de acero agarrando el balón y la cabeza sostenida por un poderoso cuello de búfalo. En cada partido jugado por mí como portero, cuando yo me alineaba en el equipo de mi pueblo, soñé siempre en que una de mis estiradas fuese comentada en el periódico como un prodigioso alarde de elasticidad.

Pero Basilio Corner, que era el seudónimo de Argimiro Sánchez, el cronista deportivo, no entendía demasiado de palabras. Lo más que llegó a decir de mí, una vez que me lancé por el aire para coger un balón enviado a la base del poste, fue que me había tirado en *plongeon*, una gilipollez parecida a eso del *referee* que acabas de decir tú, cuando en español tenemos la palabra plancha, que fue lo que hice yo en aquella ocasión, tirarme en plancha, aunque lo que propiamente habría que decir fue que hice un alarde de elasticidad, no sé si tan prodigioso como el del portero Alonso, pero alarde al fin y al cabo. Lo que ocurre es que a los jugadores de pueblo, aunque hagamos lo mismo que vosotros, no se nos reconoce de la misma manera, sólo por prejuicios, porque en cuestión de elasticidad, por ejemplo, ya me dirás qué diferencia podía haber entonces entre mi cuerpo adolescente, con dieciocho años, y el de Alonso, que debía casi doblarme la edad y no podía ser ya tan elástico como el mío. Toda la diferencia a mi favor, por supuesto.

Lo de aquel primer cromo lo recuerdo muy bien. Era una foto de cuerpo entero, un poco pequeña, tal vez, tamaño galleta, como decimos en mi tierra, pero de una calidad magnífica, por lo clara y nítida que se podía ver. Aparecías de pie en el centro del campo, con las manos atrás, las piernas ligeramente separadas y la mirada de frente. Es cierto que de pelo no andabas ya muy abundante, sobre todo en la parte alta del bollo, como decís en la Argentina para llamarle a la cabeza. A propósito, en esto del idioma te oí decir una vez en la radio que cuando llegaste a España pensaste que los españoles estábamos todos locos, una vez más por una gilipollez relacionada con la lengua, es decir, por esa bobada que os inventasteis los argentinos de decir coger en vez de joder, como si fuese lo mismo una cosa que la otra. Decías entonces que cada vez que escuchabas frases como coger un taxi o coger una maleta, que te descojonabas de risa.

Pero volviendo al cromo, estabas bien en la foto: bastante delgado y musculoso, se podría decir incluso que parecías bastante elástico, no para hacer un alarde, como Alonso, pero sí para realizar unos cuantos regates fulminantes de ardilla, nerviosos y rápidos, algo tramposos quizás, pero mortales para el defensa más seguro, hay que reconocerlo. No sé por qué, lo primero que me llamó la atención en aquella fotografía fueron tus piernas, tal vez porque en aquel momento recordaba el comentario de un técnico del club, el señor Saporta, que unos días antes había dicho también la tontería de que tenías un dribling incomparable, cuando podía decir regate, por ejemplo. Las piernas estaban bien, no hay que negarlo, aunque no eran lo mejor de ti en aquella época. Yo las encontré ya entonces algo escurridas y tuberculosas, como de bailarina pobre. Si te soy sincero, piernas por piernas, en plan futbolista, las de Kubala siempre me parecieron más apropiadas. Eran de tanque, por más que mi amigo Manolito Romero lo comparara con las piernas de una vaca.

Yo no entro en la guerra, como no entré nunca, de decir si Kubala era mejor que tú o al revés, una cuestión que ya me da lo mismo, después de tantos años. Desde luego, como te dije, en piernas te ganaba, y en la planta y en el tipo, también. Vaca y todo, tanque y todo, pesado como un elefante y todo, sin elasticidad ni nada, nunca llegó a tener aquella barriguita tuya incipiente que pronto hizo su aparición al poco tiempo de llegar al Real Madrid y que formaba como un huevo grande y algo ridículo debajo de la camiseta blanca, como si antes de cada partido bebieras varios litros de agua con gas, o cerveza con gaseosa, que también hincha. Ahora se ve que la tendencia tuya era a convertirte en un pequeño tonel, como ahora, todavía digno, lo reconozco, pero con una inclinación clarísima a que una sorpresa desagradable se te instale definitivamente en la papada. Desde luego, si no tomas medidas, puedes acabar siendo un viejo redondo y algo barrigón, con las carnes sueltas y columpiándose en las partes críticas, que ya sabes por dónde cuelgan.

Y los dientes. Me da la sensación de que te faltan algunos, como me pareció siempre. Por eso siempre te vi cara de vieja. Antes de aquel viaje en moto a Madrid, yo tenía una foto tuya clavada en una pared de mi habitación, distinta del cromo que te he dicho. Te la cuento. Era de medio cuerpo, en color, con la cabeza girada hacia tu lado derecho y algo alzada, los ojos fijos en alguna cosa divertida, porque en esa foto te estás riendo con risa de verdad, como si un niño tuyo estuviera unos metros más allá haciendo una travesura en el alto de una estantería, por ejemplo, naturalmente protegido, pues en caso contrario no estarías tú tan feliz. Es esa sonrisa la que permite ver tu dentadura, pero no los dientes de la parte delantera de la boca, sino la zona en donde se incrustan los molares, que son tres en cada mandíbula y a cada lado, lo cual te digo porque un colega tuyo dijo un día en un programa de la radio que eran veinte.

A lo que iba. En esa foto, da la sensación de que no tienes dientes, de manera que si no fuese por el gesto simpático de la cara y por la alegría de miel que te sale por los ojos, yo nunca la hubiera colgado en mi cuarto. Lo hice por esa mirada de ternera feliz que aún hoy puedo recordar sin esfuerzo, yo que he olvidado ya, a mi pesar, el bello rostro de mi madre; el de antes, quiero decir, no la desgracia de arrugas en que se ha ido convirtiendo con los años. Sin embargo, a ti te sigo viendo con nitidez en aquella foto, con el pelo un poco más oscuro de lo que era en realidad, que era bastante más rubio, como pude comprobar el día del partido. A pesar de todo, no debiera ser ninguna sorpresa para mí, que lo fue, porque el color de tu piel, tal como se apreciaba perfectamente en el retrato, era de la clase que posee esa gente a quien en mi tierra llamamos los rubiales, es decir, sonrosada. O sea, como si acabase de ser lavada o fregada fuertemente con estropajo y con jabón.

Debo decirte que estos que llamamos rubiales, gente que está a medio camino entre los rubios y los pelirrojos, son considerados de la raza de estos últimos, lo cual significa que son parientes de Judas, que era pecoso como tú y color zanahoria. En mi pueblo hay dos, ninguno bueno, como establece la norma, más bien cabrones ambos, incluso hijos de puta. Oí contar un día que tú también te dedicabas a mortificar a los defensas en los partidos, mentarles a la madre por lo bajo para ponerlos nerviosos y que te agredieran, mientras tú hacías de beata Serafina con la intención de que el árbitro los expulsara, quedando tú por inocente y oveja mansa, como la gran figura castigada con malas artes por cualquier tuercebotas incapaz de sujetarte de hombre a hombre, habilidad contra habilidad. Alguien me dijo una vez que Campanal o Garay, no recuerdo, te largó un hostión por ese motivo, harto de que le estuvieras diciendo marranadas durante más de media hora, hasta que no pudo soportar más tu sonrisa de zascandil y te calcó una hostia soberana.

Me gustaría saber qué provocaciones les decías a los defensas. Hijo de puta, seguro que les decías. Quizás también alguna cosa tuya de por allá, con ese acento porteño cabrón que parece inventado para joder. Un acento que no se te ha borrado con el paso del tiempo, después de tantos años. Ahora mismo acabas de decir que el gol que ayer le clavó Bebeto al Barcelona fue un auténtico trallazo, pero pronunciando *trachazo*, igual que dices mes de *macho* o *michonario*. Eso, unido a la falta de dientes, hace que no resulte fácil entenderte cuando hablas, además de la cosa tonta esa del *referee* y del *dribling*, como la costumbre fea que tenéis en tu tierra de contar en dólares, otra idiotez, pues lo que vosotros tenéis son pesos o australes, como nosotros tenemos pesetas y no pounds o deutsche marks. No niego que a veces tienes gracia, porque el mismo acento que parece inventado para joder, a veces parece también inventado para hacer reír. Hace unos minutos tan sólo, por ejemplo, comentando un despeje alocado de Garaicochea, eso que nosotros llamábamos antes un mamarán, o sea, un balonazo alto a la grada, dijiste: «Esa pelota va a cenar con San Pedro».

Ya ves que no me importa reconocerte los méritos. Incluso quiero decirte que en esto de pronunciar mal, eres mucho mejor que Kubala; él sí, una auténtica catástrofe. Se ve que para la cuestión, los dientes no lo son todo, porque la dentadura de tu rival se podría decir que es fetén del mejor, yo diría que calidad caballuna en versión humana. Por lo demás, a la hora de hablar, una vergüenza. Además de llamarle míster al entrenador, otra bobada de la que tampoco te libras tú, él dice algo así como mícher, de la misma manera que dice también Barsalona y otras que ahora no recuerdo. Por supuesto que tiene la disculpa de ser húngaro, que por otra parte se contrarresta con los muchos años que ha vivido aquí, por la cual razón una se mata contra otra, o sea, que no tiene disculpa, igual que Franz Johan, aquel animador de la televisión, que era también húngaro y que nunca fue capaz de decir correctamente señoras y señores. Lo tuyo es otra cosa, estoy de acuerdo, aunque ahora mismo acabas de decir córner y no saque de esquina, otra mamarrachada que no comprendo.

Por cierto que de saque de esquina le calzaste un golazo al Barcelona en el partido aquél, cuando yo cogí el catarro. Más o menos fue así, te lo cuento. Primero avanzó Gento por su banda, una carrera en bicicleta que dejó tirado varios metros atrás al pobre de Segarra. Sobre la marcha, antes de que Biosca se le echara encima, tu compañero lanzó un zambombazo con la zurda que si no fuera porque Ramallets se estiró como una anguila para desviar el balón, se podría cantar el primer gol de la tarde ya en aquel momento, minuto seis, más o menos. Hubo que esperar apenas unos segundos para que subiera el uno a cero al marcador. La cosa fue que sacó de esquina el mismo Gento, alto y templado, suficiente para que el portero hiciera la cantada, saliendo en falso. Tú estabas esperando, perfectamente situado, a lo zorro, como si no pensaras intervenir en la jugada, detrás de Marquitos, que parecía dispuesto para un posible remate de cabeza. El remate, en cambio, lo cogiste tú con el pie en el aire, sin dejar que la pelota pegara en el suelo. Fantástico.

Al entrar el balón, cuando yo no me había repuesto todavía de la sorpresa, mejor el miedo, que me causó el rugido que surgió del campo, como mil hipopótamos gritando, o como se diga el ruido que hacen los hipopótamos cuando emplean con furia la garganta, sentí el abrazo que me dio mi amigo Manolito Romero, un apretón metálico alrededor del pecho, una barbaridad asfixiándome, mientras gritaba que eras el mejor del mundo, decía, reconocido por todas las naciones, según *L'Équipe,* no sólo el *Marca,* y yo sin contener los mocos, pero no me importaba, estaba completamente feliz, aunque me viniera la pulmonía como a mi primo Darío, si bien faltaban todavía doce horas para saberlo, que no viene en la hora exacta del enfriamiento, sino un día después, aproximadamente. Entonces te vi corriendo hacia el centro del campo, liberado ya de los achuchones de tus compañeros, elegante y seguro, con la cabeza erguida y el paso trotón y lento, solemne. Si me lo permites, te digo que estabas regio.

Ya ves que lo digo todo, tanto lo bueno como lo malo. Y de la misma manera que entonces me parecías un tipo bien puesto, ahora no me importa reconocer que estás hecho una birria, una pura cagada de hombre. Cualquiera que te vea en la televisión y no sepa que fuiste jugador de fútbol, podría pensar en ti como cualquier cosa corriente, es decir, abogado o profesor, por no decir empleado de oficina. Sólo te faltaba poner corbata para que parecieses esa clase de gente; aunque más te valiera, lo de la corbata, quiero decir, porque a veces vas vestido de pura lástima. Como en el programa de esta noche, que pareces una mezcla de deportista y de señor. Para empezar, el polo que llevas puesto, no te va, ni por el color ni por el estilo de prenda que es. A los gordos como tú les sientan mejor los colores claros, y no ese bermellón trágico que vistes hoy, que te infla. Pero además, el polo no está pensado para personas con tripa, sino para gente con la cintura contenida y bien marcada hacia dentro, que no es tu caso.

Tal como estás sentado, el polo te acentúa la barriga, o las barrigas, pues tienes varias. La primera hace un arco que va desde el arranque del esternón hasta la línea que marca el cinto, es decir, aproximadamente hasta la altura del ombligo. La segunda queda ya debajo del pantalón. No hay que ser demasiado imaginativo para suponer que después viene otra, por lo menos. Estoy seguro, sin embargo, de que no todo el mundo estaría de acuerdo conmigo en esto de tu panza, o tus panzas, que tanto da, mucha o poca, gordura al fin. No me extrañaría incluso que hubiera gente dispuesta a pensar que sigues siendo magnífico en todo, delgado, estilizado, elegante... Pero a mí no te me escapas. Te conozco muy bien, te sé de memoria desde hace años, te puedo recitar de coro desde el alto de la cabeza hasta la punta de los pies, como si fueses un verso, aunque esto del verso no es más que una manera tonta de hablar, pues no eres nada poético, sobre todo vestido con esa horrible chaqueta marrón que te has puesto para venir al programa, el color que jamás utilizaría un caballero.

Quizás fuiste siempre igual y era yo quien estaba ciego, por lo menos al principio. Tal vez aquella elegancia que yo te atribuí el día del partido de mi catarro, cuando después del gol avanzaste con aquel gracioso trote hacia el centro del campo, no estaba nada más que en mi cabeza. A lo mejor, todo era más simple y se resumiera en lo que decía Manolito Romero, que cuando ibas corriendo, con el público puesto en pie y aplaudiéndote enfervorizado, no dejaba de decirme a gritos que eras cojonudo. Eso mismo me repetía cuando, al terminar el partido, se echó a correr para abandonar el estadio a toda prisa e ir a situarse a la puerta por donde los jugadores teníais que salir a la calle. Estuvimos apostados allí cerca de una hora. El primero en salir fue Paco Gento, que me pareció que tenía cara de abrelatas, pero que resultó ser encantador y muy amable. A pesar de que se veía cansado, se hartó de firmar autógrafos a todo el mundo, incluido uno para la Peña, que le firmó a Manolito Romero, con agradecimiento y simpatía por nuestra afición.

Después salió Lesmes, un tío feo, con cara de pompas fúnebres. La verdad es que, excepto un par de críos que andaban por allí, nadie le hizo demasiado caso, pero a mí me llamó la atención lo bien marcada que llevaba la raya de los pantalones, impecable, y el moreno de playa que lucía, un tostado color oro maravilloso. Lo contrario de Navarro, el Fifo, que aparte de que era también bastante feo y rellenito, con cara de bacalao, vestía un jersey azul claro que le convertía el rostro en una cosa blanca y enfermiza, de leche. Sin embargo me pareció buena persona, sobre todo por la sonrisa que le dedicó a un cura viejo que pasaba por allí y que le aplaudió espontáneamente al reconocerlo. Luego se introdujo en un coche deportivo de color rojo y salió a todo meter, con los neumáticos chirriando y el tubo de escape echando truenos. Por cierto que el guardia que estaba en la esquina paró a un par de coches para dejarle paso al jugador, al que saludó militarmente.

Y en ese preciso momento apareciste tú. Vestías pantalones azules de tono oscuro, bien planchados también, aunque no tanto como los de Lesmes. Por la parte de arriba llevabas una cazadora de piel natural, supongo que argentina, de muy buena calidad. La camisa era color pastel, con tres botones desabrochados, dejando ver el pecho de una forma claramente intencionada, en plan chulería. El primero en pedirte un autógrafo fue un niño de nueve o diez años. Le firmaste en un cuaderno de pastas negras, con rapidez, haciendo un garabato. Las otras firmas las echaste sin parar, un poco a boleo, aquí y allá, según te cuadraba que te metieran un bolígrafo en la mano. Así hasta que llegaste a Manolito Romero, que te dijo a gritos que era para la Peña. A él no le tocó, porque en aquel instante habías conseguido llegar a empujones hasta el coche y ya te habías metido dentro. Entonces yo me acerqué a la ventanilla, introduje las manos y los codos para que no pudieras cerrar y te supliqué, por favor, que nos firmaras, que era para la Peña. Me miraste con cara de mala leche y me dijiste: «Oye, pibe, déjame arrancar que te pego una hostia». Fue en aquel instante, tan de cerca, cuando por primera vez me di cuenta de que tenías cara de rana.

(Inédito)

Fuera de juego

Agustín Cerezales

Esta mañana he pasado junto al Vicente Calderón. Al viejo estadio todavía le aguantan algunas estructuras, y a mi memoria le ocurre otro tanto; hay recuerdos que, pese a verse invadidos por la maleza de los recuerdos inventados, pese a esconder grietas y agujeros, olvidos que los hacen inverosímiles e impracticables, todavía no se han desplomado. No sé si esto es así, o sólo una frase bonita. Lo que sé es que hacía mucho tiempo que no pisaba la ribera del Manzanares, y que quizá por eso mismo han vuelto a mi mente con tanta fuerza y tanta claridad el olor y el color, el sentimiento y las circunstancias diversas de aquel domingo remoto, de fecha incierta, en que mi vida tuvo sentido.

De aquélla perduró siempre lo importante, por supuesto, como que ha venido siendo la materia principal de mis ensueños a lo largo de los años, pero he descubierto con cierto asombro cuán olvidados tenía y desde hacía cuánto tiempo los detalles y los prolegómenos, y en concreto, algo que bien puede considerarse significativo: el día mismo que el destino me tenía reservado para la felicidad yo había estado al borde del suicidio.

¿Qué ocurrió? Ahora imagino que algún duende hubo de venir durante la noche a soplarme sus cifras cantadas al oído, y que esta infusión de premoniciones fue lo que me hizo amanecer, sin yo saberlo, inmerso en un estado de conciencia inédito, con la sensibilidad a flor de piel, propicio y ahormado, como un toro tras la faena de muleta, para la suerte suprema. Dicho así, parece todo muy hermoso y solemne. Si descendemos a los detalles, no tanto. La realidad de las cosas, la realidad real, suele complacerse en lo grotesco. ¿Querrá creer nadie que lo que me empujó a matarme fue un dependiente de panadería, o si se prefiere, una rosca de pan candeal? Pues así vinieron las cosas, no de otra manera, duendes aparte, aunque sin duda el duende, el pálpito del porvenir, determinaría a su vez que yo me encaprichara con ella (con la rosca, digo).

Soy hombre de pocos cambios, y no creo que hubiera pensado nunca en traicionar al despacho de toda la vida, donde compraba diariamente mi colín y mi pistola, el clásico pan madrileño, simple y adulterino. De hecho, pienso que alguna vez me había jurado no poner los pies en la recién inaugurada «boutique del pan», cuyos variados y sofisticados productos hacían furor en el vecindario, que guardaba colas interminables por conseguirlos. Pero el caso es que la vi en el escaparate, enorme, barnizada, historiada como una devoción de la infancia, pomposamente expuesta en un trípode, y piqué.

Cuando me tocó el turno de pedir resultó que la rosca no estaba en venta; formaba parte del decorado. Recuerdo que tampoco quedaban barras normales, y que compré un extraño pan alemán, lleno de pajitas y semillas. Mas la gota que colmó el vaso no fue esto, sino el dependiente que me había atendido, un joven estirado y granuliento, que en vez de darme el cambio se puso a hablar con alguien de la trastienda, inquiriendo si estaba listo no sé qué bizcocho que pedía una señora: ahí me quedé yo, con el pan en la mano, esperando la devolución de un duro. ¡Un duro! ¡Un duro me tenía a mí ahí en medio, expuesto a las befas de todos, estorbando el paso de los que iban saliendo!

Podría haberme marchado sin esperar, debería haberlo hecho, pero al primer ademán de retirada ya estaba el muy gaznápiro clavándome su reojo, un reojo lleno de desprecio y de reproches: «¿Así que es usted de los que se permiten despreciar la humilde suma de cinco pesetas? ¡Vean ustedes, señoras y señores, al señorito malcriado, que no ha dado un palo al agua en su vida, pisoteando lo que a otros les cuesta el sudor de su frente!».

¡Menudo mentiroso! Me paralizaba la certidumbre de que aquel joven amanerado y displicente estaba presto a chistarme y ponerme en evidencia en cuanto me viera huir. Tuve que hacer un serio esfuerzo para contenerme, mientras él se deleitaba en el abuso de su mezquino y furtivo poder.

Puede parecer absurdo, lo es sin duda, pero fue cuando salí de allí, tras aquellos minutos eternos y angustiosos de duda y rencor, cuando me encontré con que había llegado a la conclusión de que debía quitarme la vida. En realidad, no es tan extraño. Tengo el convencimiento, infundado quizá, pero no menos firme, de que en la mayoría de los casos el suicidio es casi una frivolidad; que responde o es desencadenado por motivos insignificantes; que en realidad las grandes causas, por muy ciertas que sean, no tienen más función que la de excusa póstuma, y que para lanzarse es preciso un estímulo totalmente irracional, un pequeño accidente exasperante, algo sin pies ni cabeza, y mejor todavía si ridículo. Mas no voy a entrar en consideraciones psicológicas sobre el suicidio. Supongo que razoné, atormentado por la consideración de mi propia estupidez y de la vileza de mi antagonista; que juzgué cabal ausentarme, cuando tanto daño me hacían heridas tan pequeñas... El caso es que me convencí de que o bien sobraba yo o bien sobraba el mundo, y que en vez de volver a casa con mi pan debajo del brazo y mi duro en el bolsillo fui dejándome caer por bares y tabernas, me dejé ir con el alcohol, atesoré pensamientos y sentimientos cada vez más profundos —no sé si más verdaderos—, y cuando quise darme cuenta la tarde declinaba y yo había llegado al Viaducto, obra notable de ingeniería, de principios de siglo si no me equivoco, donde se ha matado mucha gente y todavía sigue matándose, aunque actualmente existan edificios que ofrecen alturas muy superiores.

He de decir que alguna vez había acariciado tal proyecto, como cualquier joven, supongo, en sus melancolías. Pero ésta fue la única en que estuve en un tris de realizarlo, en que vencí de verdad los escrúpulos, la idea de que no es justo que un niño, un barrendero, un incauto paseante haya de encontrar nuestro feo cadáver, que el Estado o el Municipio hayan de correr con los gastos, y otras de semejante tenor. De hecho, ya había olvidado el pescuezo largo y la nariz respingona del dependiente demagogo, y pensaba en la pérdida de la inocencia, de la capacidad de amar; en que ya nada había verdaderamente importante que pudiera emocionarme hasta el punto de hacerme perder una esperanza que no tenía; en la maldad humana, tanto la maldad grande y abismal que impera en el mundo como la maldad mezquina que nos afecta en lo cotidiano, la de los vecinos, la de los compañeros; y por supuesto en la propia, que tiene pocas ocasiones de manifestarse pero que uno siente dentro, en el corazón, amamantando como una loba al egoísmo, la cobardía y la ansiedad... Ya estaba en éstas, digo, sin más duda que la de irme un poco hacia el centro para ganar altura o saltar desde donde estaba para no caer en medio de los coches, cuando apareció Astolfo, el ínclito Astolfo, y me dio una palmadita en el hombro.

Me he extendido en lo del suicidio no por morbo, sino por el pasmo mismo que me ha producido recordarlo, y porque a fin de cuentas, por mucho que luego se viniera abajo, estuvo ahí, fue un componente, yo diría que hasta un testigo directo de lo sucedido. Con mayor motivo debiera extenderme sobre Astolfo, pero me da pereza. En realidad, creo que su propio nombre indica suficientemente el grado de retorcimiento que lo caracterizaba, la complejidad de su herencia genética. En fin, diré tan sólo que por aquel entonces no era ya Astolfo el viejo compañero de armas en la cédula del Partido, de los tiempos de la clandestinidad, sino mi jefe en la empresa (jefatura recientemente estrenada, por cierto, junto con el carnet del PSOE). Lo cual quizás explique que sucediera algo tan impropio en aquel momento como que funcionaran los reflejos condicionados, y que en vez de enviarlo a freír puñetas le obedeciera sin rechistar. El muy cabroncete, dicho sea de paso, no supo nunca que estaba salvándome la vida. Sencillamente me pescó al vuelo, feliz de encontrar a alguien que lo acompañara a ver el segundo tiempo del derby. Al contrario que a mí, no le gustaba ir solo al fútbol.

Los derbys eran partidos muy especiales, duelos entre los dos grandes equipos de la ciudad, el Atlético de Madrid y el Real Madrid. Ni que decir tiene que Astolfo era partidario del Real Madrid, y yo del Atlético. No era poca diferencia. Los merengues (se les denominaba así porque celebraban sus títulos con grandes comilonas en salones de bodas y bautizos, con tarta incluida, aunque otros dicen que en sus orígenes casi todos los jugadores trabajaban en el obrador de una pastelería proveedora de la Casa Real, de donde su adscripción monárquica) se caracterizaban por su amor al triunfo, cuya consecución estimaban sobre todas las cosas, mientras que los colchoneros (un fabricante de colchones regaló la tela para hacer las primeras camisetas) amábamos ante todo el buen fútbol, y no nos importaba tanto ganar o perder, o no le dábamos tanta importancia a la derrota, quizá porque estábamos más acostumbrados, como quien prefiere fracasar con dignidad a vencer por cualquier medio. En resumen: eran adeptos madridistas los hijos del Imperio, los guapos, los ambiciosos, los poderosos y aquellos a quienes les hubiera gustado serlo, los más, y atléticos los humildes, los horteras, los extravagantes, los republicanos, los menos. Con las debidas excepciones que confirman la regla, y con cuantas matizaciones quieran hacerse.

Lo que cuenta es que me dejé arrastrar por el compañero improcedente, y que fuimos bajando hacia el río mientras caía la tarde y el sol encendía la cresta de un frente tormentoso. En cierto modo, como se ha visto, yo estaba ya muerto. De ahí que aquella luz irreal, la electricidad del aire, la ingravidez de mi cuerpo, el olor tornasolado de las freidurías de los bares flotando en la soledad de las calles, se me antojaran un paisaje lejano, un lugar visitado desde ultratumba. El propio partido me importaba un pimiento, pese a que restaban sólo tres jornadas para que terminara la liga y el vencedor sería casi con toda seguridad el campeón. Tenía claro que en cuanto acabara volvería al Viaducto, que no me dejaría arrastrar por Astolfo a una de sus marisquerías (tan ingrato era aguantar a un madridista malhumorado por la derrota como sus ínfulas, chistes y desgañites cuando ganaba). No obstante, he de reconocer que sentí un cosquilleo en el corazón cuando se alzó ante nuestra vista el estadio, coronado por una inmensa, reverberante nube de tabaco sacrificial, y sobre todo cuando escuchamos el rugido feroz de la plebe, elevándose como un surtidor de ardiente lava en honor de crueles y atávicos dioses. Había sido el último lance del primer tiempo, que terminó justo al llegar nosotros, con empate a cero, según nos informó puntualmente el guardián del tablón.

El tablón —un tablón de obra, más largo de lo habitual— era la forma de entrar gratis. Convenientemente apoyado en una pared exterior del estadio, servía de rampa para tomar impulso, agarrarse a la barandilla del primer anfiteatro, y saltar adentro. La posible caída no era muy grande, aunque suficiente para romperse la crisma con un poco de suerte. Suerte que no hubo: Astolfo me precedió, experto en el arte de trepar, pequeñajo y ágil como un mono glotón, y yo tuve que emular su aplomo.

En el descanso la gente salía a estirar las piernas por pasillos y vomitorios (nombre que siempre me ha inquietado, pues sugiere la opinión que tienen las masas de sí mismas), y en un instante nos mezclamos con los demás, poniéndonos a salvo de los guardianes. Pronto encontramos sitio, entre una peña atlética, junto a dos aguerridas ancianas envueltas en trapos rojiblancos, y nos enteramos de que mi equipo había disfrutado de numerosas ocasiones, frustradas las unas por Zamora o por los palos, las otras por el árbitro, y que la última había correspondido a un soberbio testarazo de Hugo Sánchez al larguero (el rugido que me impresionó a la llegada). En los primeros minutos de la reanudación pareció confirmarse ese dominio, y empecé a pensar que merecía la pena disfrutar un poco de mis últimas horas de vida. Me divertía el ceño fruncido de Astolfo, que no se atrevía a decir ni pío... Y a punto estaba de hacerle alguna observación amable, cuando me quedé con la broma en la boca, y supongo que con cara de tonto: allí, a veinte pasos, recién caída del cielo, estaba Ella.

Era una niña ya mujer, morena, delgada, con unos ojos enormes y negros, y una trenza espesa que le caía por la espalda. Llevaba el cubo de las cervezas y los refrescos sin encorvarse, sin perder la sonrisa.

A nadie podía haberle sentado tan bien aquella chaquetilla blanca con el logotipo rojo de la cocacola. Bajo los vaqueros se dibujaban unas piernas fuertes y largas, un trasero conmovedor. Y si alzaba los brazos para alcanzar un refresco a un cliente situado más arriba, se le veía el ombligo. El ombligo... No voy a describirlo. Diré tan sólo que en aquella mujer no sólo no reñían, sino que iban de la mano, se completaban e iluminaban mutuamente el más erótico de los encantos y la belleza más espiritual.

También Astolfo la vio, pese a mis rezos y a mis intentos de consolarle y hacerle notar la belleza del rectángulo de juego bajo los focos, convertido en una superficie abstracta, en una alfombra ideal y levitante. Me dio un codazo e hizo uno de sus típicos comentarios, atribuyéndole propiedades reposteras —un «bombón», creo que dijo— y decidiéndose, gallito, a seducirla. Dicho y hecho: apenas Schuster había sacado una falta (Schuster había jugado el primer tiempo con el Real, pero ahora vestía de rojiblanco, y Hugo Sánchez al revés) cuando la llamó para comprarle unas cervezas.

Ahí la tenía, ante mí, deslumbrante e hipnótica, con su sonrisa franca, sus dientes graciosamente torcidos, sus honestos y eficaces movimientos al tender los botes, coger el dinero y dar la vuelta de inmediato. Y aquellas manos tan hermosas, grandes y curtidas, de trabajadora, enrojecidas por el hielo, con los nudillos blancos por el esfuerzo... Basta. Astolfo hubiera querido decirle algo más, ya adelantaba los labios, lujurioso y jovial, pero ella le dio la espalda oportunamente, volviéndose hacia otros clientes, y todavía hoy juraría que su última mirada fue para mí, y que en ella bailaba una dulce mezcla de simpatía y sorpresa, y diríase que hasta un poco de pena, de verme tan mal acompañado.

Al principio no me fue fácil concentrarme en el partido, y eso que el Madrid reaccionaba, poniéndonos a todos el alma en vilo. Se me iban los ojos detrás de Mari Carmen. La seguía por todo el campo, a veces lejanísima, un puntito blanco abriéndose paso entre el flamear de banderas, a veces próxima (aunque entonces me latía el corazón y tenía que mirar hacia otro lado). Tuve incluso que medio inventarme una imborrable jugada de René Petit, el jugador más elegante que haya pisado un campo de fútbol. Recibió un escueto e inspirado pase de Milla, avanzó sorteando las escalofriantes tarascadas que le lanzaron Tomás y Arteche, salvó al sobrio Rivilla haciendo una pared con Alfredo di Stéfano (que se la devolvió de tacón y hacia delante, no sé cómo), y lanzó un disparo perfecto e imparable, seco, a la escuadra, un segundo antes de lo previsible (afortunadamente estaba ahí Madinabeitia, que despejó con la punta de los dedos).

En vano lanzó el Atlético un contraataque explosivo a la salida del córner (rebote para Luiz Pereira, diagonal hacia Futre, Futre que se interna en el área dejando sentado a Sanchís, pase de la muerte hacia Collar, Collar que va a enganchar un zapatazo y De Felipe que lo derriba de un hachazo, sin que el árbitro pite penalty); lo único que yo veía, aterrado, eran los ojos de Mari Carmen, y en ellos, sólo en ellos, como pintitas juguetonas en el iris, los jugadores. Hasta los gritos de la chusma los oía en sordina, cual agitadas plantas acuáticas sumergidas, enmudecidas bajo el grave y vasto silencio del amor.

Luego, poco a poco, y como ya la tenía dentro, en la sangre, casi me olvido de ella, y fui embebiéndome en el juego. La verdad es que fue un partido extraordinario, con Camacho cortando las internadas alígeras de Gárate, saliendo con un bufido de percherón, dejándosela a Del Bosque, y Del Bosque atusándose el bigote, sacando el tiralíneas y poniéndosela a Gordillo que se desmadeja en la cal y lanza el pase consabido e impepinable hacia Santillana; y luego vuelta a empezar, control de Donato, avance de Luis Aragonés, desmarque de Ratón Ayala que recibe, tropieza, dribla a Maceda... ¡Huy!

No parecía un derby: diríase un Atlético-Barcelona o un Real Madrid-Benfica, una final europea, y no sé yo si salieron también Laudrup, achampanado y rítmico, y el moreno aquel, Eusebio, que saltaba como un gamo, y corría más que Gento. Preciso era reconocer las cosas tal como eran, pensara lo que pensara Astolfo, chillaran lo que chillaran las dos ancianas enardecidas, dijera lo que dijera el corazón. Ambos equipos lo estaban bordando, el Real su encaje de bolillos, el Atlético su enhebrado fulgor. Estábamos viendo uno de los mejores partidos de la Historia. Y aunque no llegaran los goles, casi era preferible, porque lo justo hubiera sido un empate.

¿Y Mari Carmen? ¿Qué pensaba ella? De pronto Mari Carmen no estaba por ningún lado, había desaparecido. Butragueño acababa de resbalar al borde del área, reclamaban algo aunque Adelardo ni lo había tocado, pero me desentendí del asunto y me puse a buscarla, con tanta vergüenza como atrevimiento. La encontré justo cuando Hugo se disponía a consumar su traición, lanzando el libre directo. Sentí una llamada, un calorcillo en la nuca, y me di la vuelta. Allí, detrás, en las escaleras, se había sentado Mari Carmen a descansar. Y a mirarme. Sí, me estaba mirando, aunque al punto bajó los ojos, momento en el cual se oyó un gran, monumental suspiro de alivio: Hugo había enviado el balón a las nubes.

Ya no supe más del partido. No supe si el árbitro fue justo al anular el golazo de Dirceu desde medio campo, o injusto al conceder el churro del Madrid en el último minuto, en clamoroso fuera de juego (como que lo marcó Dubovsky, que estaba detrás de la portería atándose la bota, y encima era el cuarto extranjero en el campo). Ni lo supe, ni me importó; ni por cortesía habría protestado la jugada a esas alturas. Mari Carmen había aceptado el reto, y me sostenía la mirada. Y en esa mirada leía yo la verdad de las cosas, el color secreto de las buenas intenciones que anidan en el fondo de los mares, la dulzura tímida que subyace bajo los gritos de las gaviotas. El mismísimo Astolfo me resultó simpático y disculpable, así encendido en repentino y pueril júbilo (no se destapó hasta el último momento, rodeado como estaba de atléticos), y salí del campo feliz y conforme, escuchando sin rechistar su crónica extravagante, según la cual nos habían dado un baño escandaloso y nos habían perdonado la goleada.

El último domingo de Liga volví al campo. Ella estaba allí. Esta vez no había mucho público; jugábamos contra el Hércules, y además la Liga ya estaba perdida, porque el Real había vencido el sábado al

Español, y sólo un empate suyo nos daba posibilidades. Trabamos relaciones. Resultó ser tal como en mis sueños. Su padre, que era quien normalmente ganaba unas pesetas vendiendo refrescos, había caído enfermo. Ella lo cuidaba por las noches y le hacía la comida al mediodía. Por las mañanas trabajaba en un salón de belleza, y las tardes las dedicaba a estudiar informática. ¡Oh mujer fuerte, alegre, limpia, valiente! Y lo mejor de todo: no era seguidora del Real ni del Atlético, sino del Rayo Vallecano.

No he vuelto a verla desde que Astolfo, siendo ya consejero delegado de la empresa, decidió despedirme —«la amistad está por encima de las relaciones laborales», dijo— y ficharla a ella como secretaria. Así son las empresas modernas, ante todo la eficacia. Y qué más eficaz que una secretaria cuyos negros ojos tienen la virtud de hacer que los burros se vuelvan transparentes. Siempre hay alguno en la antesala. Cuando le pedí explicaciones, y le recordé que una tarde habíamos hecho manitas en el cine, que a los dos nos gustaba la tortilla de patatas, que juntando nuestros ahorros daba para la entrada de un piso, me confesó que, aun teniéndome por más bueno, más noble y hasta casi más guapo, su elegido había sido Astolfo desde el principio.

No es verdad que no haya vuelto a verla. He seguido viéndola todos los días en el recuerdo, perennemente joven, inocente, con toda la gracia de su leve estrabismo. A quien no había vuelto a ver, ni ganas, es al gaznápiro aquel de la «boutique del pan», enviado de los dioses, que nunca dejan de mandarnos algún signo de nuestro destino. Si lo pienso un poco, todo se explica, y este recuerdo, aparentemente traído a trasmano, podría convertirse en el broche que faltaba para cerrar el círculo. Pero no, no voy a morir ni suicidarme ahora. Soy ya demasiado viejo para frivolidades, artificios y simetrías. Y aunque ahora sí es cierto que no hay nada verdaderamente importante que pueda emocionarme hasta el punto de hacerme perder una esperanza que no tengo, etcétera, no dejo por ello de pasar un buen rato los domingos por la mañana, en el campo del Rayo, con mi bota de vino, mi cachillo chorizo, mi pan candeal. Mi pan candeal, mi rosca a la manera de Castilla, mira por dónde. Ahora me venden todas las que quiero, han vuelto a ponerse de moda.

Sería injusto si guardara algún rencor. Más bien siento un ligero, difuso pero cálido agradecimiento. Mereció la pena la ilusión, mientras duró la jugada. También después, porque una vez conocida la gloria ya no se oyen sirenas. Quiero decir que no es mala cosa, una tranquila soltería. Y al fin y al cabo, el que estaba en orsay era yo.

(Inédito)

El campeonato

Miguel Delibes

Fue su oportunidad y la perdieron, y los ingleses quedaron, de buenas a primeras, fuera de combate. El hecho era insólito y humillante. Ellos eran los maestros, y, de repente, llega un discípulo y ¡zas!, echa a rodar su historia, y su experiencia, y su maestría, y su técnica, y todas sus viejas glorias. Y lo que Juan decía, mientras daba vuelta al botón para amplificar la voz de la radio:

—Los ingleses estarán que muerden.

Y la radio dijo:

—Zarra es sujetado por el portero uruguayo. El árbitro no lo ve. El balón sale fuera...

Juan aspiró una fumada y soltó una gruesa palabrota, aureolada de humo. Luego dijo:

—Los uruguayos son unos brutos. Siempre lo han sido. No sé por qué hemos de extrañarnos ahora.

Eran las siete y cuarto de la tarde y hacía calor. La atmósfera de la estancia estaba espesa y viciada. Olía a cuerpos sucios y confundidos. En un rincón había un catre y, recostada en el catre, una muchacha rubia, escuálida, pintarrajeada y aburrida. Al alcance de la mano, sobre un pequeño velador, tenía un vaso, mediado, de un líquido consistente y oscuro. A sus pies dormitaba una tripuda y perezosa gata negra.

La radio dijo:

—¡Gol! ¡Gol! ¡El extremo derecha uruguayo ha marcado el primer gol! ¡El gol estimula a nuestros muchachos...!

Juan profirió otra palabrota y afirmó:

—Los ingleses se frotarán las manos de gusto.

La muchacha rubia y pintarrajeada se incorporó y se estiró. Al hacerlo, se le marcaron bajo la piel los huesos de los brazos y los de los hombros. Acarició la nuca de Juan.

—¿No vienes un rato? —dijo.

La radio clamó:

—¡Gol de Basora! ¡Gol de España! ¡Basora, de cabeza, acaba de conseguir el empate rematando un pase de Gaínza!

Juan empalideció y encendió otro pitillo. Dijo:

—Buen jarro de agua fría para los ingleses —y sonrió imperceptiblemente.

La muchacha rubia y pintarrajeada volvió a estirarse. Luego bebió un sorbo del vaso del velador. La gata ronroneó y la muchacha le atusó el lomo suavemente.

—Este animal está para dar a luz de un momento a otro —dijo.

La radio estalló:

—¡Gol! ¡Otro gol formidable de Basora, señores! ¡España, dos; Uruguay, uno!

Juan juró entre dientes. Se remangó la camisa. Tenía la carne de gallina. Dijo para su capote:

—Habrá que oír a los ingleses, ahora. Y esos zánganos de uruguayos, ¿qué se creían? ¿Que éramos como Bolivia?

La muchacha rubia y pintarrajeada rascó a la gata entre las orejas y suspiró.

—¿Te asusta a ti dar a luz, cariñito? —dijo.

La voz monótona del receptor creaba en la estancia viciada un clima de somnolencia. La muchacha se tumbó en el diván y se adormeció. La despertó la voz exaltada, estentórea, del locutor:

—¡Gol, señores! ¡Varela, desde medio campo, acaba de conseguir el segundo gol uruguayo! ¡España, dos; Uruguay, dos!

Juan encendió otro pitillo. Le temblaba la mano al hacerlo.

—Si lo siento —dijo— es por la alegría que van a tener los ingleses.

La muchacha volvió a incorporarse y apuró el contenido del vaso de un trago.

—Yo me voy, Juan. ¿Vienes?

—¡Aguarda!

—¿A qué?

—Un empate no es un mal resultado. Los uruguayos son gente —dijo Juan, para sí.

La radio tronó:

—¡El árbitro señala el final del encuentro, señores! ¡España, dos; Uruguay, dos!

Juan apagó el receptor y se puso en pie.

—Hemos empatado —dijo.

—¿Y eso es malo?

—¡Pché! —dijo Juan.

Bajaron juntos la escalera. En la esquina había un bar. Juan empujó a la muchacha y entraron. Un hombretón en mangas de camisa despachaba vasos de vino. En las mesas se hablaba de fútbol. Juan dijo:

—Dos blancos, Simón.

Simón era el hombrón que despachaba en mangas de camisa. Tenía los gruesos brazos sin una brizna de vello, tan pulidos como el mármol de las mesas. Y las manos ásperas, pesadas y rojas.

—¡Qué loco está el mundo! —dijo Simón—. En todas partes no se habla más que de fútbol. ¿Y qué nos da el fútbol?

—Hemos empatado —afirmó Juan, con un leve temblor de júbilo.

Simón se excitó:

—Total, ¿qué? Como antes de empezar a jugar, ¿no es eso?

—Eso.

—Y para eso veinticinco millones de españoles escuchando la radio toda la tarde como embobados. Cincuenta millones de horas desperdiciadas. ¿Sabe usted lo que puede hacerse con cincuenta millones de horas de trabajo?

—Muchas cosas —dijo Juan.

La muchacha rubia y pintarrajeada se impacientó:

—Vamos, Juan.

Simón dijo:

—Eso. Muchas cosas. Por ejemplo, plantar cien millones de árboles. ¿Le parece a usted poco?

Juan inquirió:

—¿Ha plantado usted un árbol?

La muchacha rubia y pintarrajeada intervino:

—¿Sabes, Juan, que la gata está para dar a luz?

—Otros dos blancos —pidió Juan.

Luego siguieron bebiendo. La taberna estaba llena de gente y todos sudaban. Juan experimentaba una agradable excitación en su sangre y en sus nervios, una excitación que crecía de vaso en vaso. A las nueve salieron. La muchacha dijo:

—Ese hombre es un maleducado.

Se refería a Simón.

A Juan le bailaba en los labios una sonrisita boba.

—Estoy pensando en lo que dirán los ingleses a estas horas —dijo.

Y la gente pasaba a su lado con cara de Pascuas, como si a cada uno le hubiera tocado el *gordo* de la lotería. La muchacha rubia y pintarrajeada se puso a pensar que veinticinco millones de españoles eran muchos españoles, y cincuenta millones de horas eran muchas horas, y que cien millones de árboles eran una barbaridad de árboles. Y luego pensó que el vino blanco de Simón se le estaba subiendo a la cabeza.

(*Del libro* La Partida,
Alianza Editorial, 1967)

El directivo

Fernando Fernán-Gómez

Me llamo Maximiliano, pero desde pequeño todo el mundo me llama Max. Mi familia procede de Olivera, una pequeña ciudad de Salamanca, y mi padre se trasladó a Madrid para ejercer la medicina. Pasé mi primera infancia y mi adolescencia en la calle Cardenal Ozores, en el barrio de Vallehermoso. Era una calle nueva, recién urbanizada, ancha y arbolada, que fue creciendo al mismo tiempo que yo y que todos los chicos del barrio.

No fue a vivir a ella gente rica ni tampoco miserable, sino modestos industriales y comerciantes, oficinistas, obreros de talleres y fábricas, con sueldo fijo, y algunos profesionales, abogados o médicos, como mi padre. Con los jardines del Canal de Lozoya en un extremo y los restos del cementerio de San Martín en el otro, la calle Cardenal Ozores más que calle era un parque, un paraíso para los juegos de los chicos.

Para esos juegos de la calle nunca fui muy dispuesto. Saltaba muy mal a pídola —*dola* se llamaba en nuestro lenguaje—, era torpe en el juego de las bolas y, aunque lo que se me daba mejor era correr, en el fútbol casi nunca me dejaban jugar de mal que lo hacía.

Esa torpeza mía para el fútbol quizás tuvo su origen en algo que me sucedió en el colegio de los maristas, a los siete años. Nos pusieron a todos los de la clase en fila, en el patio, para que chutásemos cada uno una vez a otro que hacía de portero. Cuando me correspondió chutar a mí, estuve un tanto indeciso, no sabía bien cómo hacerlo, para dónde apuntar, pero tenía unos enormes deseos de meter gol. Entonces el hermano marista le hizo una seña a un tal Cobos, que era el fenómeno de la clase. Cobos chutó por mí y metió gol. Todos los niños y el hermano marista se rieron de mí con grandes carcajadas, sin saber que con aquella broma tal vez daban origen a mi complejo antifutbolístico.

Claro que eso no explica por qué saltaba mal a *dola* ni por qué no acertaba con el guá.

A los libros tampoco les tenía ninguna afición, siempre fui de los últimos de la clase. Lo único que me gustaba era jugar en la calle con los demás chicos. Mis padres me dejaban porque no había golfos y sólo pasaban dos o tres coches al día. Pero lo malo era que el juego preferido de los otros chicos era el fútbol y había que procurar tener un buen equipo para jugar con los de la calle Rocamora, que estaba al doblar de la esquina.

El que mejor jugaba era un tal Rufino, aprendiz de carpintero, que a sus catorce años era el mayor de todos, por lo que ejercía funciones de capitán. A mí solía regañarme.

—¡Las das picudas, Max, las das picudas! ¡Siempre se te va la pelota para otro lado!

Yo no le replicaba. Lo primero, porque era mayor. Y además, porque tenía razón. Las pelotas de trapo con las que jugábamos —pocas veces teníamos una de goma— cuando yo las golpeaba enérgicamente con la puntera de mi bota, o de mi alpargata si era verano, nunca iban adonde yo pretendía enviarlas.

—¡A mí, a mí! —me gritaba uno de los chicos cuando por casualidad la pelota había venido a mis pies. Yo miraba bien al que me pedía la pelota, apuntaba, disparaba... y la pelota se iba hacia otro lado. Por lo general, a los pies de un contrario.

—¡Max, las das picudas! ¡Todas picudas! —vociferaba el capitán Rufino.

En aquellos partidos de catorce contra dieciocho en los que los resultados eran 22 a 7 y por el estilo, a cualquiera podía llegarle la pelota, bien solitaria y abandonada, bien rodeada de diez o veinte piernas, y cualquiera podía encontrarse de pronto solo, a tres metros de la portería, con el portero caído en el suelo. Así me encontré yo una calurosa tarde de verano en la que el polvo de la calle aún sin asfaltar nos llegaba hasta el estómago.

—¡Chuta, chuta! —gritaba Rufino.

—¡Chuta, Max! —gritaban a coro los dieciocho jugadores de mi equipo.

Y chuté, y la pelota no se fue a la portería del portero derribado sino a la del número 8 de Cardenal Ozores.

—¡Gilipollas! —oí que me llamaba alguien con infantil voz de trueno.

Cuando jugábamos entre nosotros, los de Cardenal Ozores, y los equipos se formaban «echando a pies», uno de los dos capitanes me elegía, aunque fuera el último, pero cuando la selección de Cardenal Ozores jugaba contra la de Rocamora, Rufino nunca me convocaba. Yo se lo pedía y uno o dos de los que eran más amigos míos —me acuerdo de Abella y del Rubiales— intercedían por mí.

—Puedes ponerle, Rufino. Si los de Rocamora son paralíticos. Les vamos a dar sopas con honda.

—¡No puedo ponerle! ¡Pero si es que no combina! Prefiero meter al Monchito, aunque no tiene más que diez años, porque combina.

¿Qué sería eso? Combinar. Años tardé en saberlo. Yo sabía que el fútbol consistía en apoderarse de la pelota con los pies, regatear a los que venían a quitártela, llegar cerca de la portería, chutar y meter gol. Y esos saberes eran suficientes. Luego, si al chutar me salían picudas, ¡qué iba a hacer yo!

Corría con la pelota, por la acera de la calle, hacia la portería contraria, que estaba en el centro de la calzada. Podríamos decir que yo corrí a la banda. No tenía ningún contrario cerca. Escuché la orden de Rufino:

—¡Centra! ¡Centra, Max!

Me detuve. Comprendí que no debía seguir avanzando.

—¡Centra, Max! —repitió el capitán.

Yo me volví hacia él, que estaba alejadísimo de la portería contraria, casi en la nuestra, y ¡zas! le envié la pelota. Para mi sorpresa, mis diecisiete compañeros lanzaron un unánime ¡¡Oooh!! de desilusión. Y volví a oír:

—¡¡Gilipollas!!

Por lo visto, lo que yo había hecho, enviar disciplinadamente la pelota a mi capitán, no era centrar, sino todo lo contrario. He tardado años en comprender que «centrar» quería decir mandar la pelota al centro. Quizás esté dando la impresión, por mi modo de contar todo esto, de que los chicos de mi calle me despreciaban. Pero no era así, sino todo lo contrario: se me respetaba porque era hijo de un médico y porque, aunque fuera algo torpe, no tenía mala leche.

Se me respetaba tanto y les caía tan bien que se esforzaban en encontrarme un puesto en el equipo. Pero sentados en el borde de la acera, en el encintado, Rufino analizaba la situación.

—¡No sirve para nada! Portero no puede ser, porque es muy bajo. Para jugar aquí, en la calle, vale. Porque si salta y la pelota pasa por encima es fuera. Pero si vamos a jugar al Campo de las Calaveras, que hay portería, no es fuera, es gol.

Tenía razón Rufino. Yo era bajo para mi edad. Y he seguido siéndolo. Ahora soy un hombre de estatura por debajo de la media nacional y bastante grueso.

—Algo regatea, pero en cuanto le vienen dos, uno se la quita. En la delantera no le puedo poner porque las da picudas. Para la defensa no tiene envergadura. Por eso cuando jugamos la semana pasada contra el Rocamora le puse en la media, pero como no combina... Yo lo siento mucho, porque me cae bien, pero Max no sirve para nada.

Aquel día lloviznaba y la calle era un barrizal, pero había partido. La pelota venía hacia mis pies...

—¡Pasa, pasa! —me gritó Monchito, que estaba frente al portero contrario.

Y yo, pues, claro, la dejé pasar.

Otra vez el cabreo de todos contra mí.

Habíamos crecido algo, los partidos eran un poco más serios y ya nunca se contaba conmigo.

Y entonces fue cuando tomé la decisión que cambiaría el rumbo de mi vida.

Empezaba a angustiarme la idea de no estar integrado con los demás chicos del barrio, y por no quedarme definitivamente aislado de ellos a causa del fútbol, me hice directivo. Convencí a Pepe Abella y al Rubiales de que fundáramos otro equipo en nuestra calle, rival del que ya existía, y en el que se pagase una cuota semanal más elevada: en vez de diez céntimos, quince. Como nuestros jugadores eran peores que los otros...

—Una vez analizada con detenimiento la situación, propongo a la junta directiva que realicemos algunos fichajes.

A los otros miembros de la junta directiva, Abella y el Rubiales, les pareció que me había vuelto loco.

—Es cierto que el fútbol es un juego de equipo —proseguí—, pero al «Imperator F. C.» —éste era el nombre del equipo— le faltan individualidades, y sin individualidades no hay nada que hacer. ¿Qué son Gorostiza, Zabala, Zamora, Ciriaco, Quincoces, Emilín? ¡Individualidades! Esta posibilidad de los fichajes ya entraba en mis cálculos, de ahí lo elevado de la cuota.

En fin, que convencí al resto de la directiva y fichamos a un tal Pacorro, que era pobre, y al cual no sólo le libramos de pagar los quince céntimos de la cuota, sino que le abonábamos una perra gorda por semana. Me parece que también hicimos lo mismo con el Artigas. Nuestro equipo rico y elegante fracasó, a pesar de mis gestiones, y al disolverse creo que me quedé con los cuartos que sobraron, pues por uno de esos azares de la vida, me había correspondido el cargo de tesorero.

No consideré aquella peripecia un fracaso absoluto sino el inicio de una nueva actividad o el descubrimiento de una vocación. Pensé que si yo tuviera un balón de verdad, un balón de reglamento, el equipo de Cardenal Ozores podría abandonar las pelotas de goma y a mí, propietario del balón —del *capital,* en términos marxistas— no tendrían más remedio que darme un puesto en el equipo. No me costó trabajo convencer a mi padre de que, por mi cumpleaños, me regalase el balón. Pero me fue imposible convencer a mis compañeros de que me incluyeran en el equipo.

Rufino, nuestro capitán, ya se había retirado a causa de la edad —dieciséis años eran demasiados para jugar con los chicos de la calle— pero el nuevo capitán, Toñín «el de la Farmacia», opinaba lo mismo respecto a las picudas, el centrar y el combinar.

Como el Cardenal Ozores jugaba a veces en el Campo de las Calaveras, con portería y campo señalado, decidieron que entre todos los que se alinearan en cada partido podían alquilarme el balón. Así lo hicimos. Yo les alquilaba el balón por un precio módico, veía el partido y al cabo de pocos meses había obtenido lo que el balón le costó a mi padre y a mí me quedaba una renta.

Desde el jardín de mi casa de Marbella —un chalé que algunos consideran de mal gusto, pero que responde a mi ideal de vivienda, porque más que un chalé parece un palacio, lo adecuado para un hombre de mi posición—, si dejo vagar la mirada hacia el lado derecho veo el azul del Mediterráneo; si al izquierdo, destacando sobre las primeras casas de la ciudad, cinco altísimos edificios: las torres de Urbamax.

Fue un acierto construir en Marruecos cuando el terreno estaba baratísimo, antes de que se convirtiera en zona turística, lo que no tardó en suceder.

Ahí empezó todo. Luego vino Lisboa, Brasil, Marbella... Cuando reposo en el jardín, a la caída de la tarde, me entretengo en calcular que si vendiera las torres de Urbamax —tengo una buena oferta de un grupo inmobiliario holandés— mi renta sería de más de dos millones de pesetas diarios; pero como sin venderlas la renta llega al millón y medio, más que suficiente para un hombre que ya va para los ochenta años, no pienso vender.

La ventaja de no servir para nada es que se tiene mucho tiempo libre.

(Inédito)

La poda del olivo

(Secuencia cinematográfica)

Ángel Fernández-Santos

1

Cuando abrió los ojos en el cuartito de techo ondulado por hileras inclinadas de tejas, el muchacho tuvo adheridos a la memoria, como hojas secas el instante antes de desprenderse, briznas de un sueño. Soñó con el barro, con un balón negro en forma de puño y con una planicie abrasada por el sol, pero que no era tierra seca, sino un barrizal en el que sus botas chapoteaban y se hundían en el légamo hasta los parches de las tobilleras. Le despertó el dolor de la cicatriz de la rodilla derecha y estaba todavía inmóvil, sin abrir del todo los ojos, cuando las hilachas de lo que soñó le parecieron vestigios de un suceso imaginario que empujaba hacia fuera y quería ocurrir.

Se irguió sobre la cama. Tenía la boca impregnada de pasta amarga de saliva. «Deshidratación», murmuró. El agujero que su cuerpo hizo en la colchoneta de virutas desprendía un hedor a grasas rancias procedentes de viejos sudores acumulados en la tela de costal, que ahora se elevaban en la evaporación del suyo. Le escocía la lengua y sus labios arqueaban hacia abajo las comisuras y trazaban una arcada de acidez. Le retorcía el estómago que sus sueños fueran siempre incompletos las mañanas de los días que jugaba un partido. El aire era entonces más espeso, respiraba como si los pulmones se negaran a dilatarse y las horas pasaban tan lentas como tardos eran sus movimientos e intensa la quietud que anidaba en ellos y le encarcelaba en una celda de cristal que alejaba las cosas esparcidas a su alrededor. Era estrecho y sofocante aquel horno que ahora veía por primera vez a la luz del día. La celda de cristal que lo envolvía le pareció encerrada en otra de adobes encalados. Sin salir del camastro, se miró en un trozo de espejo pegado en la cal, sobre la palangana desconchada que había encima de un taburete, junto al catre. Se inclinó y bebió como los caballos. Secó la burriaga con el antebrazo y rascó, mirando de reojo el espejillo, el sudor seco que endurecía las púas de su barba. No se afeitaba las vísperas de un partido y su mirada se volvía ausente y amenazadora a medida que era cercada por la lija azulada de las mejillas y la greña negra que se derrumbaba en su frente hasta las cejas. A los veinte años le ocurrían cosas de viejo, los malos despertares se acercaban cada vez más entre sí, tenía que despegar de los párpados las costras de legañas que dejaban las resacas de sueños perturbadores y las punzadas en las durezas de las plantas de los pies se hacían más hondas a medida que avanzaba el día y no se aplacaban hasta que bajo las botas oía el suave desgarro de la yerba o la áspera rascadura de los tacos en la tierra apisonada, comenzaba el partido y volvía a ser el muchacho que todavía era.

Su padre le dijo al llevarle allí: «Mañana no te juegas un partido, te juegas la vida, así que ya que estás aquí echa un polvo, porque puede ser el último». Pero invitarle a malgastar fuerza era recordarle que jugar era el único ámbito en que cabían certezas y que fuera del fútbol las cosas eran irreales, sobre todo las mujeres, porque podían ser pensadas y así calmaban con menos desgaste la hinchazón de testículos, maldición que podía ocurrirle si jugaba sin haber descargado las ingles de semen retenido. Ahora miró por el ventanuco del cuarto la llanura de barbechos calcinados por junio. Junto a la casa humeaba la línea negra de la carretera y era mediodía porque una cigarra atraía desde una acacia el calor del alquitrán. «Luego lloverá», deseó en voz alta al ver el nubarrón que emergía en el otro lado de la raya de Portugal. Y dijo sin voz: «El barro ayuda a no perder».

Le urgió otra vez la sed y de un trago vació el resto de la palangana. Seguía oyendo por dentro la voz ronca de su padre y recordó que aquel cuarto donde le ordenó esconderse era la troje del prostíbulo de la vieja pista de ganado de Olivenza y que la única puta que había abajo, sentada en la puerta de la casilla de camineros convertida en tugurio, era la portuguesa rubia que se tumbó desnuda encima de él cuando empezaba a dormirse. La echó a empellones y luego, mientras oía maldecir a la mujer, se masturbó para dormirse antes y prevenir una erección si al día siguiente el partido derivaba en bronca. Quiso sonreír, pero no supo hacerlo. La última amarra del sueño se había roto, su cabeza se vaciaba y las corvas le pedían estirarse. Había dormido vestido, dentro de unos gastados pantalones vaqueros y una camisa blanca, ahora empapada. Saltó de la cama, sacó una navaja faca del bolsillo y agarró su macuto de cuero negro. Fuera, la cigarra se exaltaba. «Anoche había olivos ahí detrás», dijo sin voz.

Al salir del cuarto, su mirada topó con una fotografía de tamaño postal clavada por dentro en la puerta. En ella la mujer portuguesa era una muchacha campesina de pelo ondulado. Era muy joven y sentaba en el regazo y abrazaba por la espalda a un niño, rubio como ella, de no más de cuatro años y rasgos idénticos a los suyos. El niño, con ojos confiados, le sonreía y el muchacho logró esta vez devolver la sonrisa.

2

El hombre del chándal negro descubrió a tientas el rectángulo roto por tiras entrecruzadas de madera. Era ancho, de baja estatura, con músculos sarmentosos y rasgos malhumorados, tallados bajo el pelo blanco cortado a cepillo. Tenía fijeza de culebra en los ojos, que parecían no tener párpados. Se acercó a la celosía y ensombreció la voz.

—¡Eh, tú, Trece! ¿Estás ahí?

Una bombilla se encendió dentro del confesionario y derramó sombras bajo las prominencias del rostro del hombre gordo y calvo que había dentro. Chocaba el aspecto descuidado del llegado con el atildamiento del que le esperaba. La tira roja y blanca de los curas confesores le caía sobre las solapas desde el alzacuello.

—Sí, estoy aquí, Zapata. Arrodíllate y di avemaríapurísima.

—¿Para qué tengo yo que decir esa mariconada?

—Tú dilo y calla.

El llegado se arrodilló y miró hacia atrás para cerciorarse que nadie le veía en esa postura.

—Avemaríapurísima.

—Sinpecadoconcebida. Ahora estamos bajo secreto de confesión.

El recelo hizo oblicua la mirada del hombre del chándal negro. El sacerdote, de reojo y por encima de las gafillas apaisadas, devolvió la alerta. El rescoldo encendido de un antiguo pique atravesó la celosía que les separaba.

—¡Bajo secreto de confesión lo estarás tú, hijo de puta! Yo diré lo que me salga de los cojones, donde me salga de los cojones y cuando me salga de los cojones.

—Te repites, Cacique.

—Y tú entras en falta, Trece. El fútbol es un pañuelo y todos los lapos se sabe quién los escupe.

—Eres el mismo cafre que eras. Por cafre te echaron de primera división y por cafre estás en el estercolero del fútbol.

—Estamos, Trece. No te quites roña, que tienes más que yo. ¿Para qué me has citado aquí?

—Esto es lugar sagrado. El mejor para que dos colegas charlen discretamente de negocios.

—Dime qué negocio es estar arrodillado ante un marica.

—¡Por los clavos de Cristo, Cacique! ¡No puedes decir dos palabras sin dar un plantillazo?

—¿Y tú sin trompicar por la espalda? Di lo que sea y adiós.

—Lo diré, si dejas de rebuznar. No es mucho pedirle a un asno en la casa de Dios.

—Si metes a Dios en plantilla, me cago en él.

—Blasfema, pero hazlo quedo. *Ego te absolvo.*

—Gracias.

—No hay de qué. Se supone que te estoy confesando.

—¿De qué tengo yo que confesarme a ti, cuando eres tú, desde ese púlpito de ahí arriba, ayer mismo, quien dio badana a la caterva de cabestros que merodean por ahí para arrugarnos, no salgamos a jugar y el árbitro nos descalifique?

—¿Quién te ha dicho que yo tengo que ver con esa gentuza?

—Éste es un pueblo de traidores, no olvides que es el tuyo. He tenido que precaver y llevar a mis chicos a dormir huidos en casas de putas de aquí a Badajoz.

—Meter a tus jugadores en prostíbulos la noche antes de jugar un partido lleva tu marca, Cacique.

—Las putas son tumbas, Trece, pero tú de eso no entiendes. ¿Y dónde los meto, si me los oléis como chuchos zarceros? Pero sin dormir, sin comer, y si me pones en ello sin cagar siquiera, hoy te zurro.

El furor había encendido los tizones gastados de sus ojos, pero no levantó la voz y el cura vio en su moderación la brasa entibiada de una puerta abierta. Bajo la bóveda de la iglesia, el eco enroscaba las dos voces y las hacía monólogo. El cura indagó:

—¿Has terminado?

—No, no he terminado. Terminaré esta tarde, cuando te eche para siempre del fútbol y no vuelvas a levantar cabeza y lo que levantes es el culo. ¿Sigues siendo marica?

—No te desmarques, que no viene a cuento. Te ruego que pienses un poco y luego me digas qué ganas ganándome.

Enmudeció pensativo el preguntado. El cura apretó el nudo.

—No gastes cerebro, que te queda poco. Dime, ¿qué ganas?

—¿Cómo que qué gano? El partido.

—Ganas el partido, pero lo que te estoy preguntando es qué ganas ganando el partido. Yo te lo diré: nada, no ganas nada.

—¡No me jodas, Trece!

—Eres feo y malhueles a coño, pero no tengo intención de joderte, Cacique. Saca los dedos y echa cuentas. ¿Cuántos puntos te requiere ascender?

—Uno. Con uno, asciendo.

—¿Y cuántos partidos te quedan por jugar?

—Dos, sin contar éste.

—Te has peinado los sesos desde que dejaste de dar coces a un balón. Sabes contar. ¿Sigo, hijo?

—Yo no soy hijo de un meapilas.

—De acuerdo, tú no eres mi hijo y yo me meo en las pilas, pero ¡déjame seguir, hostia!

—Blasfema, cura, pero hazlo quedo. *Ego te absolvo*.

—Gracias, Cacique.

—De nada, Trece. Yo siempre echo una mano a un colega.

El clérigo ahuecó la entrepierna para librarse de un pellizco en mal sitio. Sonrió aliviado.

—Pues sigue en ello. Quedamos en que cuántos puntos calculas sacar de tres partidos.

—En el peor de los casos, dos.

—O sea, que asciendes, ganes o pierdas hoy.

El hombre del chándal negro se exaltó.

—Doy el salto, Trece, lo doy. Dos años en tercera, otros dos en segunda y en cinco en primera división. Cuando se estuvo en primera, no se sale. ¿Tú sabes qué es jugar en el Bernabéu? ¿Tú has jugado alguna vez en San Mamés y te has visto en el trance de cortar una arrancada a Gaínza?

—No seas chulo y modera la memoria. Cuando tú lo marcaste, Gaínza ya era un viejo.

—¡Gaínza no fue nunca un viejo, imbécil, indocumentado! ¡Y yo he jugado en Wembley, Trece! ¿Tú sabes lo que es jugar en Wembley?

—Puedo imaginarlo, pero hoy es a ti a quien toca imaginar. Imagina que me ganas. Si me ganas, no ganas nada ganándome, eso está claro. Pero si yo pierdo, ¿qué pierdo?

—Todo.

—Exacto. Si pierdo, me voy a tomar por el culo, que según tú es lo mío.

—Según yo, no. Según tu masajista, que te da por él.

—Gol, chico, gol. Hoy las metes todas. Soy maricón y que el Señor me lo conserve. Pero sigue pensando, que lo haces cuando te pones. Quedamos en que si ganas, no ganas. ¿Pero qué pierdes, si yo pierdo?

—¿Qué voy a perder yo porque pierdas tú?

El cura sacó del bolsillo de la chaqueta gris un sobre marrón y lo abrió bajo la bombilla. El aroma azul de un fajo de billetones manoseados hizo recular el hedor que desprendían los maderos ocres del confesionario.

—Un kilo en mano, y otro que guardo bajo llave en el sagrario, esta tarde, después del partido, si lo pierdes.

El hombre del chándal negro se hizo estatua. El cura apretó el nudo corredizo:

—Reconocerás que perder en un día dos millones a tocateja y en dinero negro es mucho perder. Y que si te vuelves sin ellos a Talavera, es que aquí hay un piernas, y no precisamente yo. ¿Gol?

—Gol. ¿Insinúas que venda el partido?

—Me admira tu sagacidad, Cacique. Qué insinuación ni qué carajo. Te lo estoy comprando a huevo. ¿Vendes?

—¿Vender yo? ¿Cuándo he vendido yo?

—Alguna vez hay que empezar. Y ahora que subes a nacional, te conviene entrenarte.

El cuerpo roqueño del Cacique Zapata se tensó, como cuando jugaba, como un muelle antes de brincar. Luego soltó el puño izquierdo en busca del centro del ventanuco. La celosía carcomida se quebró como papel de estraza. Hacía calor, pero el puño estaba encerrado en un guante de gamuza negra y parecía un balón abollado que atravesase la red podrida de una vieja portería. La mano enguantada se abrió y agarró por el alzacuellos al cura. Las gafillas del clérigo cayeron entre sus nalgas y se hundieron en la penumbra del suelo del armatoste.

—Coge el sobre y aprende a ganar. ¿Dime qué haces con pelusa en la faltriquera cuando asciendas?

En la mirada del cura brotó una súplica húmeda:

—Estoy bajo secreto de confesión, Cacique. No puedo denunciarte. Pero, por la Virgen, déjame ganar hoy. Nadie se dará cuenta. Tengo un chico nuevo y necesito seguir en competición. Si me ganas hoy, el equipo se deshará y me quitarán el niño.

—¿Es ese chaval portugués del que tanto se habla?

—Sí, ése.

—He oído decir que es un fenómeno.

—Es un arcángel, pero tú no sabes de eso.

—Algo entiendo, no creas. Conozco a la madre de ese chico, si es que nos referimos al mismo. Una puta portuguesa, amiga mía.

El rostro hogaza del sacerdote se ensanchó. Apretó los dientes, se le indignó la voz.

—Esa cerda ya no es su madre. Me lo vendió cuando era un niño y él ni siquiera sabe que existe.

—Veo que te has enamorado otra vez, Trece.

—Sí, Cacique.

—¿No escarmientas?

—No, Cacique.

—¿Y no te da vergüenza?

—No, ya no.

Los ojos del cura se inundaron. La mirada del Cacique Zapata contestó con una angulación burlona. Su mano enguantada aflojó el cuello del clérigo y la otra agarró el sobre marrón y lo introdujo bajo la cremallera del chándal. Soltó el alzacuello y acarició una mejilla del sacerdote con los nudillos de gamuza.

—No me llores, colega. ¿Sabes que yo también traigo un nuevo? Lo tenía en la nevera, pero el calor lo descongeló.

—¿Es guapo?

—Cuidado, cura. Ese chico tiene el culo prohibido. Es hijo mío.

—No quería ofenderte. No sabía que tenías un hijo. ¿De qué juega?

—De lo que yo le diga.

—¿Es bueno?

—Desde que su madre me dejó de niñera suya, lo preparo para ser el mejor. Él no lo sabe, pero ya lo es.

3

El muchacho abrió articulaciones y encerró músculos. Ramoneaba, podaba olivos y era diestro en esa arcaica tarea. Su padre le dijo una vez: «Yo ya no juego y no queda nadie capaz de hacer un garfio, salvo tú. Tienes que perfeccionar esa jugada. Te convertirá en el mejor del mundo, pero será cuando yo diga».

La palabra garfio evocaba el nebuloso origen de una jugada creada por un delantero húngaro borracho y loco, que en los últimos años de su carrera jugó de defensa e hizo célebre, por incomprensible, su extravagante inclinación a escorarse hacia la banda derecha pese a ser completamente zurdo. Se decía de él que no hubo nunca nadie más veloz en los espacios cortos y que esa cualidad se originaba en que tenía una mitad del cuerpo mucho más desarrollada que la otra y esto, que cuando caminaba le hacía patizambo, creaba cuando corría un inesperado equilibrio en su anatomía, que le permitía desencadenar desde la inmovilidad arranques súbitos como resortes de acero. Nadie logró explicar de dónde provenían las facultades que permitían a un hombre extremadamente flaco, contrahecho por la erosión de una niñez de hambre y esclavitud y sin ninguna condición de atleta, sobrepasar a quienes le plantaban cara cuando él llevaba el balón, sin darles tiempo a girar sobre sí mismos y dejarles ver cómo les ganaba la espalda. También era un misterio que aquel portentoso vulnerador del área dejase un día de jugar de delantero y se situase en posiciones defensivas, siempre en la banda contraria a lo que ordenaba la lógica de su conformación. Se dijo que decía: «Una verdadera gran jugada rompe la naturaleza, porque el fútbol no es un deporte, sino un arte de burla y de caza, y no pertenece a los bien comidos, sino a la gente zurrada y con hambre antigua, que desde niños aprendieron a ocultar la erosión de sus huesos y los adiestraron a engañar a la lógica».

El Cacique Zapata, cuando para él corrían los efímeros días en que fue jugador de fama y formó parte de un combinado europeo que entrenó a la selección inglesa que vertebraba Bobby Charlton, no llegó a conocer el rostro de aquella leyenda, pero sí conoció a uno que lo conoció y por él supo que aquel escuálido húngaro, cuando todavía era un niño, trabajó en las lonjas de estiba del puerto de Costanza, en el mar Negro. Tardó diez años en tirar al mar el garfio de estiba, pero cuando logró hacerlo su cuerpo ya gravitaba fatalmente sobre una desarmonía que, cuando comenzó a jugar al fútbol, le permitió crear una jugada defensiva limpia, pero tan invisible y artera que acarreaba lesiones devastadoras en las rodillas de los jugadores que se oponían a ella sin cometerles falta. Un día, se adentró en Europa, enrolado en una barcaza del Danubio. Vivió en Alemania y entre 1930 y 1933 jugó en el equipo que crearon los acereros del Ruhr para distraer a sus obreros en los tiempos oscuros del hambre. Luego la guerra se lo tragó y nació la sombra de una jugada indefinible, que destrozó, sin que ningún árbitro lograra descubrir en ella un indicio de ilegalidad, decenas de articulaciones, unas que fueron inutilizadas para siempre y otras que, aunque lograron soldar sus fracturas interiores, dejaron varada, en la parálisis de la cautela, la imaginación del jugador lesionado. Se decía que dijo: «Las verdaderas lesiones no tienen remedio, porque lo que lesionan no es un hueso, sino la libertad; y lo que rompen no es una corva, sino un cable del cerebro». Contados futbolistas conocían esa infame jugada y quien sabía algo de ella lo ocultó en un rincón innombrable de las leyes de su oficio.

Cuando el muchacho era niño no entendía el empeño de su padre en torturarle obligándole a ramonear olivos hasta la extenuación. Salían de madrugada de Talavera en busca de colinas, entre Alberche y Sotocochinos, se perdían sedientos y hambrientos en los olivares de Sanchón y allí el Cacique ordenaba a su hijo pelar todos los ramones que brotaban de todos los troncos. El niño era zurdo y no entendió hasta que fue muchacho por qué forzaba su naturaleza en aquellas extenuantes podas con su mano blanda, que era la derecha. Debía talar cada ramón de arriba abajo, con la hoz de la faca apoyada en las ásperas verrugas del olivo, posición que contradecía la mitad derecha de su cuerpo y que engendró a lo largo de los años entramados duros como piedras en el muslo, el hombro, el torso y los riñones de ese lado. Una niña, años más tarde, una vez que el muchacho pescaba en una charca de las sirgas del Tajo, le hizo percatarse de que su brazo derecho era una cuarta más largo que el izquierdo y que lo contrario les ocurría a sus piernas, lo que convertía su andar en un garabato, que luego, cuando aceleraba el paso, experimentaba una repentina mutación e introducía en sus movimientos un balanceo elástico de inexplicable armonía.

Ahora, junto a la pista de Olivenza, mientras ramoneaba los siete olivos que había detrás de la antigua casilla de camineros convertida en prostíbulo, el muchacho oyó a su espalda la suave voz del ama portuguesa del burdel.

—¿Qué haces, criatura?

No se volvió a mirar. Siguió podando con maña y celeridad los brotes que dormitaban en los grises torvos troncos. La mujer, en el alféizar de la ventana trasera, despedía sueño de sus ojeras violáceas. Un aceite brillaba bajo las ondulaciones doradas de su pelo. Contestó el muchacho, sin mirarla.

—Me entreno.

—¿Pero tú qué eres? ¿Eres futbolista o eres olivarero?

—Las dos cosas.

—¿Quieres comer?

—No.

—Te estás vaciando como un bracero, criatura, ¿y no tienes hambre?

—Tengo hambre, pero no como cuando tengo que jugar. Se juega mejor con hambre.

—¿Quién te ha enseñado eso?

—Eso no se aprende, señora.

—Gracias por el tratamiento, hijo. Pero no es lo que dice tu padre.

—¿Qué dice mi padre?

—Que él te enseñó todo lo que sabes.

—¿De qué conoce usted a mi padre?

—Todas las putas de la frontera conocemos al Cacique Zapata. Tú te llamas Raúl, como él, ¿a que sí? Naciste de una como yo. Tu madre golfeó conmigo en la frontera, hasta que tu padre la sacó de la vida. ¿Lo sabías?

—Sí, lo sabía.

—Tu padre es una bestia, pero tiene buena leche. Te contrató la cama y le juré que no te encontraría nadie. ¿Quién te busca?

—Usted lo ha dicho, nadie.

El muchacho miró a la mujer. A la luz del día, descubrió en ella a la campesina con el niño rubio en brazos que vio en la fotografía, cuando salía de donde durmió. No quedaban ya olivos sin podar y cargó su macuto al hombro mientras limpiaba la faca en la pernera.

—¿Vas a irte así de sucio?

—Sí, señora, cuando uno huele mal, te marcan menos de cerca. ¿Le debo algo?

—No. Soy yo quien te debo a ti. Dile a tu padre que no cobro los trabajos que no hago.

La mujer le echó al aire una pequeña bola y el muchacho la recogió como si atrapara una mosca.

—¿Qué trabajo no ha hecho?

—Zapata me pagó anoche dos camas, una para que durmieras y otra para que yo te hiciera hombre.

El muchacho abrió la mano que agarró la bola. Era, estrujado en una bolita malva, un billete de cinco mil pesetas. Volvió a hacer puño. La mujer alzó la voz mientras él se alejaba.

—¡Y pregúntale de mi parte que si lo que su hijo tiene entre las piernas es una morcilla española! ¿O es que tampoco jodes cuando tienes que jugar, olivarero de mierda?

El muchacho siguió haciendo senda. Nuevamente quiso sonreír, pero esta vez tampoco supo hacerlo y dejó flotando entre la mujer y él un vacío que no llenó el gruñido con que se despidió de espaldas a ella. En la estrecha carretera se fundía el betún. Lejos, en la raya de Portugal, la cúpula de la tormenta ganaba negrura. Aunque el macuto colgaba del hombro y la punta de un taco golpeba la espalda, corrió sobre el alquitrán encendido hacia la carretera de Lisboa. Allí su padre le recogería. Miró de soslayo hacia atrás. La portuguesa ya no estaba.

4

Recogió al muchacho un furgón cerrado con caja de chapa negra y rejilla metálica para proteger el parabrisas. «Es una vieja camioneta de redadas, más segura que un micro con cristaleras, en caso de cantea», explicó el Cacique, que conducía. Dentro se apretaban, calzados y uniformados, los jugadores. «Los sinsangre de Cavila, Tento y Sixto, se arrugaron», siguió Zapata. «Vamos sin líbero y quedamos los cabales. Si otro se ahueva, nos echan por falta de plantilla, así que toca aguantar. ¿Visteis el resol de esa culebrilla? La nube se está orillando y si se vacía aquí nos libra de entierro. Esto es vega; y cuando cae, diluvia sapos. Quien tenga taba, que la moje, y el resto que cruce los dedos para que el árbitro suspenda. Pero si no hay caso, apechar. ¿A por ellos, hijos?» Todos gritaron: «Sí, míster», y penetró en la jaula, antes de convertirse en estruendo, la primera avanzadilla del gran silencio que se avecinaba.

Siempre se le llama míster al entrenador, incluso si, como Cacique Zapata, era un labriego manchego lleno de costurones en las piernas esculpidas con alambres. Aquel célebre jugador, que treinta años antes cayó en un prematuro y vertiginoso declive, sobrevivía enconado por un rasgo malvado que roía su carácter, pero que le sostenía apoyado en el rencor y en la petaca de orujo que asomaba siempre en el bolsillo trasero de su chándal negro. Sabía que estaba atrapado por las babas de pobreza y olvido de las ligas inferiores, pudrideros de viejos futbolistas tercos como él y de chicos errantes y sin oficio, cazados por la pasión de jugar, pero que se avinagraban con nudos de impaciencia en los que se iba acumulando la impotencia y la ira. Zapata detuvo el furgón en la asomadilla del pueblo y dejó el volante a otro viejo jugador que empleaba de masajista con un sueldo de limosna y se alimentaba de la toba de farias que perpetuamente mascaba y que incluso mantenía en los labios cuando dormía en las esperas de las estaciones y los trenes. El Cacique se sentó en el suelo de la caja y los jugadores hicieron corro. Dijo al masajista:

—Mariano, enchispa el piloto, que no veo a mis machos.

La lucecita amarilla acentuó la irrealidad del ámbito. Miró con la cabeza hecha manilla de cronómetro a los once muchachos.

—¿Sabéis que sois guapos, hijos de puta?

—Sí, míster.

—¿Habéis cambiado todos el agua de las aceitunas?

—Sí, míster.

—Al que le vengan más ganas de mear, que mee en el furgón. No quiero verracos con el bulto húmedo, a no ser que os empalme un gol y os corráis de ganas de meter otro. ¿Habéis comido?

—No, míster.

—¿Habéis sudado y repostado?

—Sí, míster.

—¿Habéis cagado?

—Sí, míster.

—Así se ganan las broncas, con la tripa vacía y el estómago metiendo bulla. ¿A que sí, machos?

—Sí, míster.

—Nos espera un envite de hombres y no tiene que notarse que vamos a ganarlo hasta un segundo antes del final, si es que hay final en este calvario de mierda. Hoy dispongo táctica de la cebolla: la alineación, por la polla. A ver, ¿quién jodió anoche?

Nadie abrió la boca.

—¿Ninguno? Mariano, ¿he fichado futbolistas o sacristanes?

—Sacristanes, míster. Ya no hay futbolistas.

—De modo que once tíos armados como percherones duermen con putas y ninguno moja. ¿Se merecen ser delanteros, Mariano?

—No, míster.

Entraban en las primeras calles cuando once hileras de dientes comenzaban a brillar detrás de once divertidas sonrisas. Un brusco golpe conmovió el interior de la caja negra. La enormidad de la abolladura, vista desde dentro, dio idea del piedrón que se estrelló por fuera sobre la chapa.

—¿Habéis oído? Es sólo el primer tiento, así que emplearemos táctica de cabrones: un portero y mil cojones. Jugaremos sin delanteros y con los tacos por delante. ¡Todos defensas y que no quede espinilla sana! ¡Y atentos a mí con el rabillo del ojo!

—¿Por qué, míster?

—Porque no podréis oírme cuando os mande contragolpe.

Antes de que un nuevo impacto hiciera una nueva prominencia en la caja del vehículo, Zapata sacó del bolsillo un puñado de bolitas de cera de velón ablandada por la chicharrera y las repartió de dos en dos sin interrumpir la perorata.

—Esto es táctica del pedo gordo: contra la bulla, el oído sordo. Meteos estos tapones en las orejas hasta que con las yemas de los dedos os rasquéis las anginas. Y no os los quitéis hasta que acabe el partido y estemos de vuelta aquí, para salir de naja. Averiguar lo que dice el árbitro por sus gestos, porque no oiréis el pito. ¡Ánimo, hijos! Tenemos que ganar aunque nos crucifiquen. Os pongo al corriente de que han intentado comprarme, ¡a mí, al Cacique Zapata, que sequé en Wembley a Bobby Charlton! No les basta el empate, necesitan ganar y no lo harán, porque les cerraremos la bragueta con sangre. No me importa que no marquéis, pero si esos maricas meten gol, os capo. ¡Se acordarán de mí esos mercaderes! ¡Peste del fútbol! ¿Entendido?

—Sí, míster.

Veintidós manos fundieron una medusa de dedos juramentados.

—¡Vamos, hijos! ¡Echad candado al acojone!

Cuando el muchacho introdujo las bolas de panal casi diluidas en los oídos, el mundo calló. El silencio anunciado en el sueño comenzó a ocurrir. Sólo oía los latidos de su corazón y le enorgulleció la cadencia pausada, que no se alteró cuando decenas de abolladuras brotaron hacia dentro en la chapa y el furgón se abría paso en las calles y los chichones de los impactos, iluminados por culebrillas, arrugaban la hojalata como un pellejo picado por verrugas rojas de mala cazalla.

El tiempo se aceleró y el muchacho se adentró en una estancia inexplorada de la emoción de jugar cuando la puerta trasera del vehículo se abrió cegadora detrás de una portería y los tacos de sus botas arañaron la marga apisonada del campo. En las gradillas que lo cercaban había una hilera horizontal de hostiles aspavientos mudos y el juego comenzó cuando un goterón dibujó el cráter de una viruela en la capa blanquecina y en el rectángulo vallado se abrió un abanico de frenéticas correrías de once muchachos azules que hostigaban como tábanos las once motas blancas del equipo contrario, mientras arriba un ascua redonda se ensombrecía y malhumoraba.

El tiempo huía como un viento entre las piernas. El muchacho tardó en tocar el balón y cuando éste llegó a su zona de zaguero derecho, lo pisó y tuvo que levantar los tacos del cuero, como si el contacto le acalambrara. Lo alejó con un patadón sin destino. Era sueño jugar envuelto en sordera. No supo durante muchos minutos idear jugadas para sus compañeros. Quería jugar él solo y durar, únicamente durar, sin desentrañar los indescifrables apiñamientos silenciosos. Los primeros minutos no fueron fútbol, sino el torbellino ritualizado de amagos de engalles, empellones y bravatas que preludian una riña de solana entre dos manadas de patanes. Hasta que, sin llamarlo, el hocico del fútbol asomó y comenzó a configurarse en la maraña de gestos mudos que poco a poco comenzaban a articular un lenguaje y descifrarlo era para el muchacho vivir, por fin vivir, percibir que la dilatación hasta lo ilimitado de sus pulmones era otra vez posible, la ligereza no tenía fronteras y se encendía en su imaginación la libertad que segregaba hacer nacer un orden en aquel barullo.

Sintió un zarpazo de uña en la mejilla. Se llevó la mano a la zona escocida y ésta le devolvió la punta de los dedos ensangrentadas. Un pedrisco de hielo le había abierto un surco en la piel y con él comenzaba otra pedrea, organizada por un único espectador sin rostro, que se escondía detrás de las bóvedas negras de la tormenta y en soledad jugaba a otro juego cruel. Un nuevo goterón abrió otro cratercito en la arena y antes de secarse, como si el cielo se desmoronase como una techumbre sobre quienes la formaban, la hilera de muecas de la gradilla se desgranó bajo el repentino desplome de agua. Su alrededor quedó inundado en un instante. El muchacho vio saltar granizos como nueces sobre el reluciente tricornio de un guardia civil impávido, que permanecía sentado en un taburete, detrás de la portería que él defendía. El nubarrón comenzó a vaciarse e hizo bajar con él una lengua de noche y de niebla que embarró en pocos minutos las vibrantes y enconadas oleadas de cuerpos.

El muchacho sintió que un puntiagudo codo penetraba a traición en el rincón hueco de su costado y cayó como un pelele, sin huesos y emborrachado por el dolor. Cuando logró recuperar el resuello y pudo de nuevo orientarse, su ira multiplicó el fangal donde sus botas se sumergían en hoyas de engrudo y era imposible distinguir qué jugador era de un equipo o de otro. Fue entonces cuando emergió de la mugre un jugador de espiga, endeble y quebradizo, que hasta entonces había pasado inadvertido. Llevaba el número diez a la espalda y era un imberbe junco, que inexplicablemente mantenía inmaculada la blancura de su uniforme y esto le hacía insoportablemente visible, como una intromisión en los ritos de la violencia y en los códigos de la gravedad de las cosas de una sustancia que carecía de materia.

Corría el niño blanco con asombrosa libertad y la sábana de barro abría senderos secos a la alada ligereza de su carrera, que era escoltada por una campana de viento que le guardaba de los empujones y de las salpicaduras y le hacía volar por encima de los charcos, como un pájaro sin alas que apoyaba sus ondulaciones no en el turbulento suelo movedizo, sino sobre una capa de aire sólido, quieto e inexplorado que cubría los pasillos que abrían sus carreras y libraba a las puntas de sus botas de hozar en el barro. El aparecido, sin dejarse rozar, atravesaba las demarcaciones defensivas como si estuvieran huecos los cuerpos de los jugadores que las vigilaban, cubiertos por una capa de barro que únicamente les respetaba el blanco de los ojos. Salía siempre intacto de sus temerarias incursiones en quebrada dentro de apelotonamientos que parecían infranqueables y se zafaba de ellos abriendo una franja tan estrecha de espacio libre, que sólo cabía en ella la delgadez de su zigzagueo, sus indescifrables fugas, sus mágicos desplazamientos oblicuos en busca de angulaciones imposibles que su mágico juego iba creando a medida que avanzaba con el balón acariciado por los suaves tentáculos invisibles que tenía entre los pies.

Nunca antes el muchacho había visto jugar de forma tan asombrosamente fácil y hermosa. Era el fútbol que él soñaba crear. Buscó asustado la mirada de su padre. El Cacique, de pie junto a la banda, no le miraba a él. Seguía con ojos incrédulos las formas imprevisibles con que el niño intacto y alado transgredía los mandatos de la naturaleza y convertía en belleza aquel ajedrez turbio y agreste. Paralizado por la visión, tardó el Cacique en reaccionar y dar el brusco giro de cuello que su hijo esperaba de él. El viejo le miró con ojos sin párpados y dejó caer la mano enguantada junto a la cadera y allí curvó, en signo crispado y cómplice, los dedos negros en garra de navaja de faca. «¡No, míster, eso no!», gritó el muchacho. «¡Es un niño!», pero no se oyó a sí mismo, ni su voz existía en el sueño.

Entonces se encontró por segunda y penúltima vez en su vida ante el arcángel blanco. Algo familiar dedujo de su presencia, cuando comenzó a estudiarla para detener para siempre su carrera.

El niño franqueó su marcaje y unos minutos después, como un lobo erizado en un acecho, el muchacho comenzó a perseguir en paralelo, cinco metros a su derecha, uno de sus desplazamientos. Le vio lograr, sin alterar su carrera, un milagroso doble desvío instantáneo del balón entre pie y pie y luego detenerse a crear una senda por donde adentrarse en el área de castigo. El muchacho tensó el resorte que aguardaba en sus muelles traseros derechos y saltó, derramada la espalda en el fango, para atrapar el balón con el empeine de la pierna larga, mientras un encogimiento imperceptible de la izquierda rozaba por dentro la pantorrilla del niño y le obligó a apoyar con energía el pie al mismo tiempo que su cuerpo giraba y la rodilla se convertía en eje y conjunción de dos impulsos contrarios, que chocaron entre sí e hicieron estallar el entramado de huesos, cintas de ternilla y depósitos de lubricantes que escondía la prominencia de la rótula.

No oyó el alarido del jugador abatido. La traición se produjo en el área pequeña, cerca de la portería y el deslizante suelo impidió al muchacho calcular el itinerario que siguió al derrumbe. Supo que la pierna del niño quedó tronchada por su propio impulso y otro silencio de otra estancia taladró sus oídos taponados. Despertó de la concentración de la arrancada tumbado boca arriba medio metro más allá de la línea de fondo, junto a la red de la portería. Se arrodilló de un salto y miró a su derecha, donde dedujo que debía estar el lesionado, pero no estaba allí. Metro y medio a su izquierda, vio al caído. Su cabeza reposaba en quietud demasiado absoluta, junto a la base del poste izquierdo. Sus ojos abiertos le miraban amistosos y confiados. Reconoció al niño de la fotografía de la puerta del cuartito donde durmió, un instante antes de descubrir que su cabeza rubia yacía junto al filo esquinado del madero y que la excrecencia blanquecina que se deslizaba por su frente no era una pella de marga resbaladiza, sino un borbotón de masa encefálica que brotaba de una brecha en la sien y el charco ocre que rodeaba el poste enrojecía.

Las rodillas del muchacho se destensaron y cayó sentado sobre los talones. Notó que había algo dentro de su mano cerrada en puño y lo abrió. Absorbido por la espera del juego había olvidado la bola de papel malva que le lanzó la mujer que abrazaba al niño en la fotografía. El estrujado billete de cinco mil pesetas destinado a hacerle hombre seguía allí, en el hueco de la mano que lo agarró y que ahora, curvada y crispada, remedaba una faca de podar ramas tiernas de olivo.

(Inédito)

19 de diciembre de 1971

Roberto Fontanarrosa

Sí, yo sé que ahora hay quienes dicen que fuimos unos hijos de puta por lo que hicimos con el viejo Casale, yo sé. Nunca falta gente así. Pero ahora es fácil decirlo, ahora es fácil. Pero había que estar esos días en Rosario para entender el fato, mi viejo, que hablar al pedo ahora habla cualquiera.

Yo no sé si vos te acordás lo que era Rosario en esos días anteriores al partido. ¡Y qué te digo «esos días»! ¡Desde semanas antes ya se venía hablando del partido y la ciudad era una caldera, porque eso era lo que era la ciudad! Claro, los que ahora hablan son esos turros que después vos los veías por la calle gritando y saltando como unos desgraciados, festejando en pedo a los gritos y después ahora te salen con que son... ¿qué son...? moralistas... ¿De qué se la tiran, hijos de mil putas? Ahora son todos piolas, es muy fácil hablar. Pero si vos vieras lo que era la ciudad en esos días, hermano, prendías un fósforo y volaba todo a la mierda. No se hablaba de otra cosa en los boliches, en la calle, en cualquier parte. Saltaban chispas, te aseguro. Y la cosa arrancó con el fato de las cábalas. O mejor dicho, de los maleficios.

Hay que entender que no era un partido cualquiera, hermano, era una final final. Porque si bien era una semifinal, el que ganaba después venía a jugar a Rosario y le rompía el culo a cualquiera. Fuera Central como Ñul, acá le hacía la fiesta a cualquiera. ¡Y cómo estaban los lepra!

¡Eso, eso tendrían que acordarse ahora los que hablan al reverendo pedo y nos vienen a romper las pelotas con el asunto del viejo Casale! ¿No se acuerdan esos turros cómo estaban los lepra? ¿No se acuerdan ahora, mi viejo? Había que aguantarlos porque se corrían una fija, pero una fija se corrían, hermano, que hasta creo que se pensaban que nos iban a llenar la canasta. No que sólo nos iban a hacer la colita sino que además nos iban a meter cinco, en el Monumental y para la televisión. ¡Pero por qué no se van a la concha de su madre! ¡Qué mierda nos van a hacer cinco esos culosroto! ¡Así se la comieron doblada! ¡Qué pija que tienen desde ese día y no se la pueden sacar!

Pero la verdad, la verdad, hermano, con una mano en el corazón, que tenían un equipazo, pero un equipazo, de padre y señor mío.

Hay que reconocerlo. Porque jugaban que daba gusto, el buen toque y te abrochaban bien abrochado. Estaba Zanabria, el Marito Zanabria; el Mono Obberti, ¡Dios querido, el Mono Obberti, qué jugador! Silva el que era de Lanús, el albañil. ¡Montes! Montes de cinco; Santamaría, el cucurucho Santamaría, qué sé yo, era un equipazo, un equipazo hay que reconocer, y la lepra se corría una fija. ¿Sabés cuántos había en la ruta a Buenos Aires, el día del partido? Yo no sé, eran miles, millones, yo no sé de dónde habían salido tantos leprosos. Si son cuatro locos y de golpe, para ese partido, aparecieron como hormigas los desgraciados. Todos fueron. ¡Lo que era esa ruta, papito querido! Entonces, oíme, había que recurrir a cualquier cosa. Hay partidos que no podés perder, tenés que ganar o ganar. No hay tu tía. Entonces si a mí me decían que tenía que matar a mi vieja, que había que hacer cagar al presidente Kennedy, me daba lo mismo, hermano. Hay partidos que no se pueden perder. ¿Y qué? ¿Te vas a dejar basurear por estos soretes para que te refrieguen después la bandera por la jeta toda la vida? No, mi viejo. Entonces, ahí, hay que recurrir a cualquier cosa. Es como cuando tenés un pariente enfermo ¿viste? tu vieja, por ejemplo, que por ahí sos capaz hasta de ir a la iglesia ¿viste? Y te digo, yo esa vez no fui a la iglesia, no fui a la iglesia porque te juro que no se me ocurrió, mirá vos, que si no... te aseguro que me confesaba y todo si servía para algo. Pero con los muchachos enganchamos con la cuestión de las brujerías, de la ruda macho, de enterrar un sapo detrás del arco de Fenoy, de tirar sal en la puerta de los jugadores de Ñubel y de todas esas cosas de que siempre se habla. Por supuesto que todas las brujas del barrio ya estaban laburando en la cosa y había muñecos con camiseta de Ñubel clavados con alfileres, maldiciones pedidas por teléfono y hasta mi vieja que no manya mucho del asunto tenía un pañuelo atado desde hacía como diez días, de esos de «Pilato, Pilato, si no gana Central en River no te desato». Después la vieja decía que habíamos ganado por ella, pobre vieja, si hubiera sabido lo del viejo Casale, pero yo le decía que sí para no desilusionarla a la vieja.

Pero todo el fato de la ruda macho y el sapo de atrás del arco eran, qué sé yo, cosas muy generales, ya había tipos que lo estaban haciendo y además, el partido era en el Monumental y no te vas a meter en la pista olímpica a enterrar un sapo porque vas en cana con treinta cadenas y no te saca ni Dios después, hermano. Entonces, me acuerdo que empezamos con la cosa de las cábalas personales. Porque me acuerdo que estábamos en el boliche de Pedro y veníamos hablando de eso. Entonces, por ejemplo, resolvimos que a Buenos Aires íbamos a ir en el auto del Dani porque era el auto con el que habíamos ido una vez a La Plata en un partido contra estudiantes y que habíamos ganado dos a cero. Yo iba a llevar, por supuesto, el gorrito que venía llevando a la cancha todos los últimos partidos y no me había fallado nunca el gorrito. A ése lo iba a llevar, era un gorrito milagroso ése. El Coqui iba a ir con el reloj cambiado de lugar, o sea en la muñeca derecha y no en la izquierda, porque en un partido contra no sé quién se lo había cambiado en el medio tiempo porque íbamos perdiendo y con eso empatamos. O sea, todo el mundo repasó todas las cábalas posibles como para ir bien de bien y no dejar ningún detalle suelto. Te digo más, estuvimos como media hora discutiendo cómo mierda estábamos parados en la tribuna en el partido contra Atlanta para pararnos de la misma manera en el partido contra la lepra. El boludo de Michi decía que él había estado detrás del Valija y el Miguelito porfiaba que el que había estado detrás del Valija era él. Mirá vos, hasta eso estudiamos antes del partido, para que veas cómo venía la mano en esos días. ¿Y sabés qué te lleva a eso, hermano, sabés qué te lleva a eso? El cagazo, hermano, el cagazo, el cagazo te lleva a hacer cualquier cosa, como lo que hicimos con el viejo Casale.

Porque si llegábamos a perder, mamita querida, nos teníamos que ir de la ciudad, mi viejo, nos teníamos que refugiar en el extranjero, te juro, no podíamos volver nunca más acá. Íbamos a parecer esos refugiados camboyanos que se tomaron el piro en una balsa. Te juro que si perdíamos nosotros agarrábamos el *Ciudad de Rosario* y por acá, por el Paraná, nos teníamos que ir todos, millones de canallas, no sé, a Diamante, a Perú, a Cuzco, a la concha de su madre, pero acá no se iba a poder vivir nunca más con la cargada de los leprosos putos, mi viejo. Ya el Miguelito había dicho bien claro que él se la daba, que si perdíamos agarraba un bufo y se volaba la sabiola y te digo que el Miguelito es capaz de eso y mucho más porque es loco el Miguelito, así que había que creerle. O hacerse puto, no sé quién había comentado la posibilidad de hacerse trolo y a otra cosa mariposa, darle a las plumas y salir vestido de loca por Pellegrini y no volver nunca más a la casa. Pero, te digo, nadie quería ni siquiera sentir hablar de esa posibilidad. Ni se nombraba la palabra «derrota».

Era como cuando se habla del cáncer, hermano. Vos ves que por ahí te dicen «la papa», o «tiene otra cosa», «algo malo», pero el cangrejo, mi viejo, no te lo nombra nadie. Y ahí fue cuando sale a relucir lo del viejo Casale.

El viejo Casale era el viejo del Cabezón Casale, un pibe que siempre venía al boliche y que durante años vino a la cancha con nosotros pero que ya para ese entonces se había ido a vivir al norte, a Salta creo, lo vi hace poco por acá, que estaba de paso. Y ahí fue que nos acordamos de que un día, en la casa del Cabezón, el viejo había dicho que él nunca, pero nunca, lo había visto perder a Central contra Ñul. Me acuerdo que nos había impresionado porque ese tipo era un privilegiado del destino. Aunque al principio vos te preguntás, «¿Cómo carajo hizo este tipo para no verlo perder nunca a Central contra el Ñul? ¿Qué mierda hizo? Este coso no va nunca a la cancha». Porque, oíme, alguna vez lo tuviste que ver perder, a menos que no vayás a los clásicos. Y ojo que yo conozco muchos así, que se borran bien borrados de los clásicos. O que van en Arroyito, pero que a la cancha del Parque no van en la puta vida. Y me acuerdo que le preguntamos eso al viejo y el viejo nos dijo que no, y nos explicó. Él iba siempre, un fana de Central que ni te cuento, pero se había dado, qué sé yo, una serie de casualidades que hicieron que en un montón de partidos con Ñul él no pudiera ir por un montón de causas que ni me acuerdo. Que estaba de viaje por Misiones —el viejo era comisionista—; que ese día se había torcido un tobillo y no podía caminar, que estaba engripado, que le dolía un huevo, qué sé yo, en fin, la verdad, hermano, que el viejo la posta posta era que nunca le había tocado ver un partido en que la lepra nos hubiera roto el orto. Era un privilegiado el viejo y además, un talismán, querido, porque así como hay tipos mufa que te hacen perder partidos adonde vayan, hay otros que si vos los llevás es número puesto que tu equipo gana. No es joda. Y el viejo Casale era uno de éstos, de los ojetudos.

Entonces ahí nos dijimos «Este viejo tiene que estar en el Monumental contra Ñubel. No puede ser de otra forma. Tiene que estar».

Claro, dijimos, seguro que va a estar, si es fana de Central, canalla a muerte. Pero nos agarró como la duda ¿viste? porque nosotros no era que lo veíamos todos los días al viejo, te digo más, desde que el Cabezón se había ido al norte a laburar, al viejo de él no lo habíamos vuelto a ver ni en la cancha, ni en la calle ni en ninguna parte. Además, el viejo ya estaba bastante veterano porque debía tener como ochenta pirulos por ese entonces. Bah, en realidad ochenta no, pero sus sesenta, sesenta y cinco años los tenía por debajo de las patas.

Entonces, con el Valija, el Colorado y el Miguelito decimos «vamos a casa del viejo a asegurarnos que va y si no va lo llevamos atado». Porque también podía ser que el viejo no fuera porque no tuviera guita, qué sé yo. Nosotros ya habíamos pensado en hacer una rifa a beneficio, una kermesse, cualquier cosa. El viejo tenía que ir, era una bandera, un cheque al portador.

La cuestión es que vamos a la casa y... ¿a qué no sabés con lo que nos sale el viejo? Que andaba mal del bobo y que el médico le había prohibido terminantemente ir a la cancha, mirá vos. Nos sale con eso. Que no. Que había tenido un infarto en no sé qué partido, en un partido de mierda después que una pelota pegó en un palo, que había estado muerto como media hora y lo habían salvado entre los indios con respiración artificial y masajes en el cuore, que no había clavado la guampa de puro pedo y que le había quedado tal cagazo que no había vuelto a ir a la cancha desde hacía ya, mirá lo que te digo, dos años.

¡Hacía dos años que no iba a la cancha el viejo ese! Y no era sólo que él no quería ir sino que el médico y, por supuesto, la familia, le tenían terminantemente prohibido ir, lógicamente. No sé si no le prohibían incluso escuchar los partidos por radio, no sé si no se lo prohibían, para que no le pateara el bobo, porque parece que el viejo escuchaba un pedo demasiado fuerte y se moría, tan jodido andaba. Vos le hacías ¡Uh! en la cara y el viejo partía. ¡Para qué! Te imaginás nosotros, la desesperación, porque eso era como un presagio, un anuncio del infierno, hermano, era un preanuncio de que nos iban a hacer cagar en Buenos Aires, mi viejo. Entonces empezamos a tratar de hacerle la croqueta al viejo, a convencerlo, a decirle «Pero mire, don Casale, usted tiene que estar, es una cita de honor. ¡Qué va a estar mal usted del cuore, si se lo ve cero kilómetro! Vamos, don Casale —me acuerdo que lo jodía Miguelito—, ¿cuántos polvos se echa por día?, usted está hecho un toro». Pero el viejo, ni mierda, en la suya. Que no y que no.

Le decíamos que el partido iba a ser una joda, que Ñubel tenía un equipo de mierda y que ya a los quince minutos íbamos a estar tres a cero arriba, que el partido era una mera formalidad, que el gobierno ya había decidido que tenía que ganar Central para hacer feliz a mayor cantidad de gente. No sé, no sé la cantidad de boludeces que le dijimos al viejo para convencerlo. Pero el viejo nada, una piedra el hijo de puta. Para colmo ya habían empezado a rondar la mujer del viejo, madre del Cabezón, y una hermana del Cabezón, que querían saber qué carajo queríamos decirle nosotros al viejo en esa reunión, porque medio que ya se sospechaban que nosotros no íbamos para nada bueno. En resumen que el viejo nos dijo que no, que ni loco, que ni siquiera sabía si iba a poder resistir la tensión de saber que se jugaba el partido, aun sin escucharlo. Porque el viejo los diarios los leía, tan boludo no era, y sabía cómo venía la mano, cómo era la cosa, cómo formaban los equipos, suplentes, historial, antecedentes, chaquetillas, color, todo. Nos dijo más. «Ese día —nos dijo— bien temprano, antes de que empiecen a pasar los camiones y los ómnibus con la gente yendo para Buenos Aires, yo me voy a la quinta de un hermano mío que vive en Villa Diego.» No quería escuchar ni los bocinazos el viejo. «Me voy tempranito a lo de mi hermano, que a mi hermano le importa un sorete el fútbol, y me paso el día ahí, sin escuchar radio ni nada.» Porque el viejo decía y tenía razón, que si se quedaba en la casa, por más que se encerrara en un ropero, algo iba a oír, algún grito, algún gol, alguna cosa iba a oír, pobre desgraciado, y se iba a quedar ahí mismo seco en el lugar. Así que se iba a ir a radicar en la quinta de ese hermano que tenía, para borrarse del asunto.

Muy bien, muy bien. Te digo que salimos de allí hechos bosta porque veíamos que la cosa venía muy mal. Casi era ya un dato seguro como para decir que éramos boleta. Para colmo, al Valija, el día anterior le había caído una tía del campo y él se acordaba que, en un partido que perdimos con San Lorenzo, esa misma tía le había venido el día antes. Era un presagio funesto el de la tía.

Fue cuando decidimos lo del secuestro. Nos fuimos al boliche y esa noche lo charlamos muy seriamente. El Dani decía que no, que era una barbaridad, que el viejo se nos iba a morir en el viaje, o en la cancha, y que después se iba a armar un quilombo que íbamos a terminar todos en cana y que, además, eso sería casi un asesinato. Pero al Dani mucha bola no le dimos porque siempre ha sido un exagerado y más que un exagerado, medio cagón el Dani. Pero nosotros estábamos bien decididos y más que nada por una cosa que dijo el Valija: el viejo estaba diez puntos. Había tenido un infarto, es cierto. Pero hay miles de tipos que han tenido un infarto y vos los ves caminando tranquilamente por la yeca y sin hacer tanto quilombo como este viejo pelotudo, con eso de meterse adentro de un ropero, o no ir a la cancha, o dejar que te rigoree la familia como la esposa y la otra, la hermana del Cabezón. Por otra parte, y vos lo sabés, los médicos son unos turros pero unos turros que se ve que lo querían hacer durar al viejo mil años para sacarle la guita, hacerle experimentos y chuparle la sangre. Y además, como decía Miguelito y eso era cierto, vos lo veías al viejo y estaba fenómeno. Con casi sesenta años no te digo que parecía un pendejo pero andaba lo más bien. Caminaba, hablaba, se sentaba, qué sé yo, se movía. ¡Chupaba! Porque a nosotros nos convidó con Cinzano y el viejo se mandó su medidita, no te digo un vasazo pero su medidita se mandó. La cosa es que el Miguelito elaboró una teoría que te digo, aún hoy, no me parece descabellada. ¡El viejo era un turro, hermano! Un turrazo que especulaba con el fato del bobo para pasarla bien y no laburarla nunca más en la vida de Dios. Con el sover del bobo no ponía el lomo, lo atendían a cuerpo de rey y la tenía a la vieja y a la hermana del Cabezón pendientes de él viviendo como un bacán, el viejo. Y... ¿de qué se privaba? De algún faso; que no sé si no fasearía escondido; y de no ir a la cancha. Fijate vos, eso era todo. Y vivía como Carolina de Mónaco el otario. Bueno, con ese argumento y lo que dijo el Colorado se resolvió todo.

El Colorado nos habló de los grandes ideales, de nuestra misión frente a la sociedad, de nuestro deber frente a las generaciones posteriores, los pendejos. Nos dijo que si ese partido se perdía, miles y miles de pendejos iban a sufrir las consecuencias. Que, para nosotros, y eso era verdad, iba a ser muy duro, pero que nosotros ya estábamos jugados, que habíamos tenido lo nuestro y que, de últimas, teníamos experiencia en malos ratos y fulerías. Pero los pibes, los pendejitos de Central, ésos iban a tener de por vida una marca en sus vidas que los iba a marcar para siempre, como un fierro caliente. Que las cargadas que iban a recibir esos pibes, esas criaturas, en la escuela, los iban a destrozar, les iban a pudrir el bocho para siempre, iban a ser una o dos generaciones de tipos hechos bolsa, disminuidos ante los leprosos, temerosos de salir a la calle o mostrarse en público. Y eso es verdad, hermano, porque yo me acuerdo lo que eran las cargadas en la escuela primaria, sobre todo.

Yo me acuerdo cuando perdimos cinco a tres con la lepra en el Parque después de ir ganando dos a cero, cuando se vendió el Colorado Bertoldi, que todavía se estará gastando la guita, y te juro que yo por una semana no me pude levantar de la cama porque no me atrevía a ir a la escuela para no bancarme la cargada de los lepra. Los pibes son muy hijos de puta para la cargada, son muy crueles. ¿No viste cómo descuartizan bichos, que agarran una langosta y le sacan todas las patas? Son unos hijos de puta los pibes en ese sentido. Y lo que decía el Colorado era verdad. Ahora todo el mundo habla de la deuda externa, y bueno, hermano, eso era algo así como lo de la deuda externa, que por la cagada de cuatro reverendos hijos de puta que empeñaron el país, la tenemos que pagar todos y los hijos y los hijos de nuestros hijos. Y si estaba en nosotros hacer algo para que eso no pasara, había que hacerlo, mi querido. Además, como decía el Colorado, ya no era el problema de la cargada de los pendejos ñubelistas, está también el fato del exitismo. Los pibes ven que gana un equipo y se hacen hinchas de ese equipo, son así, casquivanos. Son hinchas del campeón. Entonces, ponele que hubiese ganado Ñubel y ...¡a la mierda...! de ahí en más todos los pibes se hacían de Ñubel, ponele la firma. Y no te vale de nada llevarlos a la cancha, conversarlos, hablarles del Gitano Juárez o el Flaco Menotti, ni comprarles la camiseta de Central apenas nacen. No te vale de nada. Los pendejos ven que sale River campeón y son de River. Son así. Y en ese momento no era como ahora que, mal que mal, vos los llevás al Gigante y los pibes se caen de culo. Entonces, cuando van al chiquero del Parque, por mejor equipo que pueda tener Ñul, los pibes piensan «Yo no puedo ser hincha de esta villa miseria» y se hacen de Central. Porque todo entra por los ojos y vos ves que ahora los pibes por ahí ni siquiera han visto jugar a Central o a Ñul y ya se hacen hinchas de Central por el estadio. Es otra época, los pendejos son más materialistas, yo no sé si es la televisión o qué, pero la cosa es que se van de boca con los edificios.

Entonces la cosa estaba clara, había que secuestrar al viejo Casale, o si no aguantarse que quince, veinte años después, hoy por ejemplo, la ciudad estuviese llena de leprosos nacidos después de ese partido, y esto hoy ¿sabés lo que sería? Beirut sería un poroto al lado de esto, hermano, te juro.

El que organizó la «Operación Eichmann», como la llamamos, fue el Colorado. La llamamos así porque ese general alemán, el torturador, que se chorearon de acá una vez los judíos ¿viste? y lo nuestro era más o menos lo mismo. El Colorado es un tipo muy cerebral, que le carbura muy bien el bocho y él organizó todo. El Colorado ya no estaba para ese entonces en la O.C.A.L. La O.C.A.L., no sé si sabés, es una organización de acá, de Rosario, que se llama así porque son iniciales, O.C.A.L. «Organización Canalla Anti Lepra.» Son un grupo de ñatos como el Ku-Klux-Klan, más o menos, que se reúnen en reuniones secretas y no sé si no van con capucha y todo a las reuniones, o si queman algún leproso vivo en cada reunión. Mirá, yo no sé si es requisito indispensable ser hincha de Central, pero seguro seguro, lo que tenés que hacer es odiar a los lepra. Tenés que odiar más a los lepra que lo que querés a Central.

Hacen reuniones, escriben el libro de actas, piensan maldades contra los lepra, festejan fechas patrias de partidos que les hemos ganado, tienen himnos, son como esos tipos, los masones esos, que nadie sabe quiénes son. Andan con antorchas. Bueno, de la O.C.A.L., de la O.C.A.L. al Colorado lo echaron por fanático, con eso te digo todo. Pero es un bocho el Colorado y él fue el que organizó todo el operativo.

Y te la cuento porque es linda, te la cuento porque es linda, no sé si un día de estos no aparece en el *Selecciones* y todo. Averiguamos qué ómnibus iba para Villa Diego, adonde tenía la quinta el hermano del viejo

Casale. Desde donde vivía el viejo, ahí por San Juan al mil cuatrocientos, lo único que lo dejaba en ese entonces, si mal no recuerdo, era el 305 que pasaba por la calle San Luis. O sea que el viejo tenía que tomarlo en San Luis-Paraguay o San Luis-Corrientes, no más allá de eso a menos que fuera muy pelotudo y lo fuera a tomar a Bulevar Oroño que no sé para qué mierda iba a hacer eso. Ahora, la duda era si el viejo se iba a ir en ómnibus o en auto, porque si se iba en auto nos recagaba, pero nos jugábamos a que se iba a ir en ómnibus porque auto no tenía y seguro que el hermano tampoco tenía porque debía ser un muerto de hambre como él, seguramente. Y te digo que la cosa venía perfecta, porque el viejo nos había dicho que iba a salir bien temprano para no infartarse con las bocinas o sea que nosotros podíamos combinarlo con el horario de salida nuestra para el partido. Porque también nos cagaba si salía a la una de la tarde para Villa Diego porque después ¿cómo llegábamos nosotros a Buenos Aires para la hora del partido con el quilombo que era la ruta y en un ómnibus de línea? Lo más probable es que no hiciéramos pelota en el camino por ir a los pedos. Y por otra parte, hermano, Villa Diego queda saliendo para Buenos Aires o sea que la cosa estaba clavada, era posta posta.

Después hubo que hablar con los otros muchachos, porque convencer al Rulo no nos costó nada, a él le daba lo mismo y, además, le contamos los entretelones del asunto. Te digo que el Colora manejó la cosa como un capo, un maestro. El asunto era así, el Rulo es un fana amigo de Central que tiene un par de ómnibus, está muy bien el Rulo. Y en esa época tenía un par de coches en la línea 305. Fue un ojete así de grande, porque si no teníamos que conseguir otro coche, cambiarle el color, pintarlo, qué sé yo, ponerle el número, un laburo bárbaro. Pero el Rulo tenía dos 305 y con uno de esos ya tenía pensado pirarse para el Monumental el día del partido y más bien que se llevaba como mil monos que también iban para allá. Lo sacaba de servicio y que se fueran todos a la reputísima madre que los parió, no iba a perderse el partido ese.

Entonces, el Rulo, con los monos arriba y nosotros, tenía que estar con el ómnibus preparado, el motor en marcha, por España, estacionado. Y el Miguelito se ponía de guardia, tomando un café, justo en un boliche de ahí cerca desde donde veían la puerta de la casa del viejo Casale. Creo que a las cinco, nomás, de la matina, ya estaba el Miguelito apostado en el Boliche haciéndose el boludo y junando para la casa del viejo. Te juro que ni los tupamaros hubieran hecho un operativo como ése, hermano. Fue una maravilla.

Apenas vio que salía el viejo con una canastita donde seguro se llevaba algún matambre casero, algo de eso, el pobre viejo, el Miguelito cazó una Vespa que tenía en ese entonces, dio vuelta a la manzana y nos avisó. Cargó la moto en el ómnibus, en la parte de atrás, detrás de los últimos asientos y nos pusimos en marcha.

Ya les habíamos dicho a tres o cuatro pendejos, de esos quilomberos de la barra, que se hicieran bien los sotas, que no dijeran ni media palabra y se hicieran los que apoliyaban. Nosotros también, para que no nos reconociera el viejo, estábamos en los asientos traseros, haciéndonos los dormidos, incluso con la cara tapada con algún pulóver, como si nos jodiera la luz, o con algún piloto.

Te digo que el día había amanecido frío y lluvioso, como la otra fecha patria, el 25 de mayo. Además, el quilombo había sido guardar y esconder todas las banderas, las cornetas, las bolsas con papelitos, los termos, todo eso. Uno de los muchachos llevaba una bandera de la gran puta que medía 52 metros; ¡52 metros, loco! Media cuadra de bandera que decía «Empalme Graneros presente» y tuvimos que meterla debajo de un asiento para que el viejardo no la vichara.

La cosa es que el viejo subió medio dormido y se sentó en uno de los asientos de adelante que ya habíamos dejado libre a propósito para que no viera mucho del ómnibus. Rulo le cobró boleto y todo. Y nadie se hablaba como si no nos conociéramos. Y como el ómnibus iba haciendo el recorrido normal, el viejo iba lo más piola, mirando por la ventanilla. La cuestión es que llegamos a Villa Diego y el viejo tranquilo. Cada tanto, cuando nos pasaba algún auto con banderas en el techo, tocando bocina, el viejo miraba a los que tenía cerca y movía la cabeza como diciendo «¡Mirá vos!»

Se ve que tenía unas ganas de hablar pero nadie quería darle mucha bola para no pisarse en una de ésas. Así que nos hacíamos todos los dormidos. Parecía que habían tirado un gas adentro de ese ómnibus, hermano. Como cuando se muere algún ñato ¿viste? que se queda a apoliyar en el auto con el motor prendido y lo hace cagar el monóxido de carbono, creo. Bueno, así parecía que a nosotros nos había agarrado el monóxido de carbono. Pero cuando llegamos a Villa Diego, por ahí el viejo se levanta y le dice al Rulo «En la esquina, jefe». Y yo no sé qué le dijo el Rulo, algo de que ahí no se podía parar, que estaba cerrado el tráfico, que había que seguir un poco más adelante y el viejo se la comió, pero se quedó paradito al lado de la puerta. Al rato, por supuesto, de nuevo el viejo, «En la esquina». Ahí ya el Rulo nos miró, porque se le habían acabado los versos. Y ahí, hermano... ¡vos no sabés lo que fue eso! Fue como si nos hubiésemos puesto todos de acuerdo y te juro que ni siquiera lo habíamos hablado. Empezaron los muchachos a desplegar las banderas, a sacar las cornetas y las banderas por la ventana, y a los gritos, hermano, «¡Soy canalla, soy canalla!» por las ventanas.

Pero no para el lado del viejo, el pobre viejo, que la cara que puso no te la puedo describir con palabras, sino para afuera, porque los grones, con lo quilomberos que son, se habían ido aguantando hasta ahí sin gritar ni armar quilombo para no deschavarse con el viejo, pero cuando llegó el momento agarraron las banderas, empezaron a sacar los brazos y golpear las chapas del costado del ómnibus y también el Rulo empezó a seguir el ritmo con la bocina.

¿Viste esas películas de cowboy, cuando los choros van a asaltar una carreta donde parece que no hay nadie, o que la maneja nada más que un par de jovatos y de golpe se abren los costados y aparecen 17.000 soldados que los cagan a tiros? ¿Que levantan la lona y estaban todos adentro haciéndose los sotas? Bueno, ese ómnibus debió ser algo así. De golpe se transformó en un quilombo, un escándalo, una de gritos, de bocinazos, cornetas, una joda. ¡Y la gente al lado de la ruta! Porque desde la madrugada ya había gente a los costados de la ruta esperando que pasaran las caravanas de hinchas. Era para llorar, eso, conmovedor, te saludaban, gritaban, levantaban los puños, por ahí algún lepra, a las perdidas, te tiraba un cascotazo... Pero vuelvo al viejo, el viejo, no sabés la caripela que puso. Porque nosotros lo estábamos mirando porque decíamos: éste es el momento crucial. Ahí el viejo o cagaba la fruta, el corazón se le hacía bosta, o salía adelante. El viejo miraba para atrás, a todos los monos que saltaban y cantaban y no lo podía creer. Se volvió a sentar y creo que hasta San Nicolás no volvió a articular palabra. Te digo que el Rábano, el hijo de la Nancy ya se había ofrecido a hacerle respiración boca a boca llegado el caso, que era algo a lo que todos, mal que mal, le habíamos esquivado el bulto porque, qué sé yo, te da un poco de asco, además con un viejo.

Pero mirá, te la hago corta. Mirá, cuando el viejo ya vio que no había arreglo, que no había posibilidad de que lo dejáramos bajar del ómnibus, se entregó, pero se entregó entregó. Porque, al principio, nosotros nos acercamos y nos reputeó, nos dijo que éramos unos irresponsables, unos asesinos, que no teníamos conciencia, que era una vergüenza, qué sé yo todo lo que nos dijo. Pero después, cuando nosotros le dijimos que él estaba perfecto, que estaba hecho un toro, que si se había bancado la sorpresa del ómnibus quería decir que ese cuore se podía bancar cualquier cosa, empezó a tranquilizarse. El Colorado llegó a decirle que todo era una maniobra nuestra para demostrarle que él estaba perfectamente sano y que incluso el médico estaba implicado en la cosa.

Mirá hermano, y creéme porque es la pura verdad ¿qué intención puedo tener en mentirte, hoy por hoy? mucho antes ya de entrar en Buenos Aires ese viejo era el más feliz de los mortales, te lo digo yo y te lo juro por la salud de mis hijos. El viejo cantaba, puteaba, chupaba mate, comía facturas, gritaba por la ventana y a la cancha se bajó envuelto en una bandera. No había, en la hinchada, un tipo más feliz que él. Vino con nosotros a la popu y se bancó toda la espera del partido, que fue más larga que la puta que lo parió y después se bancó el partido. Estaba verde, eso sí, y había momentos en que parecía que vos lo pinchabas con un alfiler y reventaba como un sapo, porque yo lo relojeaba a cada momento. Y después del gol del Aldo, yo lo busqué, lo busqué, porque fue tal el quilombo y el desparramo cuando el Aldo la mandó adentro que yo ni sé por dónde fuimos a caer entre las avalanchas y los abrazos y los desmayos y esas cosas. Pero después miré para el lado del viejo y lo vi abrazado a un grandote en musculosa casi trepado arriba del grandote, llorando. Y ahí me dije: si éste no se murió aquí, no se muere más. Es inmortal. Y después ni me acordé más del viejo, que lo que alambramos, lo que cortamos clavos, los fierros que cortamos con el upite, hermano, ni te la cuento. Eso no se puede relatar, hermano, porque rezábamos, nos dábamos vueltas, había gente que se sentaba entre todo ese quilombo porque no quería ni mirar. Porque nos cagaron a pelotazos, ya el segundo tiempo era una cosa que la tenían siempre ellos y ¿sabés qué era lo fulero, lo terrible? ¡Que si nos empataban nos ganaban, hermano, porque ésa es la justa! ¡Nos ganaban esos hijos de puta! ¡Nos empataban, íbamos a un suplementario y ahí nos iban a hacer refucilar el orto porque estaban más enteros y se venían como un malón los guachos! ¡Qué manera de alambrar! Decí que ese día, Dios querido, yo no sé qué tenía el flaco Menotti que sacó cualquier cosa, sacó todo, vos no quieras creer lo que sacó ese día ese flaco enclenque que parecía que se rompía a pedazos en cada centro. Le sacó un cabezazo de pique al suelo a Silva que lo vimos todos adentro, hermano, que era para ir todos en procesión y besarle el culo al flaco ése ¡qué pelota le sacó a Silva! Ahí nos infartamos todos, faltaban cinco minutos y si nos empataban, te repito, éramos boleta en el suplementario. Me acuerdo que miro para atrás y lo veo al viejo, blanco, pálido, con los ojos desencajados, pobrecito, pero vivo.

Y ahora yo te digo, te digo y me gustaría que me contesten todos esos que ahora dicen que fue una hijaputez lo que hicimos con el viejo Casale ese día. Me gustaría que alguno de esos turritos me contestara si alguno de ellos lo vio como lo vi yo al viejo Casale cuando el referí dio por terminado el partido, hermano. Que alguno me diga si, de puta casualidad, lo vio al viejo Casale como lo vi yo cuando el referí dio por terminado el partido y la cancha era un infierno que no se puede describir en palabras. Te digo que me gustaría que alguien me diga si alguien lo vio como lo vi yo. ¡La cara de felicidad de ese viejo, hermano, la locura de alegría en la cara de ese viejo! ¡Que alguien me diga si lo vio llorar abrazado a todos como lo vi llorar yo a ese viejo, que te puedo asegurar que ese día fue para ese viejo el día más feliz de su vida, pero lejos lejos el día más feliz de su vida, porque te juro que la alegría que tenía ese viejo era algo impresionante! Y cuando lo vi caerse al suelo como fulminado por un rayo, porque quedó seco el pobre viejo, un poco que todos pensamos: «¡Qué importa!» ¡Qué más quería que morir así ese hombre! ¡Ésa es la manera de morir para un canalla! ¿Iba a seguir viviendo? ¿Para qué? ¿Para vivir dos o tres años rasposos más, así como estaba viviendo, adentro de un ropero, basureado por la esposa y toda la familia? ¡Más vale morirse así, hermano! Se murió saltando, feliz, abrazado a los muchachos, al aire libre, con la alegría de haberle roto el orto a la lepra por el resto de los siglos! ¡Así se tenía que morir, que hasta lo envidio, hermano, te juro, lo envidio! ¡Porque si uno pudiera elegir la manera de morir, yo elijo ésa, hermano! Yo elijo ésa.

(*Del libro* Nada del otro mundo,
Ediciones de la Flor, Buenos Aires 1987)

El árbitro

Eduardo Galeano

El árbitro es arbitrario por definición. Éste es el abominable tirano que ejerce su dictadura sin oposición posible y el ampuloso verdugo que ejecuta su poder absoluto con gestos de ópera. Silbato en boca, el árbitro sopla los vientos de la fatalidad del destino y otorga o anula los goles. Tarjeta en mano, alza los colores de la condenación: el amarillo, que castiga al pecador y lo obliga al arrepentimiento, y el rojo, que lo arroja al exilio.

Los jueces de línea, que ayudan pero no mandan, miran de afuera. Sólo el árbitro entra al campo de juego; y con toda razón se persigna al entrar, no bien se asoma ante la multitud que ruge. Su trabajo consiste en hacerse odiar. Única unanimidad del fútbol: todos lo odian. Lo silban siempre, jamás lo aplauden.

Nadie corre más que él. Él es el único que está obligado a correr todo el tiempo. Todo el tiempo galopa, deslomándose como un caballo, este intruso que jadea sin descanso entre los veintidós jugadores: y en recompensa de tanto sacrificio, la multitud aúlla exigiendo su cabeza. Desde el principio hasta el fin de cada partido, sudando a mares, el árbitro está obligado a perseguir la blanca pelota que va y viene entre los pies ajenos. Es evidente que le encantaría jugar con ella, pero jamás esa gracia le ha sido otorgada. Cuando la pelota, por accidente, le golpea el cuerpo, todo el público recuerda a su madre. Y sin embargo, con tal de estar ahí, en el sagrado espacio verde donde la pelota rueda y vuela, él aguanta insultos, abucheos, pedradas y maldiciones.

A veces, raras veces, alguna decisión del árbitro coincide con la voluntad del hincha, pero ni así consigue probar su inocencia. Los derrotados pierden por él y los victoriosos ganan a pesar de él. Coartada de todos los errores, explicación de todas las desgracias, los hinchas tendrían que inventarlo si él no existiera. Cuanto más lo odian, más lo necesitan.

Durante más de un siglo, el árbitro vistió de luto. ¿Por quién? Por él. Ahora disimula con colores.

(*Del libro* El fútbol a sol y sombra,
Siglo XXI, *1995*)

¿Cuáles son los míos?

Juan García Hortelano

Aunque con retraso, Pepa llegó a tiempo de ser informada del lugar secundario y de las pánfilas obligaciones protocolarias que le corresponderían durante la recepción a la soberana en el salón de las Potosí. Leticia había conseguido una asistencia plenaria y al fondo de la cafetería Sardanápalo, solventados los problemas de preeminencia y de vestuario, dominaba la euforia de las vísperas de las grandes celebraciones. Hasta Luisito el Bolonio parecía olvidado de su reciente ascensión a un cargo del poder centralizado.

—Y por favor —pidió por enésima vez Leticia Potosí—, que nadie falte, incluido García, que hace un rato ha prometido la asistencia delante de todos. Bastante hueco harán las ausencias de Silverio y de Holo, que en paz descansen, y de mi loca hermana Inma.

—Hija, Leticia —razonó Pocha Pus—, por muchos años que lleve reinando la soberana, tenemos la suficiente amistad con ella, digo yo, para que disculpe que Inma no venga desde California, y mucho menos Holo y Silverio desde el otro mundo.

—Era muy sencilla y humana —recordó Betita—, y dedicarse a reina de un país extranjero no la ha cambiado nada.

—La chica siempre fue tercamente repelente —puntualizó Luis, con la táctica aquiescencia de la mayoría—, lo cual no obsta para que también sea un error de la Naturaleza, la cual no suele mostrarse tan antifeminista ni siquiera con gente de Madrid.

—Pues ya veis, hermosos —sentenció Pocha—, la suerte de la fea la bonita la desea. Por cierto, ¿dónde se ha metido esa víbora de García?

—Cuando yo he llegado —informó Pepa—, estaba ahí fuera, en una mesa de la terraza. Chutando.

Efectivamente, al cruzar Pepa la terraza García había estado a punto de empalmar de puntera un balón que le llegaba desde la banda derecha a una altura y a una velocidad inmejorables. Pepa había saludado, y el balón se había disuelto entre las luces y las sombras de las farolas recién encendidas, mientras García contabilizaba la jugada en la incalculable marca de sus tiros a puerta fallidos.

Ahora ya no persistía de la tarde ni una hebra de luz cárdena. El tráfico se había encrespado y, por el contrario, las parejas cruzaban ante la terraza del Sardanápalo al paso resignado de los que han sido engullidos por un día más. Pronto las aceras se quedarían vacías e iluminadas, como los graderíos abandonados unos momentos antes del apagón de los focos.

De nuevo lo detuvo con el pecho sin apenas saltar y, conforme caía a plomo, antes de que llegase a la hierba, de un izquierdazo imprimió al balón una trayectoria nítida e imparable. Pero en esta repetición García no llegó a ver el balón incrustado en la red, porque en el instante preciso Pepa y Sesibon se sentaron a su mesa.

—¿Cómo va el marcador? —preguntó Sesibon colocando su copa y la de Pepa frente a la copa de García.

—Acabo de marcar el primero. A Hungría. En Wembley.

—¿Tan tristón estás? —se interesó Pepa.

—No es cuestión de tristeza —mintió García—, sino que me fastidiaba ya tanta cháchara sobre la mujer más aberrantemente privada de gracia que asistió a los guateques de las Potosí. Me alivia recordar las horas inútiles que he dedicado al fútbol.

—¿Aliviar? ¿Recordar? Será lo que otros han jugado, porque fuera del parque del colegio, que yo sepa, tú nunca jugaste. Y en el parque, por lo que yo recuerdo, de interior derecha.

—De medio izquierda, Sesibon. Para el fútbol siempre fui zurdo. Y bastante malo, como tú no has olvidado. Marrullero, sucio y violento, que son las características de juego del poco dotado para ese arte. Pero me alineaban, puesto que en aquel internado de la postguerra cada clase apenas contaba con bastantes alumnos para formar un equipo. Salvo en los partidos con los seminaristas, jamás jugué en uno que contase con los once reglamentarios. Nunca proporcioné a mi equipo una victoria, pero contribuí a evitar algunas derrotas. Los curas árbitros me detestaban y hasta los de mi propio equipo. Incluso me detestabais los compañeros de curso que no jugabais, como tú, mientras paseabais despectivamente en torno al campo, delimitado sobre la explanada del parque por piedras y por mandiles, buscando la dirección contraria a la del ataque para evitar la polvareda. Por mí nunca se echó a pies. La escasez de jugadores me aseguraba el puesto. Pero nunca se echó a pies para elegirme. Durante unos meses tuve unos calzones, y camiseta nunca. Era raro que en un equipo más de seis o siete vistieran camisetas, pero eso sí, siempre distintas. Sólo tuve un par de botas para todos los infinitos partidos de un bachillerato de infinitas medias suelas. Trataba de distinguirme por un pañuelo liado en pico a la cabeza. Pero me distinguía mejor por un denuedo equivalente a mi torpeza. Jamás admití la derrota, ni controlé la victoria. Y sin embargo ahora, cuando juego, en Wembley contra Hungría por ejemplo, ya no siento la garganta espesa de polvo, ni los ojos ciegos de sudor, porque ahora juego a empatar.

—No —dijo Pepa—. A empatar, no. Tú, no.

—Sí, Pepa, ya sí.

Sesibon encargó a la camarera con un gesto tres copas, sin percatarse de que no quedaba crepúsculo que exprimir.

—No es por halagarte los oídos, García, pero recuerdo una tarde tuya triunfal. Debió de ser cuando el aoristo y la química orgánica, prque por entonces Treviso intentaba convenceros a la línea media sobre la conveniencia de ir al balón antes que a la espinillera del contrario. Es cierto, cada uno se uniformaba a su manera, con el pañuelo en pico, con el pañuelo a cuatro picos, en alpargatas, en calzoncillos con la bragueta cosida. El polvo os hacía invisibles y os dejaba enmascarados en las pausas del juego. Por todo lo cual no fue extraño que, con el denodado empeño contra la evidencia que entonces ya te caracterizaba, aquella tarde te fueses para atrás creyendo irte para adelante, y te encontraras con un balón de oro para fusilarlo por la escuadra. Un gol precioso, inolvidable como la algarabía de injurias que te cayó encima por haber marcado en propia puerta. Sobre todo, García, no he podido olvidar aquella expresión de ira, orgullo y desconcierto, mientras gritabas: ¡Pero ¿cuáles son los míos?!

Pepa no quiso sonreír. A través de la mesa García apretó brevemente un brazo de Sesibon.

—Gracias —dijo el medio izquierda —por recordarlo, ahora que ya sé contra quién juego.

(Del libro Cuentos completos,
Alianza Editorial 1992)

Tanta pasión para nada

(La paradoja de Djukic)

Julio Llamazares

Cuando recogió el balón, Djukic se acordó de lo que su mujer le había dicho aquella tarde; parecía como si se lo hubiese profetizado. Si acaso, le había dicho Ceca, no se te ocurra tirar un penalty.

Como cada domingo, Ceca estaba más preocupada que él. A decir verdad, él nunca se ponía nervioso, al menos no especialmente (sobre todo si se comparaba con algunos compañeros); era ella la que se ponía nerviosa por él, a veces desde varios días antes. Pero, aquel día, su equipo, el Deportivo de La Coruña, en el que jugaba por tercer año consecutivo tras su marcha del fútbol yugoslavo, se enfrentaba al partido más importante de toda su historia: se jugaba a una carta la Liga que durante toda la temporada había tenido en la mano. Hasta seis puntos habían llegado a sacarle de ventaja al Barcelona, su perseguidor más inmediato, ventaja que habían ido perdiendo, sin embargo, en los últimos partidos, sin duda por la presión, hasta el extremo de llegar a la última jornada igualados a puntos al frente de la tabla; aunque al Depor le bastaba con ganar: a igualdad de puntos, le daría el título —el primero de su historia— su mejor gol average particular. Por eso, aquella semana, los jugadores del Deportivo, Djukic incluido, la habían vivido en medio de una gran tensión y, por eso, aquella tarde, cuando su mujer le llamó, como todos los días de partido, al hotel de concentración para desearle suerte, le dijo muy preocupada: si acaso, no se te ocurra tirar un penalty.

Cuando Ceca se lo dijo, Djukic —lo recordaba ahora— se había echado a reír. Le había hecho tanta gracia la cariñosa advertencia de Ceca, siempre tan temerosa, siempre tan preocupada por él, que se había echado a reír como hacía cuando su madre le decía de pequeño, allá, en Stitar (¡qué lejos estaba ahora!), que no tirase muy fuerte no fuese a hacerle daño al portero. Cuando Ceca le dijo lo del penalty, él ni siquiera había pensado en aquella posibilidad y, además, Djukic sabía que, en el caso de que se produjera (cosa bastante improbable teniendo en cuenta las circunstancias de aquel partido), el encargado de tirarlo era Donato. El sólo tendría que hacerlo en el supuesto también bastante improbable de que Donato no estuviese en condiciones o en el campo (hasta el partido anterior, cuando Bebeto falló su segunda pena máxima en un mes, incluso habría sido el tercero, después de los dos brasileños, en el orden de los lanzadores).

Fue lo primero en lo que pensó cuando, a falta de un minuto para el final del partido y con el marcador a cero, el árbitro pitó penalty. Hacía dos minutos que en Barcelona había acabado el partido (con victoria del Barcelona) y, en ese instante, éste era el campeón de Liga. En Riazor, entre tanto, el partido había ido transcurriendo sin que el Coruña, hecho un manojo de nervios, fuese capaz de batir la portería de un Valencia que, por lo que se entregaban y corrían sus jugadores, que no se jugaban nada en aquel partido, estaba claro que había venido primado, y los presentimientos peores de las vísperas estaban a punto de consumarse. Lo que los más pesimistas habían augurado: que el Deportivo no tenía mentalidad de campeón, que al final le podría la presión, que La Coruña y toda Galicia sufrirían la peor decepción de su historia deportiva, etcétera, se estaba cumpliendo. El Barcelona era ya el campeón de Liga. Quedaba sólo un minuto —más lo que añadiese el árbitro— para que se produjese el milagro.

Y se produjo. Llegó el milagro cuando ya nadie en el campo ni en las gradas lo esperaba; en el campo, porque los jugadores del Deportivo, aunque seguían intentándolo, ya apenas tenían fuerzas para correr (alguno, incluso, como Bebeto, renqueaba por el césped con calambres en las piernas) y, en las gradas, porque los aficionados, al principio tan bulliciosos, tan convencidos de la victoria, habían enmudecido, aunque siguieran en sus asientos contemplando impotentes la tragedia que se cernía sobre su estadio. Pero, de repente, un delantero deportivista, quizá Fran, quizá Bebeto (con la tensión del momento y desde su posición en el campo, Djukic ni siquiera pudo ver quién había sido), se internó decidido en el área del Valencia, regateó a un defensor, el defensa le zancadilleó y, ante el asombro de todos los que seguían el partido con el corazón en un puño desde todos los puntos de España y de Yugoslavia (los de Yugoslavia por culpa de él), el árbitro pitó penalty.

El campo se vino abajo. Los graderíos de Riazor, hasta ese momento mudos, estallaron en un griterío como Djukic no había oído nunca antes; y eso que en Yugoslavia los aficionados al fútbol también gritaban lo suyo. A lo lejos, en el área del Valencia, los jugadores valencianistas rodeaban al árbitro protestándole el penalty —que, por cierto, había sido muy claro—, pero Djukic sólo oía el inmenso griterío que recorría el estadio. Penalty. Era verdad. El árbitro lo había pitado. Algunos jugadores del Deportivo se llevaban las manos a la cabeza sin acabar de creérselo. Otros, como Liaño, el portero, se santiguaban. Aunque parecía imposible, el milagro se había consumado.

Mejor dicho: se podía consumar. El árbitro había pitado penalty, pero el penalty aún había que meterlo. ¡Y a ver quién era el guapo que lo tiraba en aquellas circunstancias! Fue justo en ese momento, cuando calibró aquel trance, cuando Djukic se dio cuenta de que Donato no estaba ya en el campo. Hacía quince minutos que Arsenio le había sustituido por Alfredo jugándose a la desesperada la carta del ataque. Cuando el entrenador hizo el cambio, Djukic ni siquiera se fijó en él, entregado como estaba, igual que sus compañeros, a la difícil tarea de levantar el partido —un partido que se les escapaba—, pero ahora se daba cuenta de lo que suponía: que era él, precisamente él, el señalado por el destino para tirar el penalty. De hecho, sus compañeros ya le buscaban con la mirada y, desde el banquillo, todos: Arsenio, el médico, el masajista, hasta los jugadores reservas —entre los que divisó a Donato—, le hacían gestos histéricos para que se dirigiera hacia la otra área. A Djukic le pareció que todo el estadio se apoyaba de repente sobre él.

Pese a ello, reaccionó con entereza. Aunque ninguno seguramente tan trascendental como aquél, a lo largo de su vida deportiva ya había vivido muchos momentos difíciles. Como cuando debutó en Primera (con el Rad de Belgrado, allá, en su país) o como cuando, con el Deportivo, consiguió el ascenso a la Primera División española en un final agónico en el que hubo hasta un incendio en los graderíos, en su primera temporada en el fútbol español. Eso sin contar los que la otra vida, la de verdad, le había dado: el día que decidió dedicarse al fútbol abandonando el trabajo que tenía entonces y contra la voluntad de su padre, que prácticamente le echó de casa, el de su boda con Ceca —a la que conoció por aquella época—, el nacimiento de sus dos hijos (los seres que más quería) o la muerte de su hermano Milosav en accidente de tráfico.

Mientras cruzaba el campo entre el griterío del público y las palabras de ánimo de sus compañeros, que le daban consejos distintos y hasta enfrentados (¡por arriba!, ¡por abajo!, ¡a romper!, ¡colócala!, ¡vamos, Yuka!...), Yuka, como le llamaban todos en La Coruña, quizá porque era más fácil, recordó el largo camino que había recorrido hasta ese instante, desde cuando jugaba en los prados de Stitar con los otros chicos del pueblo (todos más altos que él) hasta que fichó por el Deportivo buscando ganar dinero y huyendo de la guerra que asolaba su país. En medio, perdidos entre las brumas del tiempo y de la distancia, quedaban los balones que su padre le pinchaba para que estudiara en vez de estar todo el día jugando al fútbol (y que él reponía en seguida con el dinero que ahorraba); la bicicleta que aquél, chatarrero de oficio, le fabricó, sin embargo, con trozos de bicis viejas para que pudiera ir a entrenar cada día a Savac, la capital de la región, por cuyo primer equipo —el Macva, de Segunda División— ya había fichado; su primera decepción y su abandono del fútbol tras su fracaso en el Macva; su trabajo posterior como palista en la estación del ferrocarril, trabajo que alternaba por las tardes con los entrenamientos del Zeleznikar, el otro equipo de Savac, al que le llevó Milinkovic, un jugador de su pueblo que había jugado en Primera, a cambio precisamente de aquel trabajo; su triunfo en el Zeleznikar y su vuelta al Macva —ahora ya como profesional— o, en fin, el primer dinero serio que ganó jugando al fútbol cuando, dos años más tarde, le fichó el Rad de Belgrado: dos millones y medio de pesetas con los que se compró su primer coche y amuebló la casa que su hermano Milosav le había hecho en Stitar. Djukic todavía recordaba algunas veces —ahora con una sonrisa— el viaje en tren de regreso a Savac comentando con Ceca, con la que se acababa de casar, si les daría tiempo en toda su vida de gastar todo el dinero que acababan de pagarles.

La verdad es que la suya no había sido una carrera fácil. Al contrario que otros, desde que empezó en el fútbol, todo lo había logrado a base de mucho esfuerzo; nadie le regaló nada. Aunque siempre, sin embargo —pensaba Djukic ahora mientras se acercaba al área—, había tenido suerte en los momentos cruciales. Parecía como si una estrella lo iluminase. Si no, ¿cómo se explicaba el hecho de que siempre hubiese acertado en las decisiones más importantes, esas que determinan la vida de una persona, o que, en los momentos bajos, cuando todo le iba mal, algo o alguien le empujaran a seguir hacia adelante? Le pasó cuando Milinkovic le llevó a jugar al Zeleznikar (cuando él ya había decidido dejar el fútbol) o cuando Juan Ballesta, el ayudante de Arsenio en el Deportivo, le fue a buscar a su casa. En este caso, además, el azar ayudó también. Ballesta, por lo que él supo luego, había viajado a Belgrado para espiar al Estrella Roja y al Partizán (el Deportivo andaba buscando un líbero), pero, como se aburría en la ciudad, se fue a ver jugar al Rad, que jugaba sus partidos los sábados por la noche para no coincidir con los de aquéllos. Ese día, Djukic hizo uno de sus mejores partidos. Es más: tuvo hasta la buena suerte de debutar como líbero (hasta entonces, lo hacía siempre de pivote) en sustitución del líbero titular, que atravesaba una mala racha. Ballesta quedó tan impresionado que no sólo se olvidó del Estrella Roja y el Partizán, que eran los dos equipos que había ido a ver, sino que se quedó dos semanas más en Belgrado para seguir a Djukic, quien, por su parte, ni siquiera sabía que alguien le estaba espiando. Lo supo a los pocos días, cuando Ballesta se presentó en su casa para ofrecerle fichar por el Deportivo de La Coruña, una ciudad y un equipo que Djukic oía nombrar por vez primera en su vida; ni siquiera sabía casi dónde quedaba España en el mapa. De hecho, rechazó en un principio la oferta (tenía ya otras de equipos más importantes, como el Paris Saint-Germain francés o el Standard de Lieja belga) e incluso se escondía cuando veía el coche del ojeador español aparcado ante su casa para no tener que hablar con él. Aunque, al final, acabó aceptando: quería ganar dinero y las ofertas de aquéllos no terminaban de concretarse. Si entonces —pensaba Djukic ahora— el azar y su buena estrella le iluminaron (desde que llegó al Deportivo todo habían sido éxitos), ¿por qué no habrían de hacerlo ahora que se enfrentaba al momento de su vida deportiva posiblemente más importante?

Cuando el árbitro le dio el balón (le miró, por cierto, un instante, como si le compadeciera), Djukic ya estaba decidido a tirar aquel penalty. No tenía, además, otra elección. Podía, ciertamente, todavía echarse atrás (otro, en su situación, quizá lo hubiera pensado) y pasarle la responsabilidad a otro compañero, a Bebeto, por ejemplo, que para algo era la estrella del equipo y el que más dinero cobraba, pero Djukic no era de los que se arrugaban. Desde que jugaba en Savac con apenas quince años, era de los que siempre daban la cara. Y, además, sus compañeros nunca se lo hubiesen perdonado. Como tampoco —pensó— le perdonarían en el caso de que fallase.

Cogió el balón y lo apretó con las manos. Lo hacía siempre en esos casos, como para asegurarse de que tenía aire. Aunque al que le faltaba el aire era a él. Sentía como si el pecho se le estuviese cerrando. A su lado, un compañero le daba todavía algún último consejo (¡por abajo, junto al palo!, ¡vamos, Yuka!...) y el árbitro le decía lo que siempre dicen los árbitros en esos casos: que no hiciese nada extraño, que no se detuviera a mitad de su carrera, que esperase a tirar a que él pitase..., pero él no les oía. Ni siquiera oía ya el griterío del público, que se había ido apagando poco a poco, a medida que el instante decisivo se acercaba. Djukic sólo oía ya el palpitar de su corazón y el zumbido entrecortado de su respiración ahogada. Fue la primera prueba que tuvo de que estaba más nervioso de la cuenta.

Intentó recobrar la calma. Respiró hondo buscando aire y sintió cómo éste se agolpaba en su diafragma. No podía llegar a los pulmones; era como si aquél se le hubiese bloqueado. Djukic volvió a intentarlo. Posó el balón en el suelo, en el punto de penalty, y retrocedió unos pasos. Frente a él, a mitad de camino entre el penalty y la portería, el árbitro le daba ahora las advertencias correspondientes al portero del Valencia (por primera vez en todo el partido, Djukic se fijó en él; hasta entonces, sólo se había fijado en que llevaba un jersey azul) e imaginó, para consolarse, que a éste tampoco le llegaría el aire hasta los pulmones, porque estaría tan nervioso como él en ese instante. La suposición no bastó para tranquilizarle, pero sí al menos para que comenzase a pensar en el penalty. Hasta entonces, había sopesado una por una todas las circunstancias de aquel momento, pero no en cómo iba a tirarlo.

A veces, en los entrenamientos —recordó Djukic entonces— él y sus compañeros habían imaginado aquella posibilidad como un juego, como una hipótesis tan lejana que incluso se divertían imaginándola: último minuto de un partido, empate a cero o a goles y el árbitro pita un penalty. ¿Quién lo tira? ¿Y cómo? Djukic y sus compañeros (del Deportivo de La Coruña y de todos los equipos en que había jugado antes) lo habían imaginado muchas veces, siempre como una posibilidad, pero ahora aquella hipótesis no era una posibilidad, y mucho menos un juego. Ahora, la hipótesis de los entrenamientos se había hecho realidad y en las peores circunstancias en las que podía darse: en el último minuto del último partido de una Liga que se jugaba precisamente en aquel penalty.

Djukic, en esos casos —recordó entonces también—, era el primero en tirarlo. Le gustaba tirar penaltys porque era la única manera que tenía de recordar sus tiempos del Macva, y antes aún: de los partidos con el equipo del pueblo, cuando, por su pequeña estatura, jugaba de delantero. Hasta los quince años, de hecho, era tan diminuto que la gente iba a mirarlo, admirada de ver a aquel chiquillo que volvía locos a los contrarios pese a que a algunos de ellos apenas les llegaba a la cintura. Pero, a los quince años, estando ya en el Macva, Djukic empezó a crecer (en un año solamente creció 20 centímetros) y los entrenadores comenzaron a retrasarle, primero al centro del campo y luego ya a la defensa, para aprovechar su estatura y su poderío físico ante los delanteros contrarios. Pero él siempre prefirió el juego de ataque. Le gustaba coger el balón, bien del portero o bien de algún compañero, que se lo pasaban para que lo jugara, y, con su depurada técnica, cruzar el campo con él hasta la portería contraria regateando a cuantos le salían al paso; lo cual le había causado más de una bronca de sus entrenadores, que veían con temor cómo arriesgaba el balón y cómo dejaba huecos a sus espaldas (Arsenio, incluso, le había prohibido pasar del medio campo), aunque su natural instinto le llevara a repetir sus arrancadas en cuanto se le presentaba otra oportunidad. Por eso, le gustaba subir a rematar los córners (a lo que sí estaba autorizado) y, por eso, en los entrenamientos, era el primero en tirar los penaltys. Lo hacía siempre muy suave, a la izquierda o a la derecha, colocando el balón y engañando al portero con la mirada.

Pero ahora era distinto. Ahora se estaba jugando el futuro de la Liga y de su equipo (por no hablar del suyo propio) y no era momento para florituras. Era mejor tirar a romper, olvidarse de la técnica y de lo que decía su madre y pegarle al balón con todas sus fuerzas para asegurarse al menos que nadie le diría nada. Porque, si el balón entraba, nadie se iba a fijar en si iba bien o mal tirado (lo importante es que había entrado) y, si no, daría lo mismo: la decepción iba a ser tan grande que durante toda su vida la seguiría recordando. Pero, al menos, nadie podría decirle que la había provocado él por quererse lucir en aquel trance.

No le dio tiempo a seguir pensando. De repente, Djukic oyó el silbato del árbitro y comprendió con angustia que el momento decisivo había llegado. Frente a él, la mancha azul del portero llenaba toda la portería (que hasta entonces le había parecido inmensa: siempre pasaba lo mismo) y a su lado ya no vio a nadie. Sólo otra mancha —la mancha negra del árbitro—, que esperaba también a su derecha, junto a la raya del área. Los demás: los jugadores de ambos equipos, el público, hasta los policías y los fotógrafos que hasta ese instante se amontonaban por centenares detrás de la portería habían desaparecido. En el estadio de Riazor —y en el mundo— sólo estaban ya él, el portero y el árbitro.

Djukic comenzó a correr sin saber todavía cómo tirar el penalty. Ya no podía pensar; ya era tarde para todo. Le dio al balón sin mirarlo, como si le pegara al aire (el aire que a él le faltaba), y durante unos segundos, que a él le parecieron eternos, larguísimos, interminables, miró cómo se alejaba en direción a la portería donde la mancha azul del portero comenzaba lentamente a desplazarse. Ni siquiera vio a dónde iba; no vio cómo lo paraba. Sólo vio que, de repente, el campo volvió a rugir, después de varios segundos mudo, y el portero del Valencia, que había vuelto a levantarse, comenzaba a correr y a dar saltos de alegría mientras sus compañeros de equipo corrían a abrazarlo. Había parado el penalty.

Los compañeros de Djukic tardaron más en hacer lo mismo con él, pero él ni llegó a enterarse. Arrodillado en el césped, como un boxeador caído, sólo pensaba en huir de allí mientras se repetía a sí mismo, como cuando se mató su hermano, lo que su padre solía decir de la vida cuando la vida le golpeaba: tanta pasión para nada.

(Inédito)

En el tiempo indeciso

Javier Marías

Lo vi dos veces en persona y la primera fue la más alegre y la más desdichada, aunque lo segundo sólo retrospectivamente, es decir, lo es ahora pero no lo era entonces, luego en realidad no debería decir tal cosa. Fue en la discoteca Joy a altas horas de la noche, sobre todo para él, se supone que los futbolistas deben estar acostados desde muy temprano, permanentemente concentrados en el próximo partido, o entrenando y durmiendo, viendo vídeos de otros equipos o del suyo propio, viéndose a sí mismos, sus aciertos y fallos y las oportunidades perdidas que siempre vuelven a perderse hasta el fin de los tiempos en esas películas, durmiendo y entrenando y alimentándose, una vida de bebés casados, conviene que tengan mujer para que les haga de madre y les vigile el horario. La mayoría no hacen ni caso, detestan dormir y detestan los entrenamientos, y los grandes piensan en el partido sólo cuando salen al campo y ven que más les vale ganarlo porque allí hay cien mil personas que sí llevan una semana dándole vueltas al enfrentamiento o pidiendo venganza contra los odiados rivales. Para los grandes los rivales sólo existen durante noventa minutos y nada más que por un motivo: están ahí para impedirles a ellos lograr lo que ansían, eso es todo. Luego podrían irse de copas con esos adversarios, si no estuviera mal visto. El resentimiento pertenece a los jugadores mediocres.

Él no era desde luego mediocre, y durante algún tiempo se pensó que sería un grande cuando estuviera más maduro y más centrado, lo cual no ocurrió nunca, o quizá demasiado tarde. Era húngaro como Kubala y Puskas y Kocsis y Czibor, pero su apellido era mucho más impronunciable para nosotros, se escribía Szentkuthy y la gente acabó llamándolo 'Kentucky', mucho más familiar y más castellano, y de ahí se lo apodó a veces con impropiedad 'Pollofrito' (no casaba con su complexión atlética), los locutores de radio más atrevidos y vehementes se permitían abusos cuando pisaba el área: 'Atención, Kentucky puede freír al Barça'. O bien: 'Ojo que Pollofrito puede hacer saltar la sartén por los aires, quiere organizar una de sus fritangas, cuidado que es todo aceite, aceite hirviendo, ¡ojo que quema, ojo que es resbaladizo y no se mezcla!' Dio mucho juego a los periodistas, pero ellos olvidan pronto.

Cuando coincidí con él en la discoteca Joy llevaba temporada y media en Madrid y hablaba ya un buen español, muy correcto aunque limitado, con un innegable acento de lo más tolerable, parece que los centroeuropeos tengan siempre facilidad para las lenguas, somos los españoles los menos hábiles para aprender bien otras o pronunciarlas, ya lo decían los historiadores romanos, ese pueblo incapaz de pronunciar la *s* líquida, de Scipio como de Schillaci como de Szentkuthy: Escipión, Esquilache, Kentucky, han cambiado las tendencias lingüísticas. A Szentkuthy (lo llamaré por su verdadero nombre, puesto que lo escribo y no he de decirlo) ya le había dado tiempo a superar el deslumbramiento de un país nuevo y festivo y lujoso para su experiencia previa de acero, pero no todavía a tomárselo como algo natural y debido. Quizá estaba en ese momento que prosigue a toda consecución importante, en el que a uno ya no le parece un mero regalo o un milagro lo que ha logrado (ya da crédito) y empieza a temer por su permanencia, o mejor dicho, a vislumbrar como horror la vuelta posible al pasado con el que se estuvo conforme y uno tiende por tanto a borrarlo, yo no soy el que fui, soy sólo ahora, no vengo de ningún lado y no me conozco.

Conocidos comunes nos reunieron en la misma mesa, si bien durante largo rato él no se acercó a ella más que para recuperar un segundo su vaso y echar un trago entre baile y baile, una forma de entrenarse, un atleta incansable, por lo menos tendría cuerda para noventa minutos y una prórroga. Bailaba mal, con demasiado entusiasmo y poco ritmo, sin el mínimo de suficiencia necesario para armonizar los movimientos, y algunos de la mesa se reían de él, en este país un elemento de crueldad en todas las situaciones aunque nada obligue a ella, gusta hacer daño o creer que se hace. Vestía mejor que cuando llegó al equipo, según las fotos que vi en la prensa, pero no lo bastante si se lo comparaba con sus compañeros españoles, más estudiosos de la indumentaria, esto es, de los anuncios. Era uno de esos hombres que dan la impresión de llevar siempre la camisa por fuera de los pantalones aunque la lleven metida, la camiseta desde luego la llevaba por fuera en el terreno de juego cuando se lo consentía el árbitro. Por fin se sentó y ordenó a todos, con aspavientos y risa, que salieran a bailar para que él los viera mientras descansaba, ahora quería él divertirse pero sin malicia sin duda, sin crueldad ninguna, tal vez quería aprender de otros movimientos menos bisoños que los suyos. Yo fui el único que no le hizo caso, yo nunca bailo, sólo miro. No me insistió, no tanto porque no supiera quién era, no me conociera —eso parecía importarle poco, en la certidumbre de que a él sí lo conocía todo el mundo—, cuanto por mi gesto firme de negativa. Moví la cabeza de un lado a otro como solemos hacerlo los habitantes de las ciudades cuando negamos a un mendigo una limosna sin aflojar el paso. La comparación no es mía, fue suya:

—Parece que me haya negado usted una limosna —dijo cuando nos quedamos solos, los demás en la pista para complacerlo. Utilizaba el 'usted' como buen extranjero que tiene aún presentes las reglas, no era malo su vocabulario, la palabra 'limosna' no es tan frecuente.

—¿Cómo lo sabes? ¿Te la han negado alguna vez? —dije yo, y lo tuteé en cambio, por la diferencia de edad y por algún complejo de superioridad inconsciente, del cual en seguida adquirí conciencia y por eso añadí—: Podemos tutearnos —y aun así lo añadí como quien concede un permiso.

—¿Y a quién no? Hay muchos tipos de limosnas. Soy Szentkuthy —dijo ofreciéndome la mano—, aquí nadie presenta a nadie.

Era un tipo listo: se conducía de acuerdo con la realidad (todo el mundo sabía quién era), pero negaba ese comportamiento con las palabras. Es decir, distinguía entre ambas cosas, lo cual no es tan fácil sin resultar abrumadoramente hipócrita o detestablemente ingenuo. Yo le dije mi nombre, añadí mi profesión, le estreché la mano. No me preguntó por esa profesión tan lejana a la suya, no le interesaba ni para llenar una conversación impensada y seguramente indeseada, él contaba con haberse quedado solo en la mesa contemplando el baile. Tenía el pelo rubio partido en dos bloques ondulados y casi simétricos peinados hacia atrás como si fuera un director de orquesta, una sonrisa cuadrada como de tebeo, la nariz un poco ancha, unos ojos azules muy pequeños y muy brillantes, como diminutas bombillas de feria.

—¿Con cuál estás? —le dije señalando con la cabeza negadora hacia las mujeres de la pista, habían salido todas en grupo— ¿Cuál es tu novia? ¿Con cuál de ellas estás? —insistí para hacer más clara la pregunta.

Pareció gustarle que no le hablara en seguida del equipo ni del entrenador ni del campeonato y quizá por eso contestó sin pudor y con una sonrisa casi infantil. Su orgullo no era ofensivo ni vejatorio, ni siquiera para las mujeres, lo dijo como si ellas lo hubieran elegido a él, no al revés, y quizá había sido así:

—De las seis de la mesa —dijo—, he estado ya con tres, ¿qué le parece? —Y alzó tres dedos de la mano izquierda, con el estrépito no era fácil oírse. Él seguía llamándome de usted, la reiteración me hizo sentir algo viejo.

—Y hoy qué toca —respondí—, repetirse o renovar.

Él rió.

—Repetirse sólo si no hay más remedio.

—Un coleccionista, ¿eh? ¿Qué más coleccionas? Bueno, goles aparte.

Se quedó pensando un instante.

—Eso, goles y mujeres, nada más. Cada gol, una mujer distinta, es mi forma de celebrarlos —dijo risueño, tanto que parecía una mera broma y no cierto.

Llevaba unos veinte marcados en lo que iba de temporada, sólo en el campeonato de Liga, seis o siete más entre la Copa y la competición europea. Yo suelo seguir el fútbol, en realidad habría preferido hablarle del juego preguntarle como un admirador más, un hincha. Pero él debía de estar aburrido de eso.

—¿Siempre fue así? ¿También en Hungría, en el Honved? —Se lo había fichado de ese equipo de Budapest, donde él había nacido.

—Oh no, en Hungría no —dijo serio—. Allí tenía una novia.

—¿Qué ha sido de ella? —le pregunté.

—Ella me escribe —dijo escuetamente y sin ninguna sonrisa.

—¿Y tú?

—Yo no abro sus cartas.

Szentkuthy tenía entonces veintitrés años, era un crío, me extrañó que tuviera la fuerza de voluntad, o la ausencia de curiosidad necesaria para semejante cosa. Aunque supiera el contenido probable de aquellas cartas, es difícil no querer saber cómo se dice. También tenía que tener dureza.

—¿Por qué? ¿Y ella sigue escribiéndote a pesar de todo?

—Sí —respondió como si no hubiera nada de raro en ello—. Ella me quiere. Yo no puedo ocuparme de ella, pero no lo entiende.

—¿Qué es lo que no entiende?

—Ella ve las cosas para siempre, no entiende que las cosas cambien, no entiende que yo no cumpla las promesas que le hice un día, hace muchos años.

—Promesas de amor eterno.

—Sí, quién no las ha hecho y nadie las cumple. Todos hablamos mucho, las mujeres exigen que se les hable, por eso yo aprendo la lengua del país muy rápido, ellas siempre quieren que se les hable, después sobre todo, yo preferiría no decir nada después ni antes, como en el fútbol, metes un gol y gritas, no hace falta decir ni prometer ninguna cosa, se sabe que meterás más goles, eso es todo. Ella no entiende, ella cree que soy suyo, para siempre. Es muy joven.

—Quizá aprenda con el tiempo, entonces.

—No, no lo creo, usted no la conoce. Para ella seré siempre suyo. *Siempre.*

Esta última palabra la dijo con voz ominosa y respeto, como si ese 'siempre' que no era de él, sino de ella, que él negaba con los hechos a diario y con la distancia, supiera sin embargo que tenía más fuerza que cualquiera de sus negaciones, que cualquiera de sus goles madrileños y sus mujeres volátiles y conmutables. Como si supiera que uno no puede hacer nada contra una voluntad afirmativa, cuando la propia es sólo una voluntad que remolonea y niega, la gente se convence de que quiere algo como medio más eficaz para conseguirlo, y esa gente siempre tendrá ventaja frente a los que no saben qué quieren o están enterados sólo de lo que no desean. Los que somos así estamos inermes, padecemos una debilidad extraordinaria de la que no siempre somos conscientes y así nos puede anular fácilmente otra fuerza mayor que nos ha elegido, de la que escapamos sólo durante algún tiempo, las hay infinitamente resueltas e infinitamente pacientes. Por la manera en que Szentkuthy había dicho 'siempre' supe que acabaría casándose con aquella joven de su país que escribía, eso pensé entonces sin mucha intensidad, en realidad era un pensamiento circunstancial y anecdótico, me resultaba indiferente, no vería a Szentkuthy más que por televisión o en el estadio, tanto como pudiera, eso sí, yo adoraba su juego.

Volvían a la mesa algunos de los bailarines, así que le dije:

—Cuidado, Kentucky, una de las tres mujeres con las que no has estado viene conmigo.

Soltó una carcajada elemental y estruendosa que se impuso a la música y salió otra vez a la pista. Desde allí me gritó, antes de ponerse de nuevo en danza:

—Y es suya, ¿verdad? ¡Es suya para siempre!

No lo era, pero ella y yo nos fuimos antes de que él agotara la prórroga de su baile y viera si esa noche podía renovar o tenía que repetirse. Por la tarde le había marcado tres goles al Valencia. Me acordé un momento de su compatriota Kocsis, un interior del Barcelona a quien se apodaba 'Cabecita de oro' si no me equivoco, se suicidó hace años, bastantes después de haberse retirado. No sé por qué pensé en él y no en Kubala o en Puskas, que supieron divertirse y hacer luego carrera como entrenadores. Al fin y al cabo, Szentkuthy se estaba divirtiendo aquella noche.

Lo seguí viendo jugar durante dos temporadas más, en las que tuvo altibajos pero dejó varias imágenes para el recuerdo. Predomina en mi memoria la que predomina para cuantos la vieron: en un partido de Copa de Europa contra el Inter de Milán, en el que faltaba un gol para alcanzar las semifinales, restaban sólo diez o doce minutos cuando Szentkuthy recibió el balón en su propio campo tras el rebote de un córner contra su portería. Estaba solo para montar el contraataque y había dos defensas todavía, rezagados, entre él y el guardameta rival; se deshizo de uno ganándole en la carrera y del otro en un quiebro antes de llegar al área; salió el portero hasta allí a la desesperada, Szentkuthy lo regateó también y esquivó el penalty que trató de hacerle; levantó entonces la vista hacia la meta completamente vacía, no tenía más que golpear el balón desde el borde del área para marcar el gol que todo el estadio ya veía y ansiaba con ese resto de zozobra que siempre existe entre lo inminente y seguro y su llegada efectiva. El murmullo de excitación se tornó silencio repentino, ocultaba un grito ahogado en cien mil gargantas, que no salía: '¡Chuta! ¡Chuta ya, por amor de Dios!', todo sería definitivo con el balón en la red, no antes, había que verlo allí dentro. Szentkuthy no chutó, sino que siguió avanzando con el balón pegado al pie, controlado, hasta la línea de gol y allí mismo lo paró con la suela de la bota. Durante un segundo lo mantuvo quieto, sujeto por su bota contra la hierba o contra la cal de la línea, sin permitir que la traspasara. Otros dos defensas italianos corrían hacia él como rayos, también el portero recuperado. Era imposible que llegaran a tiempo, Szentkuthy sólo tenía que soltarlo para que cruzara esa línea, pero en el fútbol nada se ve seguro hasta que sucede. No recuerdo un silencio más asfixiado en un estadio. Fue tan sólo un segundo pero no creo que se le haya borrado a ninguno de los espectadores. Marcó la diferencia abismal entre lo inevitable y lo ya no evitado, entre lo que aún es futuro y lo que ya ha pasado, entre el 'Aún no' y el 'Ya está', a cuya transición palpable nos es dado asistir muy pocas veces. Cuando el portero y los dos defensas se le echaban encima, Szentkuthy hizo rodar suavemente el balón con la suela unos centímetros y volvió a pararlo una vez que hubo atravesado la línea de meta. No lo envió a la red, lo hizo avanzar sólo lo justo para que lo que aún no era gol ya lo fuera. Nunca se hizo tan manifiesto el muro invisible que cierra una portería. Fue un desdén y una chulería, el estadio se vino abajo y se cubrió de pañuelos, se juntaron la impresión admirable de la jugada entera y el alivio tras el sufrimiento superfluo al que Szentkuthy había sometido a cien mil personas y a unos cuantos millones más que lo vivieron desde sus casas. Los locutores de radio tuvieron que suspender su grito, lo dieron sólo cuando él lo quiso, no un segundo antes. Negó la inminencia, y no es tanto que detuviera el tiempo cuanto que lo marcó y lo volvió indeciso, como si estuviera diciendo: 'Yo soy el artífice y será cuando yo lo diga, no cuando queráis vosotros. Si es, pues soy yo quien decide'. No se puede pensar en lo que habría ocurrido si el portero llega a tiempo y le saca el balón de debajo de la bota. No se puede pensar porque no ocurrió y porque da mucho miedo, nadie perdona a quien se recrea en la suerte si la suerte le da la espalda como castigo tras haber estado a su favor totalmente. Cualquier otro jugador habría disparado a puerta vacía desde el borde del área cuando ya no hubo obstáculos, con su voluntad afirmativa de ganar la eliminatoria y ganarla cuanto antes. La voluntad de Szentkuthy era cuando menos vacilante, como si quisiera subrayar que no hay nada inevitable: va a ser gol, pero vean, también podría no serlo.

Aquella temporada no fue buena en su conjunto pese a esta jugada o quizá por ella, y la siguiente fue nefasta. Szentkuthy parecía desganado, apenas marcaba goles y sólo jugaba a ráfagas, se lesionó en el mes de enero y ya no se recuperó en todo el campeonato, lo pasó casi en blanco.

En una ocasión me invitaron a presenciar un partido en el palco presidencial, y al lado me tocó Szentkuthy, a mi izquierda; a la suya había una joven con aire un poco anticuado, oí que hablaban en húngaro, me dije que sería húngaro, no entendía una palabra. No me reconoció como es lógico, apenas si me miró, estaba embebido en el juego, como si se hallara en el césped con sus compañeros, en tensión alerta.

De vez en cuando les chillaba en español porque desde allí veía muy claro lo que tenían que hacer en cada oportunidad perdida. Era evidente que sufría por no estar abajo con ellos. Cuando no le quedaran goles sólo le quedarían las mujeres, pensé. Cuando se retirara sería siempre demasiado joven.

En el descanso volvió a la realidad pero no se movió del sitio pese a la tarde fría, soleada. Fue entonces cuando me atreví a dirigirle la palabra. Iba mejor vestido, con corbata y abrigo con el cuello subido, había visto más anuncios; fumó un cigarrillo en cada tiempo, delante de sus jefes y de las cámaras.

—¿Cuándo te vemos otra vez de corto, Kentucky? —le pregunté.

—Dos semanas —dijo, y levantó dos dedos como para confirmarlo con hechos. Era el mes de febrero.

La joven, que entendería poco pero lo suficiente, hizo un gesto dubitativo acompañado de una sonrisa modesta y levantó tres dedos, luego un cuarto, como llamándolo a la verdad. Su intervención me permitió preguntarle a él:

—¿La señora es también húngara?

—Sí, es húngara —contestó—, pero no es la señora —tenía un sentido de la literalidad propia de quienes hablan lenguas que no son suyas—. Es mi novia.

—Mucho gusto —dije yo, y le di la mano y añadí mi nombre, presentándome, esta vez sin profesión.

—Encantada, señor —acertó a decir ella con inseguridad, quizá una frase suelta aprendida sin contexto, como se aprende en seguida 'Adiós' y 'Gracias'. No dijo más, se hundió de nuevo en su asiento, mirando al frente, al estadio abarrotado y un poco sesteante aquel domingo. Decir algo de ella sería por mi parte demasiado atrevimiento, la vi de perfil y la oí aún menos. Sólo que era muy joven y bastante agraciada, con un aire tímido y a la vez convencido, una voluntad afirmativa. Nada espectacular si se la comparaba con las chicas de la discoteca Joy, ni siquiera con la mujer que aquella noche venía conmigo, hacía tiempo que no la veía, quién sabía si se habrían encontrado de nuevo, Szentkuthy y ella, otra noche de farra en la que a mí ya no me hubiera importado con quién se fuese. No sé nada de ella y bien poco sabía ya entonces, aquella tarde en el palco.

El partido estaba empatado a cero y el equipo jugaba mal, voluntariosamente pero nada inspirado.

En jornadas así se echaba en falta a Szentkuthy, aunque hasta su lesión no hubiera brillado.

—¿Qué, cómo va a acabar esto? —le pregunté.

Me miró con aire de superioridad momentánea, probablemente porque yo le pedía opinión, pero ese aire lo he visto a menudo en los hombres recién casados, aunque él aún no se había casado. A veces es la expresión de un esfuerzo de respetabilidad que llevan a cabo los calaveras para halagar a sus mujeres o novias cuando acaban de contraer matrimonio o están a punto de hacerlo. Luego lo abandonan, el esfuerzo.

—Podemos ganar fácil, podemos perder difícil.

No entendí bien lo que quería decir y me quedé dándole vueltas durante el segundo tiempo. Si ganaban, sería con facilidad; si perdían, sería con dificultad; o bien, era fácil que ganaran y difícil que perdieran, tal vez era eso, imposible saberlo. Él no estaba por la charla y no quise insistir. Se volvió hacia su novia en seguida, hablaron en húngaro y en voz casi baja. Era una de esas mujeres que para reclamar la atención del marido o el novio le tiran con dos dedos de la manga o le introducen la mano en el bolsillo del abrigo, no sabría explicarlo de otra forma, tampoco debo.

En el segundo tiempo se ganó tres a cero y el equipo jugó muy bien casi siempre a partir de entonces. A Szentkuthy, por tanto, se lo echó poco de menos. Su rodilla evolucionó mucho peor de lo que se pensó al principio, mucho peor de lo que se pensaba en febrero y en marzo y en abril y en mayo. O bien él no fue obediente en su convalecencia tras el quirófano. Tuvo algún conflicto con el entrenador y al término de la temporada se le dio la baja, se lo traspasó al fútbol francés, al que van los grandes cuando parece que no llegarán a serlo del todo ni se los recordará como tales. Jugó tres años más en el Nantes sin muchos alardes, aquí se supo de él poco, los periodistas olvidan pronto, tan pronto que la noticia de su muerte sólo ha aparecido con algún detalle en la prensa deportiva que yo no suelo comprar, un sobrino mío me enseñó el recorte. Hace ya ocho años que Szentkuthy dejó Madrid, seguramente hacía cinco que ya no jugaba al fútbol a menos que se hubiera arrastrado por los desconocidos equipos de su país, aquí no se sabe casi nada de Hungría. Un hombre de treinta y tres años a la hora de su muerte, un hombre joven sin goles nuevos y con sus vídeos demasiado vistos, sólo podría coleccionar mujeres en su Budapest natal, allí seguiría siendo un ídolo, el niño que se marchó y triunfó lejos y vivirá ya siempre del recuerdo orgulloso de sus hazañas remotas cada vez más difuminadas. Ya no vive porque le han disparado en el pecho, y quizá hubo un segundo en que su mujer convencida y tímida flaqueó en su voluntad afirmativa y dudó si apretar el gatillo con sus dos dedos frágiles aunque a la vez supiera que lo apretaría. Quizá hubo un segundo en que se negó la inminencia y el tiempo fue marcado y se volvió indeciso, y en el que Szentkuthy vio claros la línea divisoria y el muro normalmente invisible que separan vida y muerte, el único 'Aún no' y el único 'Ya está' que cuentan. A veces están en poder de las cosas más nimias, de unos dedos sin fuerza que se han cansado de buscar un bolsillo y tirar de una manga, o de la suela de una bota.

(Inédito)

El alma al diablo

Justo Navarro

No sabía cuánto tiempo llevaba sin jugar un partido. No sabía cuántos meses, cuántos años. Dos años, porque ya tenía veintiséis años. Había sido una estrella, la esperanza de ser una estrella. Lo había fichado el Real Madrid a sus veinticuatro años, después de una temporada en la que jugó treinta y cinco partidos y marcó veintinueve goles. Jugando en un equipo del montón, se había quedado a un gol de ser el máximo realizador del campeonato. Y llegó al Madrid y jugó seis partidos, cinco partidos y medio, y no marcó ni un solo gol. Y lo habían quitado del equipo. Ni siquiera le habían dado la camiseta número nueve, el nueve de Di Stéfano, como una vez le había dicho su padre. Le dieron el número once. Lo quitaron después de seis partidos, porque le pesaba la responsabilidad y le faltaba espíritu de campeón.

Se había ido desesperando. El desánimo se le había metido dentro como una enfermedad. Era un envenenamiento pasar domingo y domingo sin jugar, sin entrar en la lista de convocados. Ni siquiera lo sentaban en el banquillo de los suplentes, porque la cara de desánimo desanimaba a jugadores y suplentes: si él estaba en el banquillo, el equipo perdía. O empataba, como con el Valencia, en el último minuto, por un gol desde una distancia de cuarenta metros. Y, siendo él suplente, perdieron en el Santiago Bernabéu contra el Espanyol, que no ganaba nunca en el Bernabéu. Y el entrenador le dijo, a él, que sólo había jugado trece minutos en sustitución de un centrocampista:

—Tú has perdido en ataque ese balón, el balón del gol.

Ya no era ni suplente. Ni siquiera jugaba los humillantes partidos amistosos: jugaba un tiempo y era sustituido, porque un equipo grande también debe ser grande en los partidos amistosos. Era un vagabundo entre los defensas, el príncipe de la apatía contagiosa: recibía un balón, se dejaba el balón atrás, resbalaba, era sustituido.

Entonces llegó la noche del viernes 12 de noviembre. Al día siguiente había partido: televisaban el partido y, como de costumbre, él no había sido convocado. Esperó a que dieran las dos de la madrugada, porque a esa hora ningún chivato del club telefonearía para comprobar si el futbolista estaba durmiendo. Lo vigilaban: lo habían examinado médicos y psicólogos. A las dos de la madrugada salió a la calle. Cogió el Volkswagen que había alquilado esa tarde, un coche que no llamaba la atención, para irse a beber cerveza a un bar de carretera donde fuera difícil ser reconocido, si aún alguien recordaba su cara.

Porque a la mala suerte se había sumado la mala vida, las noches de cerveza y los días que pesaban como sacos de arena. Lo habían expulsado de varios entrenamientos, lo habían apartado del equipo durante un mes. Le quedaban pocos meses en el Real Madrid, aunque le quedaran dos años de contrato. Y la cerveza le quitaba la angustia, a la segunda cerveza se encontraba mejor. Y ahora miraba las luces rojas del bar de carretera, las luces de los grifos de cerveza. Miraba a la mujer de la barra, una de esas mujeres que son tan guapas que están siempre solas porque nadie se atreve a acercárseles. Y se bebió la tercera cerveza, y no podía dejar de mirar a la mujer. Pidió la cuarta cerveza, fue a coger el vaso, y alguien lo agarró por la muñeca.

—La cerveza me la bebo yo.

El futbolista miró a quien hablaba y le agarraba la muñeca, a quien le impedía llevarse la cerveza a los labios. Miró la mano fuerte, un poco áspera, de mecánico, de motorista, una mano rozada por destornilladores y llaves inglesas. Aquel hombre no tenía el pelo muy limpio, el pelo aplastado con fijador, y una cicatriz le dividía la ceja derecha, como si tuviera dos cejas. Llevaba una camiseta del Real Madrid bajo un esmoquin verde de crupier de casino: algo había en el hombre, algo helado y amenazante, como si aguardara una sola palabra para soltar un puñetazo. El hombre lo miraba fijamente, y el futbolista sintió miedo.

—La cerveza me la bebo yo, y tú juegas mañana al fútbol —dijo el hombre.

El hombre le había arrancado la copa de la mano: se estaba bebiendo la cerveza del futbolista. Y el futbolista sintió vergüenza, y no sabía si era la vergüenza de permitir que le quitaran la cerveza y se la bebieran, o si era la vergüenza de haber sido reconocido en un bar repugnante, escondiéndose, fracasado, arrumbado en un local de gente tan indeseable como el hombre que le había quitado la cerveza. Pidió otra cerveza a la camarera.

—No.

Al hombre no se le oyó, pero la camarera pareció oírlo porque dejó de manejar el grifo de cerveza y echó el vaso al fregadero, el vaso en el que había caído un dedo de espuma. Entonces el futbolista dijo:

—Cóbreme, me voy.

—No.

Al hombre ni se le oía, pero la camarera, que se había acercado para cobrarle al futbolista, se quedó a medio camino, como si hubiera olvidado lo que iba a hacer. El futbolista sintió más miedo, aunque ahora el hombre no lo miraba: el futbolista podría haber salido del local, pero miraba al hombre que miraba el mostrador y bebía cerveza, la cerveza del futbolista. Podría haberse ido del bar repugnante, pero allí estaba, temblando de miedo aunque nunca había sido tan cobarde, como si el hombre lo infectara de miedo. Y el hombre dijo:

—Yo podría matarte con esta navaja.

Y sacó una navaja cerrada y la puso encima del mostrador, muy cerca de donde el futbolista apoyaba la mano, y el futbolista notó cómo los dedos le sudaban sobre el mostrador. Y el hombre continuó hablando:

—Yo podría matarte, cortarte el cuello, arrancarte el corazón, y casi no te enterarías, pero mañana tienes que jugar al fútbol y no sé de nadie que haya jugado al fútbol con el cuello cortado y sin corazón.

—Mañana no tengo que jugar.

El futbolista se arrepintió de lo que acababa de decir: ahora el hombre lo mataría mientras la camarera servía una copa y los pocos clientes del local miraban a otro sitio o lanzaban los dardos, pero lo dijo porque le pareció que al hombre aquel había que decirle la verdad, toda la verdad. Había que entregarle el corazón.

—Mañana tienes que jugar, y vas a marcar un gol.

—Sí, por eso me tengo que ir ya, son las tres o las cuatro de la mañana.

—Si ahora te fueras, mañana no jugarías al fútbol —dijo el hombre mientras abría la navaja—, pero, si te quedas un poco más, si te quedas un poco y me vendes tu alma, mañana jugarás y marcarás un gol y jugarás muchos partidos y marcarás muchos goles y ganarás la Liga.

Entonces el futbolista sintió que se disolvía el miedo. Podía respirar. Separó la mano del mostrador y vio la huella de los dedos sudorosos, y casi rompió a reír. Se le escapó un ruido gutural. Tenía la boca seca, pero murmuró:

—Sí, yo te vendo el alma y tú me invitas a otra cerveza.

—No, yo sólo haré que juegues mañana y todo el campeonato: jugarás muchos partidos y marcarás muchos goles y ganarás la Liga.

—Vale, pero antes te invito yo a otra cerveza.

Ya no tenía miedo, no tenía tanto miedo: no le haría daño aquel hombre que salmodiaba con ojos enrojecidos y aguanosos, fijos en un vaso vacío, el vaso que había sido del futbolista. El futbolista ahora se atrevía a pedir dos cervezas más, y la muchacha pareció oírlo, porque llenó las copas. El futbolista y el hombre de la ceja partida levantaron las cervezas, y el hombre de los ojos rojos se volvió hacia el futbolista y le ofreció la copa, como para un brindis.

—Por Satanás —dijo el hombre.

Y los dos bebieron la cerveza hasta el último trago. Y entonces el hombre lo agarró por la muñeca, otra vez, con la mano fría, y le dijo:

—Paga.

Le daba miedo sacar el dinero, porque el hombre no quitaba los ojos de la billetera, aunque quizá sólo esperaba que la guardara otra vez en el bolsillo: en cuanto la guardó, volvió a agarrarlo por la muñeca. Lo arrastraba a la calle. El futbolista quiso pedir ayuda a la mujer del bar, pero no le salieron las palabras. Sentía que estaba dando pasos definitivos: iban hacia la calle, y cada paso que daba era irreversible. No podía hablar, no podía volver atrás, era como si estuviera cayendo desde un séptimo piso.

Tenía frío, estaba mareado. Un momento, dijo, un momento, pero las piernas se movían solas, y el futbolista seguía dócilmente al hombre. Había una luna llena pequeña, de medianoche, y había farolas azules, y el futbolista veía la espalda del hombre, el mugriento esmoquin verde, el pelo con fijador, y el hombre era más bajo que el futbolista, y era vulnerable: el futbolista podía derribarlo de una patada en la espalda. Pero el hombre lo llevaba hasta el Volkswagen alquilado, como si conociera el coche del futbolista, como si hubiera seguido al futbolista hasta aquel descampado y aquel local repugnante. Y, cuando llegaron al coche, el hombre se volvió, y tenía en la mano izquierda la navaja abierta. Y dijo:

—Tienes que firmar que me vendes el alma.

Rebuscó en el bolsillo interior del esmoquin y sacó un papelucho, una factura vieja o un recibo emborronado y manchado de grasa. Quería que el futbolista firmara en el dorso en blanco, muy sucio.

—No tengo bolígrafo —dijo el futbolista.

—No te hace falta —dijo el hombre.

Y le cortó en la yema del pulgar izquierdo con la navaja. Era tan afilada la navaja que al futbolista no le dolió la herida: sólo vio la gota de sangre en el dedo, una hinchada gota de sangre donde el hombre mojó la navaja antes de ponerla en la mano derecha del futbolista. Y el futbolista firmó, obligado tres veces a mojar la punta de la navaja en la gota de sangre: firmó apoyándose sobre el techo del coche alquilado, como cuando firmaba autógrafos a las puertas de los estadios. Y el hombre se fue, y se reía a carcajadas mientras se alejaba en la noche de luna llena.

Lo despertó el teléfono a la mañana siguiente. Le dolía la cabeza, se sentía mal. Descolgó el teléfono a tientas. Era el ayudante del entrenador: el delantero centro se había resbalado en la ducha y, aunque no era nada importante, no podía jugar. Lo esperaban a él en la concentración. El futbolista dudó: le parecía una broma, le dolía la cabeza mucho, le costaba trabajo entender y le costaba hablar.

—¿Estás bien? —le preguntó el ayudante del entrenador.

—Estoy perfectamente —mintió el futbolista, y temió que la voz revelara la mala noche.

Pero cuando salió de la ducha se encontró mejor. Y se encontró mucho mejor cuando llegó al hotel, y mucho mejor cuando el entrenador le dijo que iba a ponerlo en el equipo, y mucho mejor cuando el utillero le dio la camiseta con el nueve, el mismo nueve que llevó Alfredo Di Stéfano, como le había dicho su padre cuando lo fichó el Real Madrid.

Metió un gol, dio otro, participó en una jugada monumental. Jugó los treinta y un partidos que quedaban de Liga, marcó veintinueve goles, quedó entre los tres primeros goleadores, y al año siguiente fue titular indiscutible, vivió la gran temporada después de los años malos, porque tenía talento y había superado la angustia y la responsabilidad. Tenía veintisiete años, la mejor edad para un futbolista. Lo empuja el ánimo de venganza por el tiempo perdido, le sobra instinto de gol, instinto de animal de área, es decir, la facultad de elegir espontáneamente sin recurrir a la reflexión, declaró el entrenador en una emisora de radio.

Así llegó a Londres, a la final de la Copa de Europa, la Liga de Campeones. Había marcado dieciséis goles en el torneo europeo, era el máximo realizador del campeonato. Había recuperado el placer de jugar al fútbol. Valía 10 millones de dólares. Participaba en cada minuto de cada partido con insistencia y convicción y goles. Provocaba el optimismo de los periodistas y los hinchas: vamos a ganar la Copa de Europa. Todo parecía fácil: quien lo veía jugar sacaba la conclusión de que jugar al fútbol es muy fácil. Y llegó a Londres en un buen mayo, y allí esperaba un buen rival, porque el Milán, el viejo rival, había renacido de las cenizas, como él, y otra vez jugaba la final de la Liga de Campeones de Europa.

Estaban concentrados en un hotel al norte de Paddington Recreation Ground. Y, cuando el entrenador terminó de comentarles el vídeo del último Milán-Ajax, el futbolista vio por la ventana a dos camareras que paseaban dos mastines por el jardín: entonces el futbolista supo que iban a ganar, a pesar de la fortaleza del Milán renacido, y supo que él marcaría un gol, aunque fuera de penalty.

Pero, el día del partido, cuando el equipo salía del hotel camino del estadio de Wembley, el recepcionista lo llamó. No lo llamó: sólo le hizo una señal, o al futbolista le pareció que le hacía una señal. Y, en tensión, a través del hall lleno de seguidores de lujo, los directivos y los amigos de los directivos y los amigos de los amigos, se acercó al recepcionista sabiendo que no debía acercarse. Aquel recepcionista no era el recepcionista de todos los días: tenía el pelo más largo, y fijador en el pelo, y una cicatriz en la ceja, y la cara muy pálida, como si acabara de afeitarse después de mucho tiempo escondido bajo tierra, sin afeitarse. El recepcionista le dio un papel y una orden en español:

—Lee, lee. Lee y cumple tu parte en el pacto.

Y, mientras sus compañeros salían hacia Wembley entre gritos de ánimo, algo sólo suyo, algo de muy adentro, lo obligaba a abrir el aviso de recepción, lo obligaba a obedecer la orden del recepcionista. Y leyó. Estaba loco aquel hombre, le pasaba un mensaje disparatado, una orden de fallar el penalty que debería tirar en el minuto noventa de la gran final: le ordenaba fallar un penalty que ni siquiera existía aún, y el futbolista estaba condenado a obedecer porque su alma no era suya. Le había vendido el alma a Satanás una noche de noviembre. El futbolista iba a protestar indignado, iba a encararse con el recepcionista, pero, cuando lo miró, el recepcionista era una mujer, una recepcionista. Y no había nadie que se pareciera al recepcionista de la ceja dividida en dos. Y el futbolista fue a leer de nuevo el papel que acababan de darle, y el papel era sólo un folleto publicitario de la isla de Man.

Nunca hubiera creído que los nervios pudieran pesarle tanto. Nunca hubiera imaginado así el ruido del mundo sobre el césped del estadio de Wembley: cómo resonaba el mundo en el centro del estadio de Wembley. Nunca podría olvidarlo: lo tenía dentro del corazón. Pensaba que eran los nervios, pero, mientras el árbitro arrojaba la moneda al aire, el futbolista recordó una noche en un descampado, un hombre con una navaja y una ceja dividida en dos, un hombre que brindó por Satanás y obligó al futbolista a firmar con sangre en una hoja sucia y en blanco. Y empezó la final de la Copa de Europa. El futbolista no andaba centrado: le faltaba desborde, sentido del desmarque, improvisación. Los balones no le llegaban o llegaba tarde a los balones. El Madrid controlaba al Milán, un Milán que no terminaba de recuperar la gloria de otros tiempos, un Milán que, conforme avanzaba el partido, parecía confiar en la prórroga. Y fue entonces cuando el número 10 del Madrid mandó aquel balón imposible al interior del área, y él le ganó por una vez la espalda al defensa, por primera vez en noventa minutos, y, cuando ya se colaba con el balón en la portería, el portero lo derribó.

El árbitro señaló el punto de penalty. Se abrazaban los jugadores del Real Madrid como si ya hubiera sido gol. Era el último minuto del partido, y él tenía que tirar el penalty. Los compañeros lo abrazaban, le animaban, a él, que le había vendido el alma al diablo. Le pareció de risa, y se rió, y los compañeros pensaron que era euforia y le pidieron tranquilidad. Se quedó muy serio, porque de pronto supo que le había vendido el alma al diablo, y por eso estaba en Wembley jugando la final de la Liga de Campeones de Europa, y por eso había sido capaz de llegar al balón del número 10, había driblado al portero y le habían hecho penalty en el último minuto. Y, porque le había vendido el alma al diablo, tenía la confianza del entrenador y la confianza de sus compañeros. Y, porque le había vendido el alma al diablo, debía fallar el penalty.

Se dirigió al punto de penalty. Levantó el balón, lo palpó, lo colocó sobre el césped. Sintió el silencio de Wembley abarrotado, una soledad de muchedumbres, la inmensa muchedumbre concentrada en su corazón. Miró al portero y le pareció batible, empequeñecido. Oyó el silbato del árbitro. Lanzó. El portero se tiró a la derecha y el balón entró raso, no muy fuerte, por la izquierda de la portería. Entonces estalló el estadio:

—Gol.

Corrió hacia la grada donde se amontonaban enloquecidos miles de hinchas del Real Madrid. Sus compañeros lo abrazaban ya, lo derribaban sobre el césped, lo ahogaban, lo ahogaba el griterío de los hinchas. Nunca había sentido tanto júbilo en la sangre, el júbilo le latía en las venas, lo traspasaba, vibraba de júbilo: era un júbilo que se oía, se respiraba, se tocaba, pesaba sobre su espalda. Con la cara aplastada contra la hierba de Wembley, mordía y olía la hierba de Wembley. Entonces le faltó el aire, boqueó, se oscureció el mundo silenciosamente, se levantaban los compañeros, lo dejaban solo, mordía la hierba, y la hierba se volvía tierra sucia. Le dolía el pecho. No había cumplido su pacto con el diablo. Se tocó el pecho, se miró la mano, vio la sangre. Todo se oscurecía. Estaba en un descampado, en la noche de un viernes de noviembre miserable, veía neumáticos de coches viejos. Trató de ponerse de pie apoyándose en el coche, un Volkswagen alquilado. Resbaló, manchó con sangre la carrocería. Pidió auxilio. Vio las piernas del hombre que se alejaba, vio la navaja que brillaba en la mano del hombre. El hombre volvió la cabeza: llevaba una camiseta del Real Madrid bajo un esmoquin verde, tenía una ceja dividida en dos, sonreía. El hombre dijo algo, pero el futbolista no lo oyó, porque se estaba muriendo.

Ganas de quejarse, la verdad

Rosa Regàs

El día del partido España-Bolivia invité a un amigo superaficionado a cenar para que me informara bien.

—España juega con Bolivia y si gana, pasa a los octavos de final y si pierde queda eliminada de los Mundiales —me explicó con paciencia al verme de repente tan interesada por el fútbol—, así que nos jugamos hoy el tipo, el honor y la alegría.

—Eso ya lo sé —repliqué—, en los bares y en la tele no se oye otra cosa.

—Entonces, ¿qué demonios quieres saber?

—Pues no sé, algo más original.

—Pues mira el partido —me aconsejó cansinamente.

Así que a las nueve y media me situé ante el televisor para no perder detalle: apareció Matías Prats y una cerveza, Matías Prats y otra cerveza, «un sabor de cinco estrellas», «la bebida de los campeones» y más Matías Prats y más cervezas. Lo de las cervezas confunde porque ante tanto clamor del público una nunca sabe si ha comenzado el partido o lo que está viendo es un mero anuncio.

Al parecer, según decían los comentaristas que se daban unos a otros la palabra, el entrenador del

Bolivia, Javier Azcargorta o Algorta o algo así, es un español, una especie de genio que ha eliminado a Uruguay, y todos se hacían cábalas sobre la amenaza que podía esconder el juego que hubiera maquinado.

—¡Ojalá le fallen las estrategias, sean las que sean! —decía uno—, lo importante ahora es que España gane.

—Eso, eso —repetían los demás—, que le fallen las estrategias.

Salió luego el príncipe y para tranquilizar a los locutores españoles que parecían tan inquietos hizo referencia al Rey supongo que porque, como tanta gente, está convencido de que cuando el Rey entra en el campo el equipo de España gana. Por el Rey que no quede, me digo, aunque soy republicana de toda la vida, porque me acuerdo aún de aquel gol memorable —como rezan los cronistas de la historia reciente— del último minuto del último partido de las Olimpiadas. Yo puse la televisión en el mismísimo momento en que entraba el Rey y acto seguido ¡zas! ¡gol!, y se acabó el partido y ganamos una medalla de oro. ¡En el último minuto!

Vuelvo al televisor: sale el equipo de España con las camisetas llenas de cruces en rojo y amarillo, y vestido de astronauta el Zubi, con ochenta y nueve partidos en su haber, repite el locutor, el capitán del equipo.

—Me alegro —digo—, así no le importará tanto que Cruyff no le haya dejado ser nunca capitán del equipo del Barça.

—Tú qué sabes —dice mi amigo—, el fútbol es mucho más complejo de lo que te imaginas. Si yo te hablara de Clemente...

—A mí qué me cuentas. El Zubi es el Zubi ¿o no?

—Que no te metas, que tú no sabes de qué va.

—Está bien, no me meto, pero tengo razón. Lo que ocurre es que nadie es profeta en su tierra y ya está.

—Pero si el Zubi es vasco, ¿qué dices?

—Y ¿no decís que es catalán el que vive y trabaja en Catalunya? Pues eso. Y además, ¿ahora qué?, me gustará saber a quién pone el holandés. Pasará lo de siempre: en casa del herrero cuchillo de palo.

—Eso, y no por mucho madrugar amanece más temprano.

Un poco ofendida vuelvo a la televisión: es el último partido del grupo C, repite el locutor, sólo con la victoria se pasa, dice otro. Si pasa, queda para octavos de final... Clemente ha modificado su esquema táctico en el ataque, con el punto de remate en Felipe y Guerrero (¡guapísimo!). Ahora es un equipo piramidal: un hombre, Julio Salinas, en el vértice, dos no sé dónde, tres en medio del campo y cuatro en la defensa. Un partido para soñar, en directo, esta noche a las 10, repite una voz en *off* tras la pantalla de jugadores y cervezas y público enfervorizado chillando ¡gol! ¡gol! No se entiende nada.

Al fondo los rascacielos, en primer plano el estadio de Chicago atiborrado de hinchas. La cámara enfoca a Clemente, luego a los jugadores, aunque no se dicen sus nombres y yo no acierto a saber quién es quién. Hablan uno tras otro y se les ve un poco cortados, sin saber muy bien qué decir: «es un partido difícil, pero el equipo es bueno, estamos en forma, técnicamente preparados, es decisivo, es crucial, es importante, será duro, creo que tenemos posibilidades...». Por Dios, qué sufrimiento. ¡Que comiencen de una vez! Así no hay quien resista, además la cerveza cada dos por tres. Con tanta interrupción se me contagian los nervios de los locutores y del equipo, juro que no volveré a beber cerveza y comienzo a comprender a esos señores que mueren de un infarto en un partido.

El partido ¡por fin!

Mi amigo aumenta el volumen y yo me voy a la cocina a preparar más copas. Así no sufro, me digo, sí, mejor que no lo vea y me distraiga, y ya me enteraré del resultado. Pero no lo puedo resistir. Al cabo de un rato vuelvo de nuevo a la televisión: 1 a 0 para España. Pero no veo yo que este gol haya traído la menor alegría, así que por no ver el inminente empate que, según han dicho, nos llevaría al desastre, a la eliminación, me voy otra vez a la cocina a preparar la cena. Mi amigo en la media parte está abatido y apenas me habla. Cuando tengo la cena preparada y ya no quedan más que diez minutos para el final vuelvo a mirar: ¡3 a 1!, ¡3 a 1!

Sin embargo, ni mi amigo ni los comentaristas parecen satisfechos, y el locutor que tanto sufría hace un instante dice que no le está gustando nada el resultado (¡¡3 a 1!!) ni le está gustando el juego, que el equipo puede dar mucho más de sí dice, que está descoyuntado y que sufre las consecuencias de la indecisión de Clemente. ¡Qué cosas!

Me asomo a la ventana: los bares de enfrente tienen las puertas abiertas, el público de cara a la calle con la cabeza levantada hacia el televisor permanece silencioso. Ya no habrá más goles. Las bocinas, los cantos y los gritos en la capital del Reino atronarán la ciudad hasta el amanecer aun cuando las radios y las televisiones, y al día siguiente los periódicos, amonestan al equipo y al entrenador porque les parece que no lo han hecho bien.

—Pero bueno, ¿no querían que ganara aun a costa de que fallaran las estrategias del señor Azcargorta? ¿Qué querían, pues, treinta goles?

—Que no es eso, mujer, que no es eso —repite mi amigo.

—¡Ganas de quejarse! —digo yo—, la verdad.

(Del libro Canciones de amor y de batalla,
El País-Aguilar, 1995)

Atiguibas

Julio Ramón Ribeyro

En el viejo estadio nacional José Díaz —ahora ampliado y modernizado— viví de niño y luego de muchacho horas inolvidables. Con mi hermano vimos desfilar por la grama pelada de la cancha a los más renombrados clubes del fútbol de Argentina, Brasil y Uruguay. Y también del Perú, hay que decirlo, pues entonces teníamos grandes jugadores y equipos que realizaron hazañas memorables. En las Olimpiadas de Berlín del 36, para poner un ejemplo, estuvimos a punto de campeonar luego de vencer a Austria por 4 a 2. Pero a Hitler no le gustó la cosa: que negros y zambos de un país como el Perú derrotaran a rubios teutones era para él no sólo un traspié deportivo sino un revés ideológico. La FIFA, presionada por el Führer, ordenó que se anulara el partido alegando que la cancha tenía no sé cuántos metros más o menos de largo. Nos retiramos de las Olimpiadas, con lo que salvamos nuestra dignidad, pero perdimos el campeonato.

En esa época, cuando venía un equipo extranjero, había que ir al estadio a las diez de la mañana, si uno quería encontrar sitio en las tribunas populares. El partido de fondo era a las cuatro de la tarde, de modo que para que el público no se aburriera se jugaban antes unos diez o doce partidos preliminares: calichines, infantiles, juveniles, equipos de barrio o clubes de segunda y tercera división. Todo ello bajo un sol de plomo, pues las temporadas internacionales eran en pleno verano. Los espectadores tenían que ponerse viseras o fabricarse gorros con papel periódico. Y la mayoría de ellos llevar su almuerzo en bolsas o paquetes, si no querían desfallecer de hambre a mitad de la tarde. Las tribunas se convertían así no sólo en una galería atestada de hinchas sino en un gran comedor público o picnic distribuido en las graderías. Y en un tráfico de vendedores ambulantes, pues siempre faltaba algo que comer o que beber o que fumar y entonces entraban a tallar los mercachifles que se deslizaban por las gradas ofreciendo empanadas, butifarras, anticuchos, cigarrillos al menudeo y botellas de cerveza y gaseosas. Cuando el partido estaba que ardía, se deslizaban agachados, casi reptando, pues de lo contrario eran blanco de insultos y proyectiles, si no eran simplemente echados a empujones por encima de las cabezas de los espectadores hasta aterrizar al borde de la cancha.

Un detalle para completar el ambiente de las tribunas populares de entonces: la de «segunda», a la que íbamos mi hermano y yo, era de cemento hasta las diez primeras gradas y de madera hasta la parte más alta. No había en ellas baños ni retretes. Después de horas de ver fútbol y de beber, el público quería orinar. No quedaba más remedio que subir hasta la última grada y mear por encima de la baranda sobre el espacio de tierra situado entre las tribunas y las altas paredes que cercaban el estadio. Quien en esos momentos se arriesgara a caminar por ese lugar tenía asegurado su duchazo de orines. Pero lo más frecuente era que los meones no pudieran subir hasta la última grada porque había mucho público o porque ya no se aguantaban y entonces buscaban un orificio en las graderías de madera y adoptando posiciones grotescas metían su pito por allí y se aliviaban entre las risas y bromas de los hinchas. En esa época no iban mujeres al estadio. El fútbol era sólo cosa de machos.

El grito surgió en medio del tenso silencio que reinaba durante el partido entre el popular club nacional Alianza Lima y el visitante argentino de turno, el San Lorenzo de Almagro. Los negros del Alianza acababan de empatar a un gol con sus rivales cuando la voz resonó en lo alto de la tribuna de segunda:

—¡Atiguibas!

Era la primera vez que escuchábamos ese grito. El público lo recibió con risotadas y el partido continuó, cada vez más angustioso pues los argentinos amenazaban sin descanso el arco aliancista. Pero cada cinco o diez minutos volvía a escucharse el grito:

—¡Atiguibas!

Y el ambiente se relajaba.

Pronto los argentinos concretaron su dominio: el corpulento Lángara, centro delantero vasco del San Lorenzo, marcó tres goles seguidos, el último de ellos con un cañonazo desde treinta metros. Ya no había nada que hacer, habíamos perdido. Dejamos las tribunas con el rabo entre las piernas justo cuando un último «¡Atiguibas!» resonaba en el estadio y lograba apenas hacernos sonreír.

A partir de entonces, no hubo match internacional o de campeonato, en el que este grito no se escuchara en el estadio, estuviese el partido aburrido o apasionante, fuésemos ganando o perdiendo, despertando siempre hilaridad en el público. ¿Quién lo lanzaba? Su autor era al parecer inubicuo, alguien que estaba un día en una tribuna y luego en una diferente. Mi hermano y yo, a fuerza de ir al estadio, logramos localizar el origen del grito en la parte alta de la tribuna de segunda y a veces en la tribuna de popular norte, pero no distinguimos al sujeto que lo lanzaba. La voz era potente, ronca, una voz borrachosa o negroide. Pero el estadio estaba lleno de borrachosos y negroides. ¿Qué significaba además esa palabra? Nadie lo sabía. Todos a quienes preguntamos, en el estadio o fuera de él, decían haberla escuchado pero ignoraban su significado.

Una tarde al fin logramos ver al gritón y en circunstancias más bien sombrías. Fue durante un partido muy esperado en el cual el campeón nacional Universitario de Deportes —del cual mi hermano y yo éramos hinchas furiosos— recibía al campeón brasileño São Paulo. Como el uniforme de ambos equipos era blanco, Universitario por cortesía con el visitante cambió el suyo por una camiseta verde. Ver salir a nuestro equipo con una camiseta de otro color nos dio mala espina. Había de por medio además un duelo entre centrodelanteros: Leonidas, llamado el Diamante Negro brasilero, y Lolo Fernández, el Cañonero peruano. Apenas sonó el silbato se escuchó un estruendoso «¡Atiguibas!» que puso a todos de buen humor. Y el buen humor aumentó cuando nuestro equipo abrió el marcador gracias a un tiro libre de Lolo Fernández. El primer tiempo terminó a nuestra ventaja, pero al comenzar el segundo el Diamante Negro se destapó. Era un negro de frente muy despejada, casi calvo y de físico esmirriado, pero diabólicamente técnico, inteligente y mañoso. En apenas veinte minutos sus jugadas sembraron la confusión en nuestra defensa y el São Paulo anotó cinco goles seguidos. El último de éstos fue como un detonador: el público pasó por encima de las alambradas e invadió la cancha, no se sabía si para agredir a los brasileros o para linchar a los peruanos. El árbitro dio por terminado el partido y ambos equipos huyeron hacia los camerinos custodiados por la policía. Fue entonces cuando sonó un «¡Atiguibas!» lastimero en medio de las graderías que se despoblaban y pudimos ver en lo alto de la tribuna de segunda, nuestra tribuna, a un mulato bajo, regordete, de abundante pelo zambo, que hacía bocina con sus manos y lanzaba un postrero «¡Atiguibas!», justo cuando fanáticos de la mala entraña hacían fogatas con periódicos, las tribunas de madera empezaban a flamear y nosotros teníamos que abandonar el estadio a la carrera.

No sólo las fogatas nos impidieron esa tarde acercarnos al mulato gritón, sino el abatimiento. Quien no conoce las tristezas deportivas no conoce nada de la tristeza. Esa vez, como muchas otras veces, salimos del estadio con la muerte en el alma, desesperados de la vida, sin saber cómo podríamos consolarnos del fracaso de nuestro equipo. Éramos aún muy chicos para buscar olvido en las cantinas y por supuesto no lo bastante maduros para encajar filosóficamente una derrota. No nos quedaba otra cosa que sufrir durante días o semanas, hasta que el tiempo aplacara nuestro dolor o una victoria de nuestro equipo nos devolviera la alegría.

Una victoria, eso tardaría en venir, pero al fin la tuvimos e inolvidable, uno o dos años más tarde, cuando llegó a Lima precedido por inmensa fama el Racing Club de Buenos Aires. Acababa de ganar el campeonato argentino, habiéndose mantenido invicto en los últimos veinte partidos. En su plantel todos eran estrellas, pero sus figuras más descollantes eran el arquero Rodríguez, el defensa Salomón (un metro noventa y cinco por cien kilos de peso) y el alero izquierdo Ezra Sued. Universitario de Deportes, en cambio, había terminado tercero del torneo nacional y su célebre Cañonero Lolo Fernández, nuestro ídolo, estaba lesionado y quedaría en el banco de los suplentes.

El partido comenzó a las cuatro de la tarde, precedido por un estruendoso «¡Atiguibas!» que resonó esta vez muy cerca de nosotros. El Racing era realmente una máquina de hacer goles. En apenas diez minutos su centro delantero Rubén Bravo, gracias a pases milimétricos de Ezra Sued, perforó dos veces la valla de nuestro equipo. La delantera de Universitario, conducida por el flaco Espinoza, se estrellaba sin remedio contra el gigante Salomón. En el estadio reinaba un silencio pavoroso y ni siquiera el zambo gritón, a quien ubicamos ahora pocas filas más arriba, se atrevía a lanzar su arenga.

Al promediar el primer tiempo el entrenador de Universitario decidió hacer entrar a Lolo en reemplazo del flaco Espinoza. Su aparición en el campo, con su redecilla en la cabeza y un ancho vendaje en el muslo, despertó aplausos atronadores y un alentador «¡Atiguibas!». Y entonces se produjo el milagro. Lolo Fernández marcó cinco goles, pero cada uno de ellos fue una obra de arte, un modelo de fuerza, técnica, coraje y oportunismo. El primero fue un cañonazo de quince metros, al empalmar a la carrera un centro a media altura que le envió el alero izquierdo. El segundo una «palomita» entre las piernas de Salomón, impulsado con la cabeza, casi al ras del suelo, un centro-tiro de su hermano Lolín. El tercero fue simplemente un golpe de taco, de espalda al arco, aprovechando una bola que vacilaba en el área de castigo. En la segunda parte del encuentro, Racing de entrada marcó un gol, con lo que igualó tres a tres y sembró pánico en la hinchada. Los platenses se volcaron con ardor en el campo de Universitario, decididos a defender su prestigio de campeón argentino. Pero Lolo estaba en su tarde gloriosa: aprovechando un tiro de esquina se elevó por encima del gigante Salomón y envió un cabezazo que rebotó delante del arco y penetró en la valla. Minutos más tarde, durante un nuevo contraataque, recibió un pase en el centro del campo, avanzó velozmente con el esférico y sin detenerse envió desde fuera del área un violento tiro rasante que venció la valla argentina por quinta vez. El arquero Rodríguez, de pura rabia, se quitó la gorra y la arrojó al suelo. Fue un signo de claudicación: el Racing, desmoralizado, aceptaba su derrota. En los minutos finales se limitó a jugar a la chacra para evitar un nuevo gol. El match terminó en medio de hurras, cantos y chillidos de júbilo y entre éstos el infalible y sonoro «¡Atiguibas!». Como esta vez el mulatón estaba a nuestro alcance, mi hermano y yo tratamos de abordarlo para compartir nuestra emoción y sonsacarle de paso el sentido de su enigmático grito. Pero una turba de hinchas borrachos que blandían botellas de cerveza lo rodearon y en ruidosos tumultos se perdieron por una de las oscuras escaleras que descendían hacia las puertas de salida.

Seguimos yendo al viejo estadio durante años, más por costumbre que por pasión. Las derrotas nos hacían aún sufrir y los triunfos gozar, pero con menos intensidad que antes. Éramos ya mozos, descubríamos el amor, el arte, la bohemia, la ambición, otros ámbitos donde invertir nuestros sueños y cobrar otra calidad de recompensa. Íbamos a la segunda en grupo, tomábamos cerveza, llegábamos incluso a burlarnos piadosamente de nuestros ídolos, Lolo Fernández entre otros, que se acercaba a la cuarentena y fallaba lamentablemente hasta tiros de penal. Y el «¡Atiguibas!» seguía resonando, con menos frecuencia que antes, es verdad, pero seguía resonando, despertando siempre la risa del público y nuestra curiosidad. Una especie de fatalidad impedía sin embargo que abordásemos la fuente del grito, el zambo borrachoso, a pesar que lo tuvimos algunas veces tan cerca que pudimos ver su encrespada melena, su tosca nariz un poco torcida y su cutis más morado que negro, marcado por cráteres y protuberancias, como un racimo de uvas borgoña muy manoseado. Gresca, tranca o llegada de la «segundilla» (público al que se abría las puertas del estadio media hora antes que terminara el partido y que inundaba las tribunas de segunda) lo sacaron siempre de nuestra órbita. Es así que terminé por no ir ya más al estadio y luego por abandonar el país sin haber podido resolver el secreto de este grito.

Muchos años más tarde, en uno de mis esporádicos viajes al Perú, me aventuré por el Jirón de la Unión, convertido ya en calle peatonal atestada de ambulantes, cambistas, vagos y escaperos. Me abría paso difícilmente entre la muchedumbre cuando divisé en el atrio de La Merced a un pordiosero de pie al lado del pórtico con la mano extendida. Su rostro me dijo algo: esa nariz asimétrica, esa pelambre ensortijada ahora grisácea y sobre todo ese cutis morado, violáceo, como de carne un poco pútrida. ¡Acabáramos, era Atiguibas! ¡La ocasión al fin de abordarlo, de acosarlo y de averiguar el significado de esa palabra que durante años traté en vano de conocer! Me salí del río de peatones y me acerqué al mendigo que, según noté, tenía un pie envuelto con un espeso vendaje sucio. Al sentir mi presencia alargó más la mano cabizbajo:

—Alguito no más para este anciano enfermo.

Su voz ronca era inconfundible.

Inclinándome le murmuré al oído:

—Atiguibas.

Fue como si lo hubiera hincado con un alfiler. Dio una especie de respingo y levantó la cabeza, mirándome con los ojos muy abiertos.

—No me digas que no —continué—. Te conozco desde que iba al estadio de chiquito. La tribuna de segunda, allí arriba. ¡Cuántas veces te he oído gritar! Pero ahora me vas a decir lo que quiere decir Atiguibas. He esperado más de veinte años para saberlo.

El mulato me observó con atención y alargó más la mano.

—Sí, pero me sueltas unos verdes.

Tenía en el bolsillo un billete de cinco dólares y otro de cien.

Le mostré el de cinco. Hizo un gesto negativo con la cabeza.

—Veinte dólares.

Protesté, diciendo que eso era una estafa, que si no fuera porque estaba en Lima de paso no le hubiera ofrecido ni un solo dólar, pero el mulato no cejó.

—Bueno —dije al fin—. Voy a cambiar estos cien dólares. Espérame aquí.

El mulato me retuvo.

—Esos cambistas son de la mafia. Venga conmigo acá adentro. Yo conozco al sacristán. Él paga bien.

Entré a la iglesia guiado por él, que se desplazaba sin mucha dificultad a pesar de su pie vendado. El templo a esa hora estaba casi vacío, frecuentado sólo por algunos turistas y beatas e iluminado por los cirios que titilaban ante algunas imágenes. Pasamos delante de varios confesonarios desiertos hasta llegar a una puerta lateral que estaba entreabierta.

—¿Tiene el billete allí? Me espera un instante.

Le entregué los cien dólares y di unos pasos hacia el sagrario para apreciar de más cerca las tallas barrocas del altar mayor, pero a los pocos metros me detuve atenazado por la sospecha y volví rápidamente hacia la sacristía. En esa pieza no había nadie, ni tampoco en la contigua, ni en la siguiente que, por una pequeña puerta, reconducía a la nave lateral. Ya ni valía la pena echarse a buscar al mulato, que no era ni cojo ni mendigo. De pura cólera lancé un estruendoso «¡Atiguibas!» que resonó en todo el templo alarmando a las viejas dobladas en sus reclinatorios. Y creí comprender el sentido de esa palabra cuando al salir de la iglesia me sorprendí diciéndome que ese mulato pendejo me había metido su *atiguibas*.

(*Del libro* Cuentos completos,
Alfaguara, 1994)

El míster & Iron Maiden

Manuel Rivas

A Arsenio Iglesias y Basilio Losada

El joven gritó una maldición, se levantó furioso y tiró la silla de una patada. El hombre de pelo cano, al hablarle, miraba en la camiseta negra, con la leyenda Iron Maiden, al espectro monstruoso que sujetaba con las manos los extremos de un cable de alta tensión y que lanzaba rayos por los ojos. El espectro tenía la melena muy larga y de un blanco de nieve.

«¿Qué haces? ¡Pon la silla en su sitio!»

Estaban viendo el partido televisado. El rival había metido el gol del empate y se alejaban las posibilidades de que el Deportivo alcanzara el campeonato de Liga. Sólo faltaban cinco minutos para terminar el encuentro. Al fondo de la cocina, la madre tejía flores con los palillos de encaje. Aquel sonido industrioso pertenecía al orden natural de la casa. Se hacía notar cuando no existía.

«La culpa es de él», dijo el joven con resentimiento.

«¿De quién?» También el hombre de pelo cano se sentía molesto.

«¿De quién va a ser? ¡Mira que es burro!»

«¿Por qué le llamas burro? ¡No sabes ni de qué hablas!»

«Estábamos ganando, estábamos ganando y va y cambia a un delantero por un defensa. Siempre recula. ¿No te das cuenta de que siempre se acojona y recula?»

«¿Está él en el campo? Dime. ¿Está él en el campo? ¿No hay ahí once tipos que juegan? ¿Por qué siempre le echas la culpa a él?»

«¡Porque la tiene! ¿Por qué no saca a Claudio? ¿A ver? ¿Por qué no? Íbamos ganando y va y cambia a Salinas. Todo al carajo.»

«¿No dices siempre que Salinas es un paquete?»

«Siempre no. Además ¿por qué lo cambia por un defensa?»

«Los otros también juegan», dijo el hombre de pelo cano en tono sensato. «¿No te das cuenta de que el contrario también juega? Éramos unos muertos de hambre. ¿Recuerdas que éramos unos muertos de hambre? Estábamos en el infierno y ahora vamos segundos. ¡No sé qué coño queréis!»

«¡No me vengas con rollos! Tú eres igual que él», dijo el joven haciendo en el aire una espiral con el dedo.

«Que si tal, que si cual. Cuidadiño, sentidiño. El fútbol es así, una complicación... Tararí, tarará. Rollo y más rollo.»

«Ya lloraréis por él. Recuerda lo que te digo. ¡Vais a llorar por él!»

El locutor anunció que se cumplía el tiempo. El árbitro consultaba el reloj. Después, en la pantalla se vio el banquillo local y la cámara enfocó el rostro apesadumbrado del míster. El hombre de pelo cano tuvo la rara sensación de que estaba delante de un espejo. Hundió la cabeza entre las manos y el entrenador pareció imitarle.

«¡Jubílate, hombre, jubílate!»

El hombre de pelo cano miró para el joven como si le hubiera disparado por la espalda. La madre dejó los palillos de tejer sobre la almohada del encaje y el silencio que siguió tuvo el efecto de una banda sonora de suspense.

«¿Por qué dices eso?», dijo el hombre.

El joven fue consciente de que estaba atravesando una línea de alambre de espinos. La lengua rozaba al gatillo como un dedo que le había cogido gusto y que ya no obedecía las órdenes de la cabeza.

«Digo que va viejo. ¡Que se largue!»

Habían discutido mucho durante toda la Liga, pero sin llegar al enojo. Ahora, por fin, el asunto estaba zanjado. El hombre de pelo cano había enmudecido, abstraído en algún punto de la pantalla. La cámara buscó al árbitro. Éste llevó el silbato a la boca y dio los tres pitidos del final.

«¡Ya está, se jodió todo! ¡A tomar por el culo!»

«¡No hables así en casa!», riñó la madre. Cuando apartaba los ojos cansados de los alfileres de la almohada del encaje, tenía la sensación de que miraba al mundo por una celosía enrejada con punto de flor.

«¡Hablo como me sale del carajo!» El joven marchó dando un portazo que hizo pestañear la noche.

Ahora el joven gobernaba el motor y el padre escrutaba el mar. Por el acantilado del Roncudo de Corme, en la Costa da Morte, se descolgaban los perceberos. Ellos iban en barca porque su misión era aún más arriesgada. Se acercaba la última hora de bajamar.

Desde ese momento, y hasta que pasara la primera hora de pleamar, cada minuto era sagrado. Ellos iban en barca. Ése era el tiempo en que se dejaban pisar las Peñas Cercadas, los temidos bajíos donde rompe el Mar de Fóra. Sólo se aventuran allí los perceberos versados, los que saben leer entre olas, los que descifran las grafías que hace la espuma en los peñascos. Y hay que medir como cuervo marino o gaviota el reloj caprichoso del mar.

El mar tiene muchos ojos.

Cada vez que se acercaban a las Cercadas, el joven recordaba esa frase repetida solemnemente por el padre en la primera salida, como quien traspasa una contraseña para sobrevivir. Había otra lección fundamental.

El mar sólo quiere a los valientes.

Pero hoy el hombre de pelo cano iba en silencio. No le había dirigido la palabra ni para despertarlo. Batió con el puño en la puerta. Bebió un trago de café. Con gesto amargo, como si tuviese sal.

El padre tenía una norma fija antes de saltar a las Cercadas. Por lo menos durante cinco minutos estudiaba las rocas y seguía el vuelo de los pájaros marinos. Una costumbre que él, al principio, y cuando todo aparentaba calma, consideró inútil pero que aprendió a respetar el día en que descubrió de verdad lo que era un golpe de mar. El silencio total. El padre que grita desde la roca para que gobierne la barca y se aleje. Y de repente, saliendo de la nada, aquel estruendo de máquina infernal, de excavadora gigante. Trastornado, temblando, con la barca inundada por la carga de agua, busca con angustia la silueta de las Peñas

Cercadas. Allí, erguido y con las piernas flexionadas a la manera de un gladiador, con la ferrada dispuesta como lanza que había atravesado el corazón del mar, está el padre.

Tantos ojos como el mar. El padre tiene hoy la mirada perdida. Él va a decir algo. Masca las palabras como un chicle. Oyes, que. Ayer, no. Pero el padre, de repente, coge la ferrada y el truel, se pone en pie, le da la espalda y se dispone a saltar. El joven sólo tiene tiempo a maniobrar para hacérselo fácil. Mantiene el motor al ralentí, con un remo apoyado en la roca para defender la barca. Espera las instrucciones. Un gesto. Una mirada. Es él quien advierte: «¡Vete con cuidado!».

El mar está calmado. El joven tiene resaca. Había bebido mucho y regresaba tarde a casa con la esperanza de que la noche limpiaría todo lo del día antes, como hace el hígado con el licor de garrafa.

Mojó las manos en el mar y humedeció los párpados apretándolos con la yema de los dedos. Al abrir los ojos, tuvo la sensación de que habían pasado años. El mar se había oscurecido con el color turbio de un vino peleón. Miró al cielo. No había nubes. Pero fue aquel silencio contraído lo que lo alertó.

Buscó al padre. De manera incomprensible, el hombre de pelo cano le estaba dando la espalda al mar. Gritó haciendo bocina con las manos. Gritó con todas sus fuerzas, como si soplase por una caracola el día del Juicio Final. Atento a los movimientos del padre, olvidó por completo gobernar la barca. Escuchó un sonido arrastrado de bielas lejanas. Y entonces llamó por el padre por última vez. Y pudo ver como por fin se volvía, afirmaba los pies, flexionaba las rodillas y empuñaba el hierro frente al mar.

El golpe cogió de costado la barca y la lanzó como un palo de billarda contra las Cercadas. Pero el joven, cuando recordaba, no sentía dolor. Corría, corría y braceaba por la banda del campo, electrizado como el espectro de Iron Maiden. Había regateado a todos los contrarios, uno tras otro, metió el tercer gol en el último minuto, y ahora corre por la banda a cámara lenta, la melena flotante, mientras los Riazor Blues ondean y ondean banderas blanquiazules. Corre y corre por la banda con los brazos abiertos para abrazar al míster de pelo cano.

(Inédito)

El crack

Augusto Roa Bastos

A Jorge Valdano, maestro del fútbol,
en su triple magia de juego-espectáculo,
de arte, de modelo de vida social.

Goyo Luna, puntero izquierdo del Sol de América, era, a los veinticinco años, un esmirriado depósito de perfecciones ocultas. De su aspecto físico, mejor no hablar; sobre todo ahora cuando ya no está entre nosotros. Hay que recordarlo vivo, sin aureola ni nada, pero con el respeto que se debe a los que dieron su vida por el fútbol. ¡Y de qué manera ofrendó la suya Gayo Luna, señores! Hoy, justamente, se cumplen diez años de su desaparición, el mismo día en que metió su último gol de triunfo, el que lo llevó a la tumba después del encontronazo con el poste fatal de la portería de El Porvenir. Es difícil describirlo tal como era, porque lo que valía en él era precisamente lo que no se veía, dicho sea sin humor y con tristeza: sus dotes de buena persona, su genio de futbolista, su generosidad, su bondad, su humildad. Nunca quiso ser más de lo que naturalmente era. Y a la verdad, poco era lo que representaba el hombre, al menos en su aspecto exterior.

De baja estatura, 1,60, a gatas, algo patizambo y chueco. Sobre todo del pie izquierdo que lo tenía muy torcido hacia adentro. Esto, que podía constituir un inconveniente serio para un puntero izquierdo, a Goyo no le molestaba en absoluto. Al contrario, ese defecto era su orgullo, el instrumento perfecto que le había convertido en el mejor futbolista del país, dicho sin exagerar.

El torso, de un verdadero atleta, doblaba la longitud de las piernas. Sus brazos largos y flexibles casi tocaban el suelo con las manos. Dobladas sobre el dorso, el cuerpo en posición fetal, esas manos grandes y apalmetadas le servían de patines en los rushings violentos hacia el área enemiga.

Era un microcosmo en equilibrio sobre sus dos patas de pato y sus dos manos palmípedas que le permitían patinar, planear, volar, hacer volteretas para evitar los encontronazos y salir de los entreveros.

Las espaldas, es cierto, las tenía un poco cargadas como las de un viejo ujier de juzgado. De la dentadura no le quedaban sino cuatro dientes más o menos sanos: un canino, los dos colmillos y un molar, pero se las arreglaba para no padecer. Prefería morir de hambre que de ganas de comer. Nunca admitió que se le hiciera una prótesis dental.

En la báscula ese exiguo esquema de huesos forrado de piel y nervios, sin un átomo de grasa, pero incandescente, de una energía incalculable —sobrenatural, uno estaría tentado de decir, como lo demostró al final—, marcaba 58 kilos, siempre. Y eso que era un comedor de ley, capaz de devorar sin apuro dos raciones juntas para gigantes glotones de 1,90 y 80 kilos de peso. Las deglutía sin apuro, morosamente, como si sorbiera helados de exótico sabor que le ponían en estado de trance. Sobre la lengua le habían crecido unos pinchos córneos y filosos, como los de la escofina, que le permitían dar cuenta del asado en tiempo normal y hasta roer limpiamente los huesos, dejándolos mondos y lirondos.

Si algo hacía olvidar las imperfecciones de su aspecto físico, eran los ojos. En esos ojos de un gris acerado, casi verdoso, con estrías doradas, como los de un gato birmano, se hallaba concentrada toda la perfección y la energía increadas de esa escuálida figura.

En los ojos se resumían y traslucían sus cualidades invisibles. Sus miradas casi magnéticas, de gran hermosura y expresividad, sabían ser amables y cordiales cuando la ocasión lo requería, pero se volvían duras e inflexibles ante la injusticia o la provocación. A más de un hombrón, agresivo y sobrador, de los que abundan en las canchas, esos ojos les habían hecho doblar la cerviz con sólo mirarlos.

En el campo, en lo más intenso del juego, parecían taladrar el tiempo y el espacio, adivinando la trayectoria del balón en el laberinto casi infinito de variantes posibles; el punto exacto para el toque, el ataque, para el pase o para el gol. Allí estaba él, siempre, embalado para la acción. En el espacio verde de la cancha, abierto al polvo matemático del cálculo de probabilidades —del que él felizmente nada sabía, salvo por instinto—, era donde el desgalichado depósito de perfecciones ocultas las descubría, una a una, con una sabiduría nueva y deslumbrante cada vez, en la ciencia infusa del fútbol, ante el fragor de veinte mil espectadores.

Su larga y lacia melena con crenchas entremezcladas de oro y betún negro, lustroso, siempre atada con una vincha blanca, le caía sobre los hombros y volaba al aire, tiesa, como el yelmo de Mambrino. Había en Goyo Luna fragmentos de América india y de

Europa central integrados en un mestizaje con lo mejor de cada origen. Pronto se hizo popular en los estadios ese gaucho casi enano que parecía entrar en trance por la alucinación del gol, por la ansiedad febril de ganar que le hacía temblar como atacado de malaria, cada domingo. Y es que su pueblo, encharcado por las inundaciones, era el caldo de cultivo del mosquiterío del paludismo que hacía temblar hasta a los árboles.

Los jugadores rivales, incómodos y despreciativos, como a una pelota desinflada lo veían. Lo veían como un muñeco de trapo, al que había que arrojar de la cancha a puntapiés cuanto antes. Pero él sabía evitar los fouls y las patadas asesinas, mientras mantenía girando a su alrededor el balón con esguinces de malabarista.

Éste fue precisamente el primer apodo con el que el público lo bautizó. A medida que iba aumentando su popularidad le fueron poniendo otros: el Gaucho, el Gato, la Culebra, el Bochín, el Piojo, según la inspiración y el humor del público, en el delirio hacia su ídolo. El apodo que él más amaba era El Malabarista, porque le recordaba a su padre Peter Schoerner, de origen alemán, de Baviera, que de chueco no tenía nada. Era un virtuoso de los juegos malabares. Fue su primer maestro, en el circo ambulante bajo cuya lona ambulante había nacido.

Su madre, María Luna, nombre que aparecía en los afiches, paraguaya de origen, nacida en la gran diáspora del 47, en Paso de los Libres, y educada en los Estados Unidos, trabajaba como trapecista. Ambos eran los dueños del circo que durante años recorrió toda América latina, desde México a Tierra del Fuego. La atracción del número de su madre consistía en que trabajaba sin red. Una noche, en el salto de un trapecio a otro, perdió las manos de su partenaire y sufrió una caída que pudo ser mortal.

María Luna se salvó de puro milagro, pero Goyo, de quien ella se hallaba encinta, sufrió las consecuencias. Nació paralítico y deforme. Peter Schoerner y María Luna, vendieron el circo con los elefantes y las fieras a un parque de atracciones de la capital y se dedicaron por entero al cuidado y rehabilitación del hijo minusválido.

Desde los dos o tres años, Peter Schoerner empezó a enseñar su arte al hijo, con tan buena fortuna que, a los cinco de su edad, Goyo no sólo recuperó la normalidad de sus movimientos sino que ganó otros anormales. Rivalizaba con su padre en los ejercicios más difíciles de equilibrio y manipulación de objetos de todas formas y tamaños. El número central de Peter era cierto ejercicio con un balón rojo al que hacía hacer maravillas como formando parte de su cuerpo, y la lluvia de pelotas de colores que giraban a su alrededor como satélites. «Todo el cuerpo del malabarista, le decía su padre, debe ser como un poderoso electroimán.» Y Goyo había heredado de sus padres una sangre electromagnética que circulaba velozmente imantando cada molécula de su cuerpo pequeño y deforme.

Por su propia cuenta, impulsado ya sin duda por la irresistible vocación que había nacido con él, o tal vez como reacción a su desgracia, inventó juegos malabares con una pelota de fútbol. Él mismo se ataba el balón a sus pies con un largo piolín. Luego se hacía amarrar los brazos al cuerpo para no tener tentación de tocarla. Poco a poco, con la obcecación de un alienado, logró dominar el balón con taquitos muy cortos y veloces hacia atrás, hacia adelante... toc... toc... toc... Los rebotes, imperceptibles de tan rápidos, entre el empeine y el tobillo de los dos pies, entre los hombros, la cintura y la espina dorsal, hacían girar la pelota vertiginosamente a su alrededor. La mantenía en suspensión sobre su cabeza, o pegada a sus espaldas por una suerte de atracción de ese cuerpo deforme que parecía generar sus propias zonas de gravitación sobre el balón.

La tenacidad de un pensamiento obsesivo llevado a sus extremos límites acaba en locura. Goyo Luna estaba un poco loco. Pero era feliz en su locura, en su absoluta pasión por el fútbol.

Ensayó y perfeccionó contra una pared, con creciente precisión y potencia, todos los tiros conocidos en el balompié. Dibujó, a distintas alturas, varios círculos del tamaño de una naranja y los ángulos en escuadra de las porterías. Los bombardeaba sin descanso hasta que la mancha del balón húmedo rebotando en la pared coincidiera exactamente con los círculos de tiza y con la brecha de los ángulos superiores de la portería. Borraba todo y volvía a empezar, chutando desde distintas posiciones y distancias, hasta que se caía dormido de cansancio en cualquier parte. Inventó otros tiros con efectos sorpresivos, asombrosos, como el del «balón borracho» o «balón petardo», que salía disparado en espiral desde el óvalo de cal del penalty hasta la red. Calculó milímetro a milímetro los once metros de la pena máxima desde la marca al arco, y su correspondencia, en fracciones de segundo, con la intensidad y potencia del tiro. El Gato birmano no era un matemático puro, pero obtuvo cocientes instintivos de rapidez, angulación y precisión muy exactos que su cuerpo memorizaba y regían sus movimientos.

Amaba el gol de penalty casi tanto como el de media cancha o el de atropellada. No se equivocó nunca en la ejecución de los tiros penales. De aquí también el apodo de «El verdugo» que le hacía gracia. Fue entonces cuando puso a punto el disparo tortuoso e imparable del zurdazo a 100 kms/h. y el tiro espiralado del «balón borracho». Y otro, más sofisticado y sorpresivo aún: el ralentado y suave «barrido» del tiro pluma. El balón, a cámara lenta, daba la impresión de que iba a salir completamente desviado. A medio camino cambiaba de dirección y se metía por donde quería hasta la red, engañando por completo al guardameta que se tiraba hacia el otro costado y caía abrazado al poste.

No todas las cualidades de El Malabarista eran de naturaleza mágica. En todo caso, lo eran de magia genética, habida cuenta el arte de sus progenitores y de los antepasados circenses de Peter Schoerner.

Los Luna y Carvajal de Madrid, Asunción, Buenos Aires y Córdoba, del siglo XVIII, si bien no tenían linaje específicamente circense, se distinguieron por sus condiciones de valor y coraje en la guerra contra los indios. María del Rosario Luna y Carvajal, tatarabuela de María, era hija «furtiva» de un cacique mbayá, prisionero de los españoles en Asunción, con la mujer casi adolescente de un colono viejo y rico, hacia finales de la Colonia. El esbelto aborigen, que parecía hecho de bronce, trabajaba en las plantaciones de tabaco. La joven mujer iba a caballo, a escondidas, a ver trabajar a ese semidiós silvestre. Nació el amor entre el ama y el esclavo, y de ese amor nació la hija. El seductor murió estaqueado bajo el sol de fuego en castigo de su culpa. La joven adúltera, después de tener a su hija María del Rosario, fue separada de ella y enterrada en vida en un convento hasta el fin de sus días.

De aquel amor lejano y desdichado descendía en línea directa María Luna, la mujer-pájaro de los trapecios.

Goyo Luna era uno de esos seres que parecen haber surgido por generación espontánea con un destino prefijado: en su caso, la predestinación de su pasión por el fútbol desde su más tierna infancia. Siempre estaba en su puesto, dentro o fuera del campo. Goyo usaba el apellido de la madre, más fácil de pronunciar que el germánico de su padre. Más romántico también, pese a la trágica leyenda de su origen.

Le gustaba la soledad, le gustaba reflexionar, leer, instruirse. Era un poeta nato. La concepción de su juego estaba llena de poesía. Pero se sentía igual de bien con el grupo de los compañeros o con la gente, cualquiera fuese su condición o nivel social. Lo que le hacía particularmente querido y respetado por todos.

En la cancha sólo pensaba en el gol y no paraba de incubarlo mentalmente hasta ponerlo como un huevo en el nido contrario, solo o en el bordado deslumbrante del trabajo en equipo. No era un individualista rabioso. Odiaba el dribbling, por ejemplo,

«Sólo soy individualista cuando tengo pataduras a mi lado», se disculpaba. O bien: «Soy un individuo pero con la multitud adentro...».

Hacía cinco temporadas que jugaba en el Sol de América, de Manorá, el pueblo más pobre del país más futbolero de América. De ese paisito casi desconocido habían salido los Arsenio Erico, los Diego Ayala y otros grandes del fútbol paraguayo y suramericano. Goyo Luna le había hecho ganar al Sol tres ligas regionales y dos campeonatos nacionales. No iba a abandonar al Sol hasta poner al Paraguay en camino de intervenir en la copa de América, en la de Europa y hasta en la del Mundo. Y eso también lo cumplió.

—De ahí en más, veremos... —decía reflexivo a sus íntimos, pero jamás hizo declaraciones a la prensa. «No tengo nada que decir», era su cantinela.

Algunos de los jugadores del Sol habían participado ya en los Mundiales de México, Brasil y España. Goyo Luna no quiso nunca estar en la selección nacional para la que fue llamado varias veces.

—No es mi lugar —argumentaba simplemente—. No me gusta dejar el pueblo. No me gusta dejar de ser el que soy. Pero no quiero que me juzguen por lo que soy sino por lo que debí ser y no pude. En uno siempre hay un otro que no sabemos quién es y que nos tira pa su lau... —se burlaba de sí mismo, poniendo los labios en trompetilla.

Del mismo modo había rechazado de plano ofertas millonarias de contratos de los principales clubes europeos, que habían enviado observadores para ver jugar al «fenómeno» humano y deportivo surgido en ese escondido pueblecito de un país que parecía no existir en el mapa.

—Un hombre no puede venderse por ningún dinero del mundo —alegaba—. Soy un jugador por la libre. Y si no puedo jugar en libertad, el fóbal no tiene sentido para mí, no me divierto, no soy feliz. Y la felicidad no hay plata que la pague.

Todos recordaban todavía la mañana en que El Malabarista había venido a hablar con el presidente del Sol para pedir su incorporación a la primera división. Don Gonzalo de Mendoza y Ruiz, rechoncho y enorme, tuvo que agacharse para encuadrar en primer plano al postulante. Lo miró de hito en hito como a una hormiga o a un extraterrestre en quien le costaba reconocer a un ser humano normal.

Parco, digno, respetuoso, Goyo Luna le dijo con su vocecita aflautada que le «provocaba hacer fóbal», y que sabiendo todo lo que sabía de «fóbal», lo que pretendía era «enchufarse» de entrada en la división superior.

—Pero... usted... ¿de dónde ha salido...?

—De por ahí nomás...

—¿Qué es lo que sabe de «fóbal»?

—Todo —dijo Goyo Luna con humildad y naturalidad.

—Y usted piensa que puede hacer «fóbal» con esa carrocería que Dios le dio. ¡Si parece el proyecto de un hombre interrumpido con bronca!

—De menos nos hizo Dios —replicó impasible y lejano Goyo Luna—. No me puedo quejar.

—¿Y se puede saber qué es lo que usted piensa del fútbol actual?

—Que todo anda medio regularón nomás, señor, si quiere que le diga la verdad. El sistema no anda del todo mal. Los toques y los pases, más o menos. Los regates y el marcaje son del tiempo de Ñaupa, una burla para impedidos mentales. De los tiros... qué quiere que le diga. Su mayor defecto es que no tienen efecto. Mientras un jugador no domine el balón con todo el cuerpo, como es debido, mientras no haya un espíritu más ofensivo, mayor coordinación y velocidad en el ataque, más ganas de ganar en buena ley, más divertido será seguir viendo los partidos de la muchachada en los baldíos y potreros.

—Bueno... —dijo don Gonzalo de Mendoza y Ruiz, haciendo volar los papeles de un manotazo— usted...

—Vea, señor —le interrumpió Goyo, dulcemente—. Lo que pasa es que el fóbal está en manos de una santísima trinidad de malevos: los grandes capitalistas del juego, el periodismo deportivo de cáscara amarga y los árbitros de mala leche, que de fóbal no saben un pito, salvo tocarlo cuando no se debe. Si se arruina el más popular de los deportes va a ser por culpa del malevaje de esta santísima trinidad que no tiene un solo Dios verdadero sino varios falsos.

Nunca el Goyo Luna había hablado tanto de un solo golpe para nada. Le costó bajar los párpados sobre los ojos verdosos y dorados que resplandecían mareando un poco al presidente.

Para cortar esa inútil sesión con un «débil mental», don Gonzalo, casi bufando, lo mandó a que viera al entrenador.

—A lo mejor, lo mete en la juvenil, aunque usted ya está pasado de edad.

—No hay edad para ser joven, señor —retrucó otra vez el Goyo, con la cortesía de un marqués.

—O lo pone a acarrear la basura del campo. No se hace todo lo que uno quiere sino lo que uno puede. Adiós, y que no lo vea más por aquí.

Goyo Luna hizo la venia y se retiró.

Antes de una hora, el entrenador con la cara congestionada, como si estuviera al borde de una apoplejía, irrumpió en el despacho de don Gonzalo, hundido en el hacinamiento de legajos y planillas.

—¡El tipo ése que me mandó es el fenómeno del siglo! ¡No he visto nada igual en ninguna parte! ¡Qué Pelé, ni Di Stéfano, ni Beckenbauer, ni Cruyff, ni Maradona...! Es la suma de todos ellos. ¡Esta mierdita mal hecha es de los grandes del fútbol! ¡Y lo mejor es que no sabe que lo es...! ¡Chueco, zurdo y ojos verde-dorados... no fallan nunca...!

—Agárrelo y hágale firmar todos los papeles. Pero tenga preparado, por las dudas, el tacho de la basura —dijo don Gonzalo de Mendoza y Ruiz.

Al domingo siguiente Goyo Luna se estrenó como titular en el equipo superior, en el puesto de puntero izquierdo, en el que jugó sin interrupción durante cinco años. En aquel enfrentamiento con su más encarnizado rival, por la clasificación en la semifinal de la Liga, El Porvenir batía al Sol por 0-3. El fogoso Sol de América se estaba derritiendo bajo el sol del calor y la vergüenza. El entrenador, los directivos, los «hinchas» querían morirse. En los veinte minutos del segundo tiempo, el marcador no se movió. El flamante puntero izquierdo distribuía el juego como un diseñador de alta costura, pero los delanteros del Sol parecían más preocupados por arrancar las florecillas del campo que por plantar goles en la huerta del adversario.

Goyo Luna creyó llegado su momento. Tocó el balón y no lo soltó más. El sinuoso cuerpo de culebra se lanzó por el callejón del ocho. Doblado, a la mitad de su estatura, casi afeitando el césped con su filosa quijada, planeando a la velocidad de una oscura centella, gambeteando, y saliendo por entre las piernas de los jugadores adversarios, cubrió la mitad del campo en menos de diez segundos.

Daba la sensación de que llevara atado el esférico al cordón del botín o pegado a la espalda como una ventosa. Se filtró como un golpe de viento por un claro del muro defensivo y se metió en la portería enemiga. La pelota pegada a la espalda apenas había tenido tiempo de bajar hasta las nalgas. El portero se arrojó sobre la sombra del hombrecillo-culebra cuando éste ya estaba agarrado a la red.

Repitió la hazaña tres veces más ante el delirio de los adictos y la humillación de los rivales. El último gol de penalty lo encajó en la red de manera inaudita. Se puso de espaldas al arquero y pateó el balón con un talonazo. Los hinchas aullaron de entusiasmo. El árbitro anuló el gol por antirreglamentario.

A los dos minutos, córner de El Porvenir. Con una palomita Goyo cabeceó limpiamente el balón.

Gol 4-3, y el Sol, finalista. Los hombres de El Porvenir se acantonaron sobre el área chica, cubriendo el arco como una asamblea de vecinos con amenaza de desalojo. Estaban todos amontonados como esperando la noche para escapar de un futuro de oprobio.

Sobre medio campo, El Malabarista, con un guitarreo en tiempo de malambo punteaba sus pases dc distribución del juego, situando a los suyos en el clásico rombo de 4-4-2. Él se ocupó del resto de la faena. Armó el equipo como para un ballet con el tema de la carga de la caballería ligera. En cada carga fabricó el gol para cada uno de los lanceros de Bengala, sin cometer un solo *off-side,* sin pedir permiso a los enloquecidos defensores y medio-campistas, ni al mismo portero, que se tiraba siempre hacia un balón inexistente, mientras el real hacía rebotar ya la red, siempre a ritmo de malambo. El malabarista se reservó el suyo, el último, para un penalty que supo provocar de manera indiscutible. Increíblemente, el «colegiado», en estado de hipnosis, se lo concedió con vagos gestos de converso o de poseso.

El público clamoreaba con resonancias de ultratumba, como si el estadio estuviese sepultado en un acueducto romano.

Goyo Luna, con gestos de nodriza, acomodó el balón en la lunita blanca de cal, como en una cuna de encajes, lo acarició como a un bebé, y el pie chueco lo incrustó de un zurdazo en el ángulo superior derecho. Empate 3-3, y el entusiasmo febril de los hombres del Sol.

En el último momento, cinco minutos antes del fin del partido, sucedió lo terrible. El Malabarista se infiltró como de costumbre en el amontonamiento rival. Aprovechó un pase del centro-delantero Zoraya y conectó el balón de cabeza hacia la red. En ese mismo instante, hecho ya el gol, «la pared» de la defensa cayó sobre él como una tromba y lo proyectó de cabeza contra el poste. Se oyó crujir el cráneo como huevo que se quiebra para echarlo en la sartén.

El Goyo Luna estaba caído con la cabeza bañada en sangre sobre el 4-3 del triunfo. El pequeño cuerpo quedó arrollado sobre sí mismo, a la mitad de su tamaño: una nadita de nada, casi fúnebre ya. Sin pérdida de tiempo lo llevaron en helicóptero a la mejor clínica traumatológica de la capital. Conmoción cerebral y pérdida de materia encefálica. El pobre Goyo Luna entró en coma. Don Gonzalo de Mendoza y Ruiz, desencajado, interpeló al jefe del servicio. «Está frito —le contestó al patrón—. No puede durar más de dos días. Mañana le cortamos el oxígeno...»

Lo misterioso, lo sobrenatural sucedió el domingo siguiente. Tarde fría, ventosa, neblinosa, con algo de mortaja y de sudario. Sol y Porvenir volvían a enfrentarse por la clasificación final. Treinta mil espectadores silenciosos. Por primera vez, desde que había memoria, el Sol jugaba sin sol por dentro y sin sol por fuera. Un once de calambre, lamentable, pordiosero. Un cartón rojo salido de la gastritis del réferi penó injustamente al Sol. El once quedó reducido a un diez completamente rengo, casi paralítico, totalmente desahuciado.

Se reprodujo exactamente el desarrollo del partido anterior. En los veinte minutos del segundo tiempo, Sol perdía 0-3. Todo el mundo, amigos y enemigos, buscaban, adolecidos, la diminuta silueta ausente de El Malabarista. Muchos imaginaron ver al gato Luna desplazándose a fantástica velocidad por su marca, como solía, sinuoso, pegado al pasto como una culebra. Su imagen no era más que el hueco formado por el deseo, por el afecto, por la pena de que no iban a ver jugar nunca más al mequetrefe del ídolo. Su figura, ya en el recuerdo, planeaba grandiosa por dentro de los treinta mil espectadores, con una melancolía infinita.

De repente lo vieron... ¡Sí, lo vieron...! ¡No en la levedad de la fantasía sino en la espesa realidad! ¡No era el espejismo de una alucinación! ¡Qué pucha... era él...! Corría en su punta como una exhalación. La cabeza vendada con tanto trapo era ahora más grande, dos veces más grande que el resto del cuerpo. Por lo que se alcanzaba a ver de la cara bajo el tolondrón del vendaje, estaba pálido no como un muerto sino como la misma muerte. El clamor de un solo grito de treinta mil gargantas, parecido a una lamentación, saludó su presencia. Él estaba allí otra vez. Como siempre. Lo malo que había sucedido no había sucedido. El Malabarista repitió su hazaña del último partido, incluso el penalty del triunfo: 4-3. Y la clasificación del Sol. El estadio se vino abajo.

El jefe del servicio, los médicos de guardia y las enfermeras con caras de sorpresa y espanto verificaron que el cuerpo comatoso estaba allí, en su cama, la N.º 7, cubierto de congeladas gotas de sudor, olvidado de todo, aparentemente sin haberse movido.

—¡La cama estaba vacía hasta hace un rato! —explicó la enfermera-jefe al patrón—. Durante una hora y media lo buscamos por todas partes, hasta en la escalera de incendio. Nadie lo había visto salir, ni entrar. No estaba en ninguna parte. Llamamos a la policía, a los bomberos. Lo andarán buscando todavía.

El patrón se inclinó a auscultarlo con el estetoscopio.

—¡Parece que tiene calzados unos botines de fútbol...! —dijo la enfermera, estupefacta, levantando una punta de la cobija y señalando con la mano temblorosa las extremidades del cuerpo yacente—. ¡Por lo menos... otra vez está allí!

—Sí... pero muerto... —dijo el patrón, irguiéndose con sorda irritación.

Salió de la sala a grandes zancadas, seguido por el séquito de túnicas y birretes blancos, apiñados en un cotorreo supersticioso sobre esos extraños botines de fútbol en los pies del muerto.

(Inédito)

Aquel santo día en Madrid

José Luis Sampedro

Cuando supe que mi astronave bordearía el planeta Tierra en su viaje de retorno al nuestro, le sugerí al jefe de la expedición la conveniencia de aprovechar la oportunidad para que yo pusiese al día nuestros conocimientos acerca del sentimiento religioso en las zonas terrícolas más adelantadas. La última investigación disponible databa de años atrás, a raíz del concilio ecuménico que se esforzó por modernizar la Iglesia católica y, a la vista de posteriores noticias, la situación había variado bastante por ciertas reformas vaticanas susceptibles de afectar a nuestras intenciones expansivas en la Tierra.

Tratándose de catolicismo, y dada la excesiva densidad de la contaminada atmósfera terrestre, que nos impide permanecer en ella más de un día sin equipo adecuado, lo más razonable para mi proyecto era detener la nave en la frontera gravitatoria sobre la vertical de España. Elegir este país resultaba obvio por dos motivos. Primero, porque es bien conocido como máxima encarnación nacional del catolicismo más acendrado y ortodoxo; hasta el punto de que cuando el mencionado concilio recomendaba acabar con intolerancias seculares, el Gobierno español de entonces seguía prohibiendo la libertad religiosa alegando que todos los españoles son católicos de nacimiento y no necesitan otra fe. Segundo, porque posteriormente se ha iniciado en el país una transición política cuyas repercusiones sobre la religiosidad importa conocer como dato para nuestra estrategia futura, pues no es lo mismo presentarse en la Tierra como colaboradores científicos que montar una aparición mesiánica capaz de asegurar el control ideológico sobre mentes propicias.

Lo que convenció a mi jefe fue que para mis observaciones bastarían pocas horas, pues nuestro acercamiento al planeta concidía con el día santo de la semana, allí llamado domingo, y el mero comportamiento de las masas populares acudiendo a los templos y practicando el culto permitiría por sí solo actualizar el índice de religiosidad. Así es como aquel domigo terrestre emprendí mi regreso a la Tierra, esquivando los toscos satélites artificiales que los atrasados terrícolas desparraman por su espacio como las latas y botellas vacías de sus playas. ¡Bien ajeno estaba yo en aquellos momentos a la sorpresa del cambio cuyas primicias informativas tengo el honor de someter a nuestras autoridades mediante la presente Memoria!

La verdad es que mi primera impresión, sobrevolando ya la capital, fue más bien confirmar lo que sabíamos, es decir, la intensa religiosidad colectiva, pues mis sensores psicosociales captaban fuertes ondas convergentes orientadas hacia un punto concreto de la ciudad. Hacia esa orientación atendían las mentes ciudadanas en su mayoría, bien meditando sobre el culto, bien preparándose con la lectura de prensa especializada o cambiando impresiones sobre los actos del santo día. Ya veía yo a los impacientes empezando a provocar embotellamientos en las calles conducentes al foco de convergencia, sin duda al templo principal. Desde los barrios más lejanos acudían arroyuelos humanos a sumarse en las bocas del metro llenando autobuses y coches particulares. La creciente ionización psicológica del ambiente daba a entender que se acercaba la hora y para mí no podía existir duda de que aquellas masas, olvidando toda otra preocupación en su día sagrado, no podían concentrarse más que para una sola cosa: la celebración del culto nacional.

Mezlado con la multitud llegué al templo y me quedé estupefacto ante una arquitectura muy diferente de la conocida. Pero aún fue mayor la sorpresa en el interior, donde nada recordaba la liturgia de siempre: ni naves, ni retablos, ni altares, sino un inmenso graderío al aire libre, rodeando un gran espacio rectangular cubierto de césped. En suma, algo más parecido a un circo romano que a una iglesia tradicional.

En vano procuré distinguir los consabidos símbolos del cristianismo, pues, aparte de una abundante publicidad comercial (tan incompatible con la evangélica expulsión de los mercaderes del templo), los únicos objetos al parecer rituales eran tres maderos ensamblados entre sí y situados en cada uno de los lados menores del rectángulo. Dos postes verticales, algo más altos que un hombre, y un travesaño más largo colocado horizontalmente sobre ellos. Curiosamente, una red sujeta a los maderos parecía cerrar por detrás aquella especie de puertas.

Yo no sabía qué pensar. Por una parte, no podía dudar de que me encontraba ante una ceremonia religiosa, pues no podía tener otro objeto semejante reunión del pueblo en el día santo de la ciudad tan fervorosamente católica. Pero, por otra, ¿era posible tan radical transformación del culto en los pocos años de transición...? En esas dudas estaba cuando el clamor de los fieles que abarrotaban el graderío atrajo mi atención haca el comienzo del culto.

Unos personajes, sin duda los sacerdotes, emergieron del seno de la Tierra por una salida en rampa y avanzaron en hilera, a grandes saltos elásticos, hasta el centro del campo. Me sorprendió ante todo su juventud, pues yo esperaba, lógicamente, la aparición de alguna venerable barba. En cuanto a sus ropajes ceremoniales, no eran menos insólitos que los demás, vestían todos pantalón corto y calzaban fuertes botas. Las túnicas o camisetas diferían en el color: conté hasta once oficiantes cubiertos de blanco —símbolo seguramente de pureza, o al menos así era antes en la Tierra—, mientras otros once la llevaban de rojo oscuro, sin duda con un significado maligno, a juzgar por los gritos hostiles de la mayoría de los fieles, muy en contraste con la aclamación tributada al aparecer los once blancos. Tras esos veintidós celebrantes emergieron otros tres, vestidos con chaquetas negras y provistos, dos de ellos, de sendas banderolas. El tercero portaba reverentemente lo que después se me reveló como el objeto fundamental del culto: a saber, una esfera al parecer de cuero y algo de más de un palmo de diámetro.

Los altavoces emitieron sonidos musicales, seguramente himnos religiosos. Se hicieron fotografías de los grupos formados por los once sacerdotes de cada color, que al punto se dispersaron por el campo, y se cruzaron secretas palabras litúrgicas entre un celebrante de cada bando, en presencia del portador de la esfera. Este último la depositó cuidadosamente en el suelo, ocupando el centro matemático del espacio sagrado, y extrajo de su bolsillo un argénteo silbato cuya aguda nota, rompiendo el religioso silencio de la muchedumbre, dio la señal para el comienzo del rito.

No voy a describirlo en sus detalles porque es mucho más importante el signicado, que no me fue difícil interpretar, a pesar de no comprender alunos gritos de los fieles ni ciertas fases de la ceremonia, prolongada durante dos lapsos de tres cuartos de hora terrestre cada uno, con un intervalo, sin duda prescrito para la meditación, pero que más bien aprovechó la gente para relajarse bulliciosamente. En todo caso, lo esencial de la ceremonia es la constante pugna entre los dos bandos sacerdotales —los puros y los oscuros— para llevar la esfera de cuero hacia el pórtico del bando opuesto, y lo curioso es que ese objetivo ha de lograrse únicamente mediante hábiles golpes de pies. En todo ello participan desde el graderío los fieles tremolando banderas de los dos colores enfrentados, gritando jubilosamente el nombre de la capital española, profiriendo imprecaciones imposibles de hallar en los dicicionarios e incluso —llevados de su ciego arrebato— lanzando imprudentes ofrendas de latas o botellas y otros objetos arrojadizos. Ciertamente, los españoles podrían haber cambiado de religión, pero no del apasionamiento con que la profesan.

La significación del rito descrito es transparente para cualquiera que haya estudiado algo las distintas religiones terrestres. Obviamente, la esfera sagrada encarna la bola del mundo, y el esfuerzo de los oficiantes, impulsándola en opuestas direcciones dentro del rectángulo cósmico, escenifica simbólicamente la lucha entre las fuerzas del Bien y del Mal, correspondientes a los dos colores de las vestiduras. La reiterada invocación a Madrid por los espectadores, animando a los sacerdotes blancos, puede ser supervivencia de un antiguo culto local, así como las redes que retienen la esfera cuando falla el guardián de la puerta son quizá reminiscencia del oficio de pescador ejercido por el apóstol Pedro en el relato evangélico. Pero esos restos del pasado no deben inducirnos a error. La religión hispánica actual supone una revolucionaria transformación del catolicismo hasta casi hacerlo irreconocible, pues adopta una orientación geocéntrica, más interesada en glorificar las secretas fuerzas de la naturaleza que en cultivar la vida del espíritu y la ascesis que la jaranera catarsis de los fieles durante la ceremonia.

Ese culto telúrico explica muchos aspectos del rito. Por eso los sacerdotes emergen desde una cavidad subterránea; por eso ofician con el pie, que es la parte del cuerpo en contacto permanente con la Tierra. En cambio tocar la esfera con la mano constituye un pecado castigado en el acto, previo un toque del silbato ritual; instrumento, por cierto, con muchos precedentes míticos, desde la siringa del dios del Pan y el *ney* de los derviches danzantes hasta el flautista de Hammelin.

Ese fuerte componente naturalista de la nueva religión no ha de desdeñarse como un atrasado primitivismo, sino que, por el contrario, revela una aguda comprensión del alma humana, basada seguramente en los progresos terrestres del psicoanálisis. Así se explica el rasgo más desconcertante del culto, pues a primera vista parecía aberrante el empeño de los sacerdotes del Bien y del Mal. Ciertamente, una religión más antigua e ingenua prescribía llevar el mundo hacia la propia puerta del Bien, pero tras dos mil años de experiencia los hombres saben que —salvo casos aislados de santidad— esa buena intención directa no conduce a los deseados fines de amar a los enemigos o desdeñar las riquezas temporales. En cambio, los psicólogos modernos conocen bien la mayor eficacia de las vía indirectas y se aproximan al taoísmo, que, para lograr un fin dado, recomienda perseguir el opuesto. Resultado avalado por la experiencia, como en el caso de los jóvenes rebeldes que acaban integrándose mayoritariamente en su odiada sociedad como ciudadanos bien pensantes, o en el de quienes empiezan siendo revolucionarios para mejor conseguir una cartera ministerial. Así ocurre en la nueva religión hispánica, cuyo camino hacia el Bien pasa por la puerta del Mal, atendiéndose sin duda a la famosa creencia de sus economistas, que esperan alcanzar el bienestar colectivo si cada individuo se comporta con el más agresivo egoísmo. Por eso, los sacerdotes blancos impulsan el mundo hacia la puerta oscura, sabiendo de sobra que, apenas caiga en aquella red, el maestro de ceremonias hará sonar su silbato sagrado y la esfera volverá a su centro, donde se sitúa el perfecto equilibrio humano, entre la luz y la tiniebla.

Queda por explicar el importante problema de cómo ha sido posible tan extremado cambio de la fe religiosa durante una transición de solamente pocos años. La cuestión exige estudios cuidadosos, por la luz que puede arrojar sobre los procesos evolutivos de la sociedad, pero entre tanto el hecho queda en pie, aunque subsistan manifestaciones residuales del pasado en forma de alguna asistencia minoritaria —sobre todo de ancianos— a los antiguos templos, como yo mismo pude observar, y aunque en el país se siga reiterando oficialmente la vigencia del culto tradicional: como es sabido, siempre existe un desfase entre la verdad oficial de cualquier parte y la realidad del momento.

En definitiva, el culto hispánico anterior ha cedido paso a esta nueva fe naturalista, en la que verdaderamente se vuelca el actual sentimiento religioso de los españoles, hasta el extremo de que, según conversaciones captadas a mi alrededor en el campo, no sólo el domingo es consagrado a la ceremonia, sino que entre semana muchos fieles se dedican piadosamente a llenar de cruces unos impresos especiales, ignoro si como nueva forma de oración o como público examen de conciencia y confesión de pecados cometidos.

En conclusión, y para el caso de decidirse a actuar en la Tierra, mi descubrimiento permite afirmar que el enfoque mesiánico sería ineficaz, al no despertar apenas interés en un pueblo evidentemente desentendido de la vida del espíritu. Sólo cabría intentarlo —y aun así desconfío de los resultados— renunciando a individulizar el enfoque y ofreciendo en cambio un mesías colegiado, es decir, un equipo de once especialistas del puntapié, capaces de asegurar el triunfo en los cultos internacionales.

La táctica acertada sólo puede ser la de presentar nuestro futuro control en forma de una colaboración científica, encaminada a potenciar al máximo los recursos naturales y las fuerzas del planeta. Llevado hábilmente, ese fecundo planteamiento podría incluso resultar aceptable para la iglesia tradicional, dado que en sus más recientes deliberaciones parece primar también el interés de sus jerarquías por problemas materiales —biológicos, económicos y sociales— considerados antaño menos importantes que las cuestiones dogmáticas.

Pero cualquier decisión excede del propósito de esta Memoria, limitada a informar verazmente acerca de las actuales creencias en uno de los países terrícolas adelantados, y con ese descubrimiento queda de sobra justificado mi breve descenso de aquel santo día en Madrid.

El País, 17 de abril de 1987

El penal más largo del mundo

Osvaldo Soriano

El penal más fantástico del que yo tenga noticia se tiró en 1958 en un lugar perdido del valle de Río Negro, en Argentina, un domingo por la tarde en un estadio vacío.

Estrella Polar era un club de billares y mesas de baraja, un boliche de borrachos en una calle de tierra que terminaba en la orilla del río. Tenía un equipo de fútbol que participaba en el campeonato del Valle porque los domingos no había otra cosa que hacer y el viento arrastraba la arena de los bardas y el polen de las chacras.

Los jugadores eran siempre los mismos, o los hermanos de los mismos. Cuando yo tenía quince años, ellos tendrían treinta y me parecían viejísimos. Díaz, el arquero, tenía casi cuarenta y el pelo blanco que le caía sobre la frente de indio araucano. En el campeonato participaban dieciséis clubes y Estrella Polar siempre terminaba más abajo del décimo puesto. Creo que en 1957 se habían colocado en el decimotercer lugar y volvían a sus casas contando, con la camiseta roja bien doblada en el bolso porque era la única que tenían. En 1958 empezaron ganándole uno a cero a Escudo Chileno, otro club de miseria.

A nadie le llamó la atención eso. En cambio un mes después, cuando habían ganado cuatro partidos seguidos y eran los punteros del torneo, en los doce pueblos del Valle empezó a hablarse de ellos.

Las victorias habían sido por un gol, pero alcanzaban para que Deportivo Belgrano, el eterno campeón, el de Padini, Constante Gauna y Tata Cardiles, quedara relegado al segundo puesto, un punto más abajo. Se hablaba de Estrella Polar en la escuela, en el ómnibus, en la plaza, pero nadie imaginaba todavía que al terminar el otoño tuvieran 22 puntos contra 21 de los nuestros.

Las canchas se llenaban para verlos perder de una buena vez. Eran lentos como burros y pesados como roperos, pero marcaban hombre a hombre y gritaban como marranos cuando no tenían la pelota. El entrenador, un tipo de traje negro, bigotitos recortados, lunar en la frente y pucho apagado entre los labios, corría junto a la línea de toque y los azuzaba con una vara de mimbre cuando pasaban a su lado. El público se divertía con eso y nosotros, que por ser menores jugábamos los sábados, no nos explicábamos por qué ganaban si eran tan malos.

Daban y recibían golpes con tanta lealtad y entusiasmo, que terminaban apoyándose unos sobre otros para salir de la cancha mientras la gente les aplaudía el 1 a 0 y les alcanzaban botellas de vino refrescadas en la tierra húmeda. Por las noches celebraban en el prostíbulo de Santa Ana y la gorda Leticia se quejaba de que se comieran los restos del pollo que ella guardaba en la heladera.

Eran la atracción y en el pueblo se les permitía todo. Los viejos los recogían de los bares cuando tomaban demasiado y se ponían pendencieros; los comerciantes les regalaban algún juguete o caramelos para los hijos y en el cine, las novias les consentían caricias por encima de las rodillas. Fuera de su pueblo nadie los tomaba en serio, ni siquiera cuando le ganaron a Atlético San Martín por 2 a 1. En medio de la euforia perdieron, como todo el mundo, en Barda del Medio y al terminar la primera rueda dejaron el primer puesto cuando Deportivo Belgrano los puso en su lugar con siete goles. Todos creímos, entonces, que la normalidad empezaba a restablecerse. Pero el domingo siguiente ganaron 1 a 0 y siguieron con su letanía de laboriosos, horribles triunfos y llegaron a la primavera con apenas un punto menos que el campeón.

El último enfrentamiento fue histórico por el penal. El estadio estaba repleto y los techos de las casas vecinas también. Todo el mundo esperaba que Deportivo Belgrano repitiera los siete goles de la primera rueda. El día era fresco y soleado y las manzanas empezaban a colorearse en los árboles. Estrella Polar trajo más de quinientos hinchas que tomaron una tribuna por asalto y los bomberos tuvieron que sacar las mangueras para que se quedaran quietos.

El referí que pitó el penal era Herminio Silva, un epiléptico que vendía las rifas del club local y todo el mundo entendió que se estaba jugando el empleo cuando a los 40 minutos del segundo tiempo estaban uno a uno y todavía no había cobrado la pena por más que los de Deportivo Belgrano se tiraran de cabeza en el área de Estrella Polar y dieran volteretas y cabriolas para impresionarlo. Con el empate el local era campeón y Herminio Silva quería conservar el respeto por sí mismo y no daba penal porque no había infracción.

Pero a los 42 minutos, todos nos quedamos con la boca abierta cuando el puntero izquierdo de Estrella Polar clavó un tiro libre desde muy lejos y se pusieron arriba 2 a 1. Entonces sí, Herminio Silva pensó en su empleo y alargó el partido hasta que Padín entró en el área y ni bien se le acercó un defensor pitó. Ahí nomás dio un pitazo estridente, aparatoso, y sancionó penal. En ese tiempo el lugar de ejecución no estaba señalado con una mancha blanca y había que contar doce pasos de hombre. Herminio Silva no alcanzó siquiera a recoger la pelota porque el lateral derecho de Estrella Polar, el Colo Rivero, lo durmió de un cachetazo en la nariz. Hubo tanta pelea que se hizo de noche y no hubo manera de despejar la cancha ni de despertar a Herminio Silva. El comisario, con la linterna encendida, suspendió el partido y ordenó disparar al aire. Esa noche el comando militar dictó estado de emergencia, o algo así, y mandó enganchar un tren para expulsar del pueblo a toda persona que no tuviera apariencia de vivir allí.

Según el tribunal de la Liga, que se reunió el martes, faltaban jugarse veinte segundos a partir de la ejecución del tiro penal y ese match aparte entre Constante Gauna, el shoteador y el Gato Díaz al arco, tendría lugar el domingo siguiente, en el mismo estadio, a puertas cerradas. De manera que el penal duró una semana y fue, si nadie me informa de lo contrario, el más largo de toda la historia. El miércoles faltamos al colegio y nos fuimos al pueblo vecino a curiosear. El club estaba cerrado y todos los hombres se habían reunido en la cancha, entre las bardas. Formaban una larga cola para patearle penales al Gato Díaz y el entrenador de traje negro y lunar en la frente trataba de explicarles que ésa no era la mejor manera de probar al arquero. Al final, todos tiraron su penal y el Gato atajó unos cuantos porque le pateaban con alpargatas y zapatos de calle. Un soldado bajito, callado, que estaba en la cola, le tiró un puntazo con el borceguí militar y casi arranca la red. Al caer la tarde volvieron al pueblo, abrieron el club y se pusieron a jugar a las cartas. Díaz se quedó toda la noche sin hablar, tirándose para atrás el pelo blanco y duro hasta que después de comer se puso un escarbadientes en la boca y dijo:

—Constante los tira a la derecha.

—Siempre —dijo el presidente del club.

—Pero él sabe que yo sé.

—Entonces estamos jodidos.

—Sí, pero yo sé que él sabe —dijo el Gato.

—Entonces tirate a la izquierda y listo —dijo uno de los que estaban en la mesa.

—No. Él sabe que yo sé que él sabe —dijo el Gato Díaz y se levantó para ir a dormir.

—El Gato está cada vez más raro —dijo el presidente del club cuando lo vio salir pensativo, caminando despacio.

El martes no fue a entrenar y el miércoles tampoco. El jueves, cuando lo encontraron caminando por las vías del tren estaba hablando solo y lo seguía un perro con el rabo cortado.

—¿Lo vas a atajar? —le preguntó, ansioso, el empleado de la bicicletería.

—No sé. ¿Qué me cambia eso? —preguntó.

—Que nos consagramos todos, Gato. Les tocamos el culo a esos maricones de Belgrano.

—Yo me voy a consagrar cuando la rubia de Ferreyra me quiera querer —dijo y silbó al perro para volver a su casa.

El viernes, la rubia de Ferreyra estaba atendiendo la mercería cuando el intendente del pueblo entró con un ramo de flores y una sonrisa ancha como una sandía abierta.

—Esto te lo manda el Gato Díaz y hasta el lunes vos decís que es tu novio.

—Pobre tipo —dijo ella con una mueca y ni miró las flores que habían llegado desde Neuquén por el ómnibus de las diez y media.

A la noche fueron juntos al cine. En el entreacto el Gato salió al hall a fumar y la rubia de los Ferreyra se quedó sola en la media luz, con la cartera sobre la falda, leyendo cien veces el programa sin levantar la vista.

El sábado a la tarde el Gato Díaz pidió prestadas dos bicicletas y fueron a pasear a orillas del río. Al caer la tarde la quiso besar, pero ella dio vuelta la cara y dijo que el domingo a la noche, tal vez, después de que atajara el penal, en el baile.

—¿Y yo cómo sé? —dijo él.

—¿Cómo sabés qué?

—Si me tengo que tirar para ese lado.

La rubia de Ferreyra lo tomó de la mano y lo llevó hasta donde habían dejado las bicicletas.

—En esta vida nunca se sabe quién engaña a quién —dijo ella.

—¿Y si no lo atajo? —preguntó él.

—Entonces quiere decir que no me querés —respondió la rubia, y volvieron al pueblo.

El domingo del penal salieron del club veinte camiones cargados de gente, pero la policía los detuvo a la entrada del pueblo y tuvieron que quedarse a un costado de la ruta, esperando bajo el sol. En aquel tiempo y en aquel lugar no había emisoras de radio, ni forma de enterarse de lo que ocurría en una cancha cerrada, de manera que los de Estrella Polar establecieron una posta entre el estadio y la ruta.

El empleado del bicicletero subió a un techo desde donde se veía el arco del Gato Díaz y desde allí narraba lo que ocurría a otro muchacho que había quedado en la vereda que a su vez transmitía a otro que estaba a veinte metros y así hasta que cada detalle llegaba a donde esperaban los hinchas de Estrella Polar.

A las tres de la tarde, los dos equipos salieron a la cancha vestidos como si fueran a jugar un partido en serio. Herminio Silva tenía un uniforme negro, desteñido pero limpio y cuando todos estuvieron reunidos en el centro de la cancha fue derecho hasta donde estaba el Colo Rivero que le había dado el cachetazo el domingo anterior y lo expulsó de la cancha. Todavía no se había inventado la tarjeta roja, y Herminio señalaba la entrada del túnel con una mano temblorosa de la que colgaba el silbato. Al fin, la policía sacó a empujones al Colo que quería quedarse a ver el penal. Entonces el árbitro fue hasta el arco con la pelota apretada contra una cadera, contó doce pasos y la puso en su lugar. El Gato Díaz se había peinado a la gomina y la cabeza le brillaba como una cacerola de aluminio. Nosotros lo veíamos desde el paredón que rodeaba la cancha, justo detrás del arco, y cuando se colocó sobre la raya de cal y empezó a frotarse las manos desnudas, empezamos a apostar hacia dónde tiraría Constante Gauna.

En la ruta habían cortado el tránsito y todo el Valle estaba pendiente de ese instante porque hacía diez años que Deportivo Belgrano no perdía un campeonato. También la policía quería saber, así que dejaron que la cadena de relatores se organizara a lo largo de tres kilómetros y las noticias llegaban de boca en boca apenas espaciadas por los sobresaltos de la respiración.

Recién a las tres y media, cuando Herminio Silva consiguió que los dirigentes de los dos clubes, los entrenadores y las fuerzas vivas del pueblo abandonaran la cancha, Constante Gauna se acercó a acomodar la pelota. Era flaco y musculoso y tenía las cejas tan pobladas que parecían cortarle la cara en dos. Había tirado tantas veces ese penal —contó después— que volvería a patearlo a cada instante de su vida, dormido o despierto.

A las cuatro menos cuarto, Herminio Silva se puso a medio camino entre el arco y la pelota, se llevó el silbato a la boca y sopló con todas sus fuerzas. Estaba tan nervioso y el sol le había machacado tanto sobre la nuca, que cuando la pelota salió hacia el arco, el referí sintió que los ojos se le reviraban y cayó de espaldas echando espuma por la boca. Díaz dio un paso al frente y se tiró a su derecha. La pelota salió dando vueltas hacia el medio del arco y Constante Gauna adivinó enseguida que las piernas del Gato Díaz llegarían justo para desviarla hacia un costado. El Gato pensó en el baile de la noche, en la gloria tardía y en que alguien corriera a tirar la pelota al córner porque había quedado picando en el área.

El petiso Mirabelli llegó primero que nadie y la sacó afuera, contra el asombrado, pero el árbitro Herminio Silva no podía verlo porque estaba en el suelo, revolcándose con su epilepsia. Cuando todo Estrella Polar se tiró sobre el Gato Díaz, el juez de línea corrió hacia Herminio Silva con la bandera levantada y desde el paredón donde estábamos sentados oímos que gritaba «¡No vale, no vale!»

La noticia corrió de boca en boca, jubilosa. La atajada del Gato y el desmayo del árbitro. Entonces en la ruta todos abrieron botellas de vino y empezaron a festejar, aunque el «no vale» llegara balbuceado por los mensajeros con una mueca atónita.

Hasta que Herminio Silva no se puso de pie, desencajado por el ataque, no hubo respuesta definitiva. Lo primero que preguntó fue «qué pasó» y cuando se lo contaron sacudió la cabeza y dijo que había que patear de nuevo porque él no había estado allí y el reglamento decía que el partido no puede jugarse con un árbitro desmayado. Entonces el Gato Díaz apartó a los que querían pegarle al vendedor de rifas de Deportivo Belgrano y dijo que había que apurarse porque esa noche él tenía una cita y una promesa y fue otra vez bajo el arco.

Constante Gauna debía tenerse poca fe, porque le ofreció el tiro a Padini y recién después fue hacia la pelota mientras el juez de línea ayudaba a Herminio Silva a mantenerse parado. Afuera se escuchaban bocinazos de festejo y los jugadores de Estrella Polar empezaron a retirarse de la cancha rodeados por la policía.

El pelotazo salió a la izquierda y el Gato Díaz fue para el mismo lado con una elegancia y una seguridad que nunca más volvió a tener. Constante Gauna miró al cielo y después se echó a llorar. Nosotros saltamos del paredón y fuimos a mirar de cerca a Díaz, el viejo, el grandote, que miraba la pelota que tenía entre las manos como si hubiera sacado la sortija de la calesita.

Dos años más tarde, cuando él era una ruina y yo un joven insolente, me lo encontré otra vez, a doce pasos de distancia y lo vi inmenso, agazapado en puntas de pie, con los dedos abiertos y largos. En una mano llevaba un anillo de matrimonio que no era de la rubia de los Ferreyra sino de la hermana del Colo Rivero, que era tan india y tan vieja como él. Evité mirarlo a los ojos y le cambié la pierna; después tiré de zurda, abajo, sabiendo que no llegaría porque ya estaba un poco duro y le pesaba la gloria. Cuando fui a buscar la pelota dentro del arco, el Gato Díaz estaba levantándose como un perro apaleado.

—Bien, pibe —me dijo—. Algún día, cuando seas viejo, vas a andar contando por ahí que le hiciste un gol al Gato Díaz, pero para entonces ya nadie se va a acordar de mí.

Creo, vieja, que tu hijo la cagó

Jorge Valdano

Juan Antonio Felpa era de talante tranquilo, pero resolvió asegurarse el sueño de la noche previa a la del día del partido con medio somnífero porque estaba inquieto, y no le faltaba razón. El hábito lo despertó a las siete de la mañana, e instantáneamente un cosquilleo nervioso en el estómago le anunció que era domingo, día de fútbol, y decidió quedarse un poco más en la cama a pensar en el partido. Consumió varios minutos parando penaltys en idénticas versiones. Era su sueño favorito, su fantasía recurrente: 0-0 faltando un minuto y penalty en contra; silencio expectante, miradas de ojos grandes, intuición exacta y él en el aire abrazado a la pelota y otra vez él en el suelo sintiéndose dueño de los aplausos, responsable de la catástrofe diminuta que sufrían las emociones de cientos de aficionados; 0-0 final. A veces imaginaba lo mismo con ventaja de 1-0 para su equipo, pero esa historia le gustaba menos porque tenía que repartir la gloria con el compañero que había marcado el gol. A Juan Antonio Felpa, obrero de Fábricas Unidas y portero del Sportivo Atlético Club, se le dibujaba una sonrisa estúpida cuando paraba penaltys mentalmente aunque él no se daba cuenta. Se acordó del tiempo con la preocupación de un agricultor; saltó de la cama y se fue hasta la puerta rogando que no lloviera. Aquel 16 de septiembre de 1964, la primavera se había adelantado cinco días al calendario. Era una mañana irreprochable. Ese sol que invitaba a vivir le recordó la enfermedad de su padre: «Día peronista», hubiera dicho él. Luego pasaría a visitarlo para hacerle olvidar por un rato la tristeza de perderse el clásico.

Entró a la humilde cocina a tomarse un té, como era su costumbre dominguera, sin poder sacarse el partido de la cabeza. Clavó la vista en un póster arrugado de Amadeo Carrizo que había pegado años atrás en la pared. Sin haberlo visto nunca jugar, había sido siempre hincha del River Plate. Buenos Aires estaba a muchos kilómetros y a muchos pesos de distancia, pero él idealizaba la trayectoria del equipo capitalino y la de su portero legendario a través de la radio y de la revista *El Gráfico.* Como admirar es identificarse, Felpa se sentía el Carrizo del pueblo, le emulaba algunos gestos y hasta había conseguido una gorra a cuadros parecida a la que el portero riverplatense usaba para defenderse del sol. «Grande maestro», le murmuró Juan Antonio a la foto de Amadeo en el preciso instante que su mujer, con ojos todavía dormilones, entraba en la cocina:

—Hablás solo.

—No, pensaba.

Recibió el beso cariñoso y joven de Mercedes y los dos hablaron durante largo rato de simples cosas suyas.

Juntos escucharon a Johnny Lombard anunciando el partido: «A las cinco de la tarde, en el campo comunal Sportivo y Argentino de Las Parejas se juegan el título de Liga en el partido más esperado del año». Esa voz emotiva, que paseaba en un coche lento y que era ampliada por dos grandes altavoces ubicados sobre el techo, lograba que Felpa se sintiera importante. Piel de gallina se le ponía.

Todavía faltaban cinco partidos para que terminara el campeonato, y los dos equipos que dividían el pueblo —los celestes del Argentino y los verdirrojos del Sportivo— compartían el primer puesto de la Liga Cañadense de Fútbol. Esa tarde ponían el honor y la vergüenza en juego para definir de una vez por todas quién era quién en la Liga.

Desde hacía una semana no se hablaba de otra cosa. Circulaban las apuestas, se espesaban las bromas y los más impacientes ya se habían cruzado algún puñetazo. Estaba clarito en el ambiente que lo que se jugaba era el clásico más importante de los últimos tiempos.

—¿Que tal en la fábrica? —preguntó Mercedes.

—Y... esta semana, ya sabés, los muchachos me volvieron loco.

Orgulloso, Juan Antonio le contó a su mujer, entre otras cosas, que el patrón, palmeándole la espalda le había dicho: «Juan, el domingo te tenés que portar, ¿eh?».

Felpa era un buen tipo, de veintiséis años, casado no hacía mucho tiempo y con un niño de meses. De gustos sencillos, querido y popular, era de esa clase de hombres que teniendo poco no necesitan más. Se vistió con ropa de domingo, revisó la bolsa de deportes, olió con ganas y sin ruidos la habitación del hijo dormido y se despidió de su mujer sin mucha ceremonia.

En el sanatorio San Luis, sentado en la cama donde convalecía su padre de una operación estomacal, recibió con paciencia consejos futbolísticos. Recordaron aquel día que habían ido a cazar y Juan Antonio, con diez años, salió corriendo y se tiró de panza sobre una liebre a la que el padre había apuntado y pretendía disparar con su vieja escopeta. La liebre se escapó y el imprudente proyecto de guardameta, que vivía abalanzándose sobre cualquier cosa, recibió una paliza de la que no se olvidaría nunca más. En esa época le empezaron a llamar *Gato.* Su padre, hombre de carácter fuerte, que amaba al Sportivo con la misma intensidad con que odiaba al Argentino, nunca estuvo de acuerdo con que su hijo fuera portero, y no sólo porque le espantaba las liebres, sino porque siempre había pensado que los porteros eran medio imbéciles. Pero quería tanto a su único hijo que mudó el prejuicio y terminó mirando los partidos desde detrás de la portería, aunque era más lo que molestaba con sus gritos que lo que respaldaba.

En la cama del sanatorio, don Jesús Eladio Felpa se sentía mejor, pero no poder ver ese clásico lo tenía algo excitado. Iba a tener que conformarse con abrir las ventanas de su habitación para interpretar los gritos que llegaran desde la cancha. A doscientos metros de distancia era capaz de identificar, aguzando el oído, las jugadas peligrosas, el equipo que dominaba y, sin dudar, a qué equipo pertenecía el gol que se marcaba. Treinta y cinco años viendo al Sportivo le habían enseñado mucho. Su pobre mujer tenía que soportar en silencio el relato aproximado que don Jesús hacía de las jugadas.

Juan Antonio se fue a la sede del club llevándose una última recomendación paterna:

—Métanle cinco goles, así no hablan nunca más.

En el camino volvió a fabricar un penalty en la cabeza. Siempre se tiraba hacia la derecha y apresaba entre sus manos el balón que llegaba a media altura. «La esperanza es el sueño de los despiertos», escuchó un día.

En la sede encontró más gente que nunca y un clima prebélico. Las manos se le posaban en los hombros como mariposas brutas y contestó con una sonrisa los comentarios de siempre: «No te preocupes, que hoy ni se acercan...». «A las cinco cerrará las persianas, ¿eh?...» «¿A quién le ganaron ésos...?» Llegó a la tranquilidad del restaurante y saludó a sus compañeros, la mayoría de pueblos y ciudades cercanas a los que no veía desde el domingo pasado. Eran buena gente, pero él envidiaba la capacidad que tenía el Argentino para formar jugadores del pueblo. El *Tano* Perazzi lo explicaba bien: «Los del pueblo juegan por la camiseta, y los de afuera juegan por la plata». Pero siempre había sido así, y, la verdad, mucha plata no había.

Comieron carne asada con ensalada, y después la *Bruja* Mirage, ex jugador y en aquel momento entrenador, dio la alineación y dijo las cuatro tonterías de siempre con tono de haber inventado el fútbol.

Los Felpa, padre e hijo, no lo tragaban porque nunca había defendido el fútbol local. Cuanto de más lejos le traían los jugadores, más contento estaba. Además, jugaba sin *wines,* y tácticamente se equivocaba mucho. Los dos solían acordarse del día en que el

Negro Moyano lo saludó a los gritos en mitad del bar Victoria:

—¿Cómo te va, *embrague?*

—¿Por qué *embrague?* —preguntó el entrenador con poca prudencia.

—Porque primero metés la pata y después hacés los cambios —le soltó el *Negro* para que se riera todo el mundo.

Cómo sufrió el odio Mirage esa vez.

Los jugadores decidieron irse para la cancha distribuidos en cuatro coches particulares de directivos de la comisión de fútbol. Salieron por la puerta trasera para no darle oportunidad a los pesados. En el vestuario empezaron a respirar el clima del partido. Ahí adentro olía a fútbol. El partido estaba cerca, y afuera crecía el ruido. Apretados por los nervios, se vistieron, se masajearon e hicieron movimientos de calentamiento como si se tratara de un ritual.

El *Gato* Felpa, en un rincón, sólo movía los brazos y de vez en vez tiraba algún golpe al aire como los boxeadores. Se ponía rodilleras y unos pantalones cortos acolchados en las caderas para amortiguar los golpes de las caídas. No usaba guantes ni entendía cómo se podía atajar con ellos. Si alguien se lo preguntaba, había aprendido una frase que le gustaba repetir: «Me quitan sensibilidad». Los hierros entre los que trabajaba durante la semana habían modelado manos fuertes, y a él le gustaba sentir la pelota entre sus dedos. El equipo, como era su costumbre, hizo un corro y todos encimaron las manos sobre las del capitán para dar tres gritos de guerra que contribuían a darles confianza y a hacerlos sentir más juntos. De rebote, también valía para asustar a los del vestuario contiguo. Se fueron para el túnel, con música de tacos de cuero sobre el suelo y cuidando de no resbalarse en el cemento. Cuando asomaron la cabeza estalló la mitad roja-verde del campo. Los celestes ocupaban el lado opuesto y homenajearon a sus jugadores tres minutos después. Ahí estaba todo el pueblo.

Era día grande, de esos que dejan hablando al pueblo durante semanas; banderas, papeles picados, bombos, matracas gigantes, cantos; no faltaba nada.

El sermón arbitral fue breve: «A jugar y a callar», dijo a los capitanes en el centro del campo antes de sortear las porterías.

El griterío de la gente y la emotividad de lo que estaba en juego dignificó en parte el fútbol pobre que se jugó en la primera mitad. Los dos equipos trataban de aprovechar el descuido del adversario, pero, eso sí, sin descuidarse. Se tenían miedo y estaban tensos, y eso, procesado futbolísticamente, da como resultado un partido trabado e impreciso.

Acertó don Jesús Eladio Felpa, en el sanatorio, cuando le resumió el primer tiempo a su mujer:

—Partido malo, vieja, ni ocasiones de gol crearon.

Se jugó mal, es cierto, pero se jugó en serio. Las piernas se metían fuertes y entre los jugadores se escucharon palabras duras.

El segundo tiempo pareció un poco más abierto, pero pisaron poco las áreas. Los dos equipos malograron alguna oportunidad, pero no fueron fruto de balones claros, sino de rebotes afortunados o de errores cometidos por piernas cansadas.

Pero de un clásico de pueblo nadie se va antes de tiempo. Certero otra vez don Jesús, le advirtió a su paciente mujer, faltando unos quince minutos, que «todavía podía pasar cualquier cosa». En ese segundo tiempo, Juan Antonio se calzó la gorra, porque el sol estaba bajo y pegaba de frente. Sus pocas intervenciones las había resuelto con sobriedad, salvo aquella pelota que llegó combada y despejó por encima del travesaño tirándose para atrás. Una parada más espectacular que difícil. Desde atrás dio órdenes, animó a sus compañeros y en ningún momento perdió concentración. Hasta el momento de la jugada que nunca más olvidarían quienes estaban ahí, el partido no se había dado para que él se luciera.

Faltaban cuatro minutos para el final cuando el *Gringo* Santoni, siempre tan apresurado, despejó a córner sin necesidad. Había llegado ese momento en el cual los menos interesados miraban el reloj con ganas de que aquello terminara de una vez, los borrachos hablaban solos y los fanáticos estaban trepados a las vallas totalmente desencajados. El córner venía fuerte y el *Gato* Felpa, todo hay que decirlo, dudó en la salida y se quedó a mitad de camino. El *Oso* Antuña, defensor central del Argentino, no necesitó saltar para cabecear seco al ángulo cruzado. El *Enano* Zárate, que con esa altura no podía marcar a nadie por arriba y que en los córneres era el encargado de cuidar el primer palo, supo instintivamente que con la cabeza jamás podía llegar a esa pelota, y la despejó de un manotazo. ¡Penalty!

Aquello calentó a los indiferentes, congeló a los fanáticos y hasta calló a los borrachos. El lado celeste de la cancha se puso de fiesta y la gente del Sportivo esperaba, inmóvil y muda, a que los dioses del fútbol les dieran una mano. Todo lo que estaba pasando se parecía mucho a la fantasía de Juan Antonio Felpa.

El sol, del otro lado de la cancha, se había caído detrás de los cipreses, y Felpa, parado en el centro de la línea de meta, se quitó la gorra muy resuelto y la tiró adentro de la portería. Sintió un frescor agradable en la cabeza sudada y quizá por eso experimentó la fe de los héroes.

A once metros de distancia el *Beto* Nieva ya estaba frente a la pelota. Se cruzaron una mirada huidiza; medio cómplice y medio asesina.

Juan Antonio Felpa flexionó levemente las rodillas y con los ojos fijos en el lanzador escuchó la orden del árbitro. Ya tenía la decisión tomada. Cuando el *Beto* golpeó la pelota, Felpa ya volaba en la dirección del sueño. Al lado del palo derecho, se abrazó a la pelota en el aire, y antes de caer al suelo sintió, como un relámpago, la alegría más grande de su vida.

Ahora era la mitad rojo-verde del campo la que se había puesto de fiesta al grito de «Felpa», «Fel-pa», «Fel-pa». Yo no sé lo que le pasó en ese momento, porque en veinticinco años nadie logró hablar con él del tema sin que se enfadara, pero para mí que esos gritos lo confundieron y eso lo llevó a tomar el camino más absurdo de su vida. Lo cierto es que se levantó del suelo endiosado, y queriendo prolongar ese momento mágico, cometió el error de ir a buscar la gorra dentro de la portería con la pelota debajo del brazo. El árbitro dudó antes de dar el gol, y el campo entero tardó en echarse las manos a la cabeza entre eufóricas risas celestes y sorprendidos lamentos verdi-rojos. El extraño coro de murmullos que quedó flotando en el ambiente desconcertó a don Jesús Eladio Felpa, que había sufrido con el penalty («hay que reconocer que fue justo, vieja») y se había alegrado con el paradón. Intuyó que algo malo había pasado, y con una mínima esperanza de haberse equivocado, miró a su santa mujer y le comentó entre triste y preocupado:

—Creo, vieja, que tu hijo la cagó.

El País, 1 de abril de 1988

Fondo Sur

Manuel Vicent

Se alimentaban de la electricidad que generaba el propio grupo al restregarse entre sí en las gradas. Ninguno sabía nada del otro. Los días de partido quedaban en un punto del paseo de la Castellana en medio del río de la gente, se olisqueaban brevemente y luego seguían juntos berreando camino del estadio. Al principio sólo se reconocieron por el hedor adolescente de sus cuerpos o tal vez por sus miradas de goma. Después comenzaron a aullar de un modo peculiar y finalmente se grabaron en la frente la letra distintiva, una B mayúscula, que los hizo miembros de la misma camada en el fondo sur. Llevaban idénticas bufandas, gorros y escarapelas; y escupían pipas de girasol, bebían cerveza caminando sin hacerse preguntas del pasado ni del futuro. Sólo esperaban que esa tarde ganara el Real Madrid. Ni siquiera eso. Tal vez su único deseo era entregarse en las gradas a un espasmo colectivo al margen de lo que ocurriera en el terreno de juego y para eso habían llegado cada uno por separado desde un lugar diferente del suburbio hasta el punto de reunión una hora antes de que empezara el partido. No eran más de diez entre machos y hembras y sin duda las chicas parecían más duras, lucían algún garfio en los vaqueros y ninguna pasaba de los diecisiete años.

Entre ellos había surgido un jefe natural, un bello aprendiz de chapista llamado Berberecho y nadie lo había elegido, pero todo el grupo de forma instintiva lo acató desde aquel día en que el muchacho le aplastó el cráneo a un viejo bujarrón que aprovechaba las olas y avalanchas que se producían en las gradas del fondo sur para sobar de modo voluptuoso a algunos camaradas. Aparte de eso el guapo Berberecho podía aportar un mérito especial: el presidente del Real Madrid le había posado una mano en el hombro en plan amigable y eso era como una consagración, cosa que sucedió en medio de una aglomeración de hinchas al pie del autobús que recogía a los jugadores en el aeropuerto de Barajas. Otra causa de su poder era que mantenía a raya a sus chicas. Durante los entrenamientos en la ciudad deportiva cada una de ellas por su lado podía soltar grititos de histeria cuando las piernas aceitadas de Michel o de Zamorano pasaban muy cerca, pero en el grupo no permitía querencias amorosas. Entre ellos el sexo no existía. Ante la victoria del equipo sus cuerpos se fregaban en intensos abrazos e incluso podían cabalgarse unos a otros simulando fugacísimas cópulas en el instante de un gol decisivo como hacían los jugadores en el césped. Semejante frotación nunca derivaba en una carga erótica sino sólo en una sucesión de rugidos absolutamente puros e idénticos y ésa era la única energía, ya que el grupo tenía sus carnes de búfalo hermanadas. Por eso el guapo Berberecho se arrojó contra el cráneo de aquel bujarrón con la ferocidad ciega del que defiende una ley fundamental de la banda y esto no lo acababa de entender el juez en el momento del juicio.

—Veamos, relate usted los hechos —le dijo el juez a Berberecho.

—No se puede ir al fútbol a hacer el guarro —explicó Berberecho al pie del estrado dando doctrina.

—¿Qué significa hacer el guarro?

—El tipo era un viejo... Llevaba una peluca colorada... Cuando vi que ese sujeto primero me tocaba el culo sin venir a cuento y después me dio un beso en la boca sólo porque Laudrup había marcado un gol me mosqueé muchísimo.

—¿Y qué pasó luego? —insistió el juez.

—Le di un puñetazo, nada más —contestó el jovenzuelo.

—¿Nada más?

—Bueno, sí. Le arranqué la peluca y le di otro poco en la cresta pelada.

—¿Con el palo de la bandera?

—No. Con el puño.

—¿Y cómo se explica que ese señor llegara al hospital con el cráneo abierto?

—No lo sé. Nosotros no queremos sexo. Sólo nos reproducimos gritando. Con eso tenemos bastante para llegar a la inmortalidad. Yo no tengo la culpa de ser tan guapo —dijo Berberecho pavoneándose.

No quedó demostrado que el muchacho fuera el causante directo de la herida y puesto que aún no había cumplido la mayoría de edad el juez lo dejó suelto de nuevo en plena calle pero este lance judicial creó una aureola en torno al cabecilla Berberecho, si bien lo que más admiraba de él su cuadrilla era que siempre llevaba un puñado de entradas falsificadas que repartía entre los que tenían la señal distintiva en la frente, de modo que bastaba con que moviera una ceja o escupiera por una muela para que los suyos, siguiendo esta contraseña, cerraran filas o se abrieran en ángulo sobre el asfalto camino del estadio.

No se conocían de nada. Tampoco sus pequeñas hazañas contra el Código Penal les había unido hasta entonces. Cada uno por separado en un lugar distinto del extrarradio solía tener algún encuentro con la policía o había experimentado el tedio final que precede al estallido de huevos o de ovarios junto a un muro de cemento, en el terraplén de cualquier paso a nivel o en el mugriento vestíbulo del Instituto. Berberecho era aprendiz de chapista. Otro estudiaba informática. Otro repartía telepizzas. Otro no era nada. Otro llevaba la cabeza rapada. Una había sido novia de un atracador callejero. Otra era cajera de un supermercado. Otra solía pintarse la boca reflejándose en el tubo de escape de las motos de gran cilindrada antes de bailar el rock. Nadie sabía la historia que cada uno arrastraba ni tampoco hablaban de sus deseos para el lunes siguiente. En el camino hacia el estadio se encontraban, chocaban en el aire la palma de la mano, comían pipas de girasol, escupían y bebían cerveza. Durante el partido rugían, se fregaban los cuerpos, lanzaban insultos y terminado el encuentro se diluían entre la multitud dando algunas patadas a las papeleras si el Real Madrid había perdido, seguían vociferando a coro y finalmente se despedían sólo con la mueca concertada. Después de dos temporadas de haber fundado la camada en el fondo sur ninguno de ellos conocía el nombre del otro, salvo que todos pronunciaban con mucho respeto el apodo del jefe Berberecho y su letra inicial era el signo distintivo que el grupo llevaba inscrito en la frente con un lápiz de labios.

Uno de ellos, tal vez el que estudiaba informática, fue el primero en darse cuenta de que una de las chicas faltaba desde hacía mucho tiempo a la cita del Bernabéu y cuando lo dijo nadie parpadeó por eso. En ese momento Buyo acababa de realizar una magnífica parada y todo el grupo se unió en un abrazo que había liberado una gran energía. En realidad la chica se llamaba Yolanda. Se había matado con la moto en compañía de un tipo que había conocido en una discoteca y hacía varios meses que estaba enterrada. Tampoco advirtió nadie la ausencia durante todo el invierno del repartidor de telepizzas, pero éste se volvió a incorporar a la reata después de haber cumplido con el tribunal de menores cuando robó el tercer coche y ninguno del grupo le preguntó nada. Él se limitó a pintarse la inicial de Berberecho en la frente y luego se puso a berrear en el estadio. Una pareja también había causado baja porque se había enamorado y eso era algo que el jefe no permitía. Tan pronto descubrió Berberecho que aquella chica comenzaba a doblar el cuello en el hombro de otro de la banda fue muy tajante.

—No me gustan los pichones. Esto no es un palomar. No quiero veros más la jeta.

Lo dijo con gran autoridad sin escupir siquiera y la pareja de tórtolos se esfumó para aparearse durante un tiempo, pero otros hinchas adolescentes muy similares iban sustituyendo a los que causaban baja por muerte, cárcel, sexo, amor o cansancio y nadie era capaz de distinguir a los hinchas antiguos de los nuevos. Sus berridos eran idénticos, tenían el mismo cuerpo, olían igual, llevaban los mismos granos en la cara, la pelusilla del bigote y exhibían las mismas escarapelas, gorros y bufandas. También la marca en la frente se la pasaban unos a otros. Sólo Berberecho no se repetía nunca. Un recién llegado a la cuadrilla, que iba de punki claveteado, se atrevió a expresar sus dudas a los demás mientras accedía al estadio con una entrada falsificada en el último partido de la temporada.

—¿Y ése por qué manda?

—Porque un día logró invitar a Zamorano a una ración de berberechos.

—¿Y sólo por eso es el jefe? —insistió el punki apartando el imperdible que tenía engarzado en la nariz para que se entendiera bien.

—También se fajó con un bujarra, ha roto cinco escaparates y se ha empatado con un guardia a caballo. Además de todo eso lo han absuelto en un juicio.

—¿Por qué delito?

—Un tipo con peluquín le metió la lengua en la boca después de que Laudrup marcara un golazo y Berberecho se mosqueó.

—¿Está prohibido besarse? —preguntó el punki atusándose la cresta color cereza.

—Berberecho no tolera que lo bese nadie si no lleva su marca en la frente.

—Otros dicen que Berberecho manda porque es el más guapo y el único de nosotros que no ha muerto —exclamó una chica con la bandera del Real Madrid puesta como un refajo.

—¿Tú también has muerto alguna vez?

—Sí, alguna vez —contestó ella entre los aullidos del público que saludaba la salida del Real Madrid al terreno de juego.

En ese momento comenzó el partido final de la Liga en que iba a decidirse el campeón. El estadio aparecía rebosante de carne con cemento y banderas, pancartas, alaridos y gritos a coro que imitaban los cantos guerreros de los vikingos. Berberecho gobernaba a los suyos en las gradas del fondo sur. Primero toda la camada se limitó a dar saltos para calentar el cuerpo y dentro de la olla del estadio Berberecho sólo era un punto insignificante pero él se sentía inmortal. El Real Madrid comenzó jugando bien desde el principio; parecía un mecanismo capaz de destruir el tiempo y el espacio sirviéndose de una pelota. Ésta era impulsada o atraída por los músculos y el coraje, también por la inteligencia. Ante la primera internada de Raúl, cuyo pase al centro del área fue rematado al poste de cabeza por Zamorano, en las gradas del fondo sur se produjo el primer oleaje al compás de gritos rituales. Todos los componentes de la banda de Berberecho iniciaron la frotación de su carne apelmazada bajo las banderas y pronto se liberó una energía común que tenía el foco principal en el cuerpo de Berberecho. Eran diez entre machos y hembras. A los quince minutos de partido ya no les interesaba nada de cuanto ocurría en el terreno de juego puesto que el partido se disputaba entre ellos y no participaba su cabeza sino las entrañas de cada uno, de donde salían las canciones, los insultos, los vítores. En un momento dado una de las chicas escupió el chicle contra el pescuezo del espectador que tenía delante y después exclamó:

—Creo que voy a resucitar. Necesito un poco más de impulso.

—Vamos. Hay que ayudarla —gritó Berberecho haciendo oír claramente su voz de mando en medio de los rugidos del público.

—¡Ahora! ¡Ahora! —volvió a exclamar la chica.

En ese instante el árbitro pitó un penalty a favor del Real Madrid e iba a ejecutarlo Michel pero eso nada tenía que ver con el éxtasis que estaba experimentando en las gradas de pie aquella adolescente sin nombre conocido. Cuando Michel ejecutó el castigo un enorme rugido acompañó al gol e impulsado por el sonido terrible de los espectadores el grupo de Berberecho, chicos y chicas, comenzó a copular contra la grupa de la adolescente que había pedido ayuda y los diez formaron brevemente una sola carne de la que salía una extraña energía que no era erótica sino espiritual, capaz de resucitar a los muertos. Esa carga entraba y salía de cada cuerpo mientras el partido avanzaba.

—¡Ahora a mí! —gritó otra chica.

—Vamos —mandó Berberecho.

En el último partido de la temporada el tipo del peluquín rojo había vuelto al estadio en busca de amor y ahora avanzaba Amavisca por medio del campo sorteando las tarascadas del enemigo y cuando estaba a punto de entrar en el área la compulsión de la olla fue creciendo hasta producir una avalancha en el fondo sur. En medio del oleaje de las gradas se acercaba a la pandilla de Berberecho el tipo del peluquín rojo. Se acercaba sonriendo a medida que la multitud de adolescentes lo apretujaba. En ese instante Amavisca marcó el segundo gol del partido y hubo dos cañonazos seguidos, el que había lanzado el jugador con la izquierda y el que salió de la garganta de todo el estadio. Bajo esta doble explosión la otra chica fue cabalgada con una velocidad matemática por cada uno de la pandilla hasta que ella gritó llena de felicidad que ya tenía suficiente energía para vivir toda la semana olvidando que existía. Una nueva avalancha acercó al hombre del peluquín rojo un poco más.

Durante dos temporadas todos los elementos del grupo de Berberecho se alimentaron de la electricidad que generaban sus cuerpos al frotarse en las gradas pero ellos no conocían los nombres de sus compañeros ni la parte de la ciudad de donde procedían. El jefe tampoco podía decir nada acerca de aquel camarada que repartía pizzas o del otro que estudiaba informática, ni se había preocupado por el paradero de la cajera del supermercado ni sabía que una de las chicas se había matado y que otro estaba en la cárcel. Los miembros de la pandilla se habían renovado, o tal vez eran los mismos, únicos o distintos, y él repartía entradas falsificadas a los nuevos que iban llegando con la inicial en la frente hasta el lugar de reunión una hora antes de que comenzara el partido, pero ahora el final de la liga estaba a punto de dispersar el grupo hasta después del verano. Ganaba el Real Madrid por dos a cero. Hacia la mitad de la segunda parte fue cuando se produjo el altercado en el fondo sur. Se veían policías corriendo por los pasillos. Otros estaban parapetados contra la valla. La agresión se realizó mientras Zamorano lanzaba una falta directamente a puerta. La pelota entró por el ángulo y mientras sus camaradas se fundían en un abrazo dentro del júbilo, Berberecho sintió que algo parecido a una lengua de fuego le entraba también entre dos costillas. Cayó con la camisa ensangrentada y los gritos de horror se confundieron por un momento con los alaridos que el gol había creado. Junto al cuerpo exangüe permanecía el tipo del peluquín rojo sonriendo. Berberecho falleció de este navajazo ya que la hoja del cuchillo no era de la misma sustancia inmortal que el grito engendrado por la victoria. Cuando el fiambre de Berberecho fue bajado por los camilleros el tipo del peluquín mandó detener la camilla y le estampó un prolongado beso en los labios. El tipo llevaba una señal determinada en la frente pero la navaja que estaba tirada en la grada no tenía huellas ni marca alguna.

(Inédito)

El extremo fantasma

Juan Villoro

—Aquí sólo el calor es real —Uribe empujó el sobre en el escritorio—, imaginaste demasiado, tuviste un sueño de mierda —la invectiva se sumó a las cosas que impulsaban a salir del cuarto: el salitre en la pared, la camisa turbia, el puro apagado, la ceniza que empezaba a oler de otro modo en *ese* plato con un absurdo escudo de los Rayados.

Horas después Irigoyen caminaba al embarcadero. La maleta le pesaba como si llevara un cuerpo para tirarlo al mar. Por alguna razón, la idea de un hombre tasajeado —los ochenta kilos de un defensa o los ciento veinte del patrón Uribe— lo entretuvo hasta alcanzar la orilla. El río inmóvil, de un color terroso aun a la luz de la luna, se mezclaba con un mar sin olas. Al fondo, se veían los mecheros de las plataformas petroleras y los focos rojos de un tanquero. Irigoyen se volvió a la derecha; fue como beber el trago que ya sólo sirve para destruir los anteriores, para desviarlos hacia una tragedia elegida. Vio la sombra escalonada del estadio, el poderoso delirio del vasco Uribe.

La luna se ocultó un instante y borró el camino que descendía entre hierbajos y la basura del domingo. Se sentó en la maleta; respiró la noche: un olor hondo, a gasolinas lejanas y plantas que se pudrían junto al mar.

El tobillo empezaba a molestarle, por llevar la carga del lado derecho. Hubiera querido evitar el cosquilleo, borrarlo como la tarde en que borró su infancia con la mujer que se abrió para él a cambio de unos pesos. Siempre era así con las lesiones; volvían cuando les daba la gana. Se vio o los catorce, la nariz rota por el codazo de un lateral derecho, en la cama de esa mujer que olía a hierbas mojadas; se vio llorando al poco rato, en la banca de un parque, como un cobarde que sin embargo se atrevía a llorar con la nariz rota. Recuperó golpes menores, la uña desprendida por el pisotón de un uruguayo de nombre olvidado, la camilla que lo sacó del estadio de Torreón entre una lluvia de vasos con cerveza y orines, los dos dientes que dejó en el campo de Tegucigalpa; no podía quejarse gran cosa, simples trámites de oficina, pero el tobillo unía las heridas de otro modo. Salió del quirófano para oír al médico de voz cantada: «Soria iba al balón». Atrozmente seguía en Guadalajara, con un clavo en el tobillo, encajado por un fanático de las *chivas*. Sí, Soria buscó algo distinto pero encontró la tibia y el peroné de Irigoyen. «Igualito que a Onofre», agregó el doctor. Cuando abandonaba su infancia y tenía la nariz rota, Irigoyen conoció los nombres de aquellos huesos raros: Alberto Onofre, el idolatrado atacante del Guadalajara, se fracturó a unas semanas del Mundial del 70. Después de la lesión no volvió a ser el mismo y pasó a la leyenda como una amarga hipótesis, por las diagonales suaves y calibradas que nunca repartió en el Mundial.

—Al menos tú ya tienes la edad de los entrenadores —le dijo el *Zorri* Mendieta mientras le firmaba el yeso con la pésima caligrafía de los porteros.

Fue ante las manos mil veces pateadas de Mendieta que decidió su retiro. Treinta y ocho años y sin opción de juego hasta la siguiente temporada. Podía imaginar las frases de los locutores: «¡Matusalén vuelve a las canchas!» y otras finezas. El *Sordo* Fernández, su entrenador, le habló con una voz curtida en los cinco países que habían acabado por echarlo:

—Aprende a recuperar balones.

No soportó la idea de volverse un estorbo útil, de correr contra su pasado en la punta izquierda para justificar de otro modo el estilo de juego que aprendió con el viejo Scopelli, el extremo fantasma que de golpe aparece en una esquina sin nadie. Mejor un adiós sin fanfarrias, de acuerdo con sus récords discretos: dos campeonatos nacionales, treinta y dos veces con la camiseta de la selección, un buen jugador mediano, sin apodo mágico ni jugadas de gloria, pero que estuvo allí, en la densidad necesaria para que un exagerado anotara de chilena.

Le llegó una brisa olorosa a brea, a cuerdas, como si estuviera ante un agua transitada. La panga apenas hacía dos recorridos; el olor a muelle debía venir del tanquero y las plataformas a las que habían vuelto los maquinistas, enardecidos después del juego. Pensó en Olivia, en su sonrisa equívoca, como si dijera dos cosas a la vez: «si ganas, nos vemos en la panga». Olivia entraba a la vida de los otros como si lo hiciera por una ventana; tal vez él resistió el asombro porque en ese trópico el calor amortiguaba las sorpresas.

El *Zorri* Mendieta fue el primero en hablarle de Punta Fermín, un enclave petrolero que sólo aparecía en los mapas recientes. Un empresario había comprado la franquicia de un equipo de tercera división; ahora los Rayados estaban en segunda; necesitaban un entrenador joven; «tu nombre le gustó», dijo el *Zorri*, como si él hubiese alineado con Lángara, los hermanos Regueiro, Cilaurren, Zubieta, los vascos de mitología que estuvieron en México y aún llenaban las bocas de los conocedores.

Después de un curso rutinario (las descripciones vagas de cualquier enseñanza nocturna), Irigoyen sacó un diploma de entrenador. Pero fue en el Brindisi, un restorán de pastas cercano al estadio del Atlante, donde empezó su segundo tiempo. Comía con el *Zorri* y el *Sordo* Fernández cuando vio a una figura escapada de algún periódico. El hombre se sentó a la mesa y él tuvo una impresión más curiosa: el rostro enjuto, la famosa nariz, la melena parecían acentuados en forma propositiva, como si el cuarto comensal quisiera parecerse demasiado a César Luis Menotti. De algún modo, eso lo decían todos, a Menotti siempre le iba mal. Su gloria de campeón del mundo pasaba por el lento crepúsculo de los equipos que juegan de maravilla y no ganan un carajo. En esa mesa, agobiado por la presentación del *Sordo* («un nuevo colega»), Irigoyen escuchó al entrenador argentino; se había hecho cargo de la selección y pensaba jugar al fuera de lugar en un país donde el Cruz Azul le sacó el campeonato al Atlético Español con tres goles en fuera de lugar; defendería el achique en canchas donde la táctica consistía en dejar crecer el pasto e inundarlo media hora antes del juego. Supo que Menotti estaba en México para joderse; también supo que ese fervor era transmisible.

Le sorprendió que todo cupiera tan fácilmente en su maleta. Había juntado pocas cosas y por alguna razón esto le pareció la condena de los divorciados sin hijos. Punta Fermín se le presentó en la mente como una tierra baldía. Aquel nombre sin apellido declaraba su falta de historia. Nada había durado allí lo suficiente. El equipo, el estadio, la ciudad misma, eran más jóvenes que Irigoyen.

El vasco le mandó un chofer al aeropuerto de Cancún y durante dos horas vio una meseta plana, de árboles bajos, que no se parecía a nada, o en todo caso se parecía a alguna película de África.

—Le doy una vueltita —el chofer aminoró la velocidad al entrar al pueblo y el calor se hizo más intenso. Recorriendo una calle larga, llena de ofertas de contrabando. Una tienda mostraba un lagarto vivo, en una jaula de palos. Un poco más adelante, un cerdo estuvo a punto de meterse bajo la camioneta. Pasaron junto a unas muchachas que comían hielo azul.

—¿Que tal las chamacas? —preguntó el chofer. Irigoyen vio las piernas escuálidas, los pies en sandalias de plástico transparente—. Esperan a los petroleros de las plataformas. Regresan a Punta cada quince días. Dicen que estar cerca del petróleo lo pone a uno muy caliente. ¿Será?

Irigoyen preguntó por el hielo azul.

—Le ponen un jarabe que viene de Panamá. Aquí todo es importado. Hasta nosotros somos de importación. ¿Quién va a nacer aquí?

No había iglesia, ni plaza con kiosco, ni cancha de basquetbol. El ayuntamiento era un rectángulo que se parecía demasiado a las tiendas de aparatos de contrabando.

Atravesaron un fraccionamiento de casas recién construidas y recién abandonadas. Los habitantes debían pasar la mayor parte del tiempo en el mar.

Tomaron una carretera practicada sobre una meseta de piedra. A la derecha el agua se extendía con una calma excesiva, que contribuía al calor. Irigoyen vio una bandada de loros; la cauda verde los acompañó un rato y descendió hacia un punto en el que debía haber árboles.

Al poco rato avistaron las primeras frondas.

—Aquí hay plantas por el cenote —explicó el chofer. Dos ríos subterráneos desembocaban en una boca de agua. El vasco Uribe había comprado los terrenos húmedos para construir el estadio, la casa-club y una mansión que dominaba el Caribe.

Pasaron bajo una arcada con letras verdes y blancas: Rayados Football Club. El equipo se llamaba así por una tribu que habitó en la zona, cazadores nómadas que se rayaban el cuerpo con cal y desaparecieron sin dejar pirámides ni ofrendas. Lo único que aún recordaba su borroso paso por la península era la camiseta del equipo.

—Mire nomás qué chulada —el chofer señaló algo que podían ser las flores en primer plano, un césped impecable o la casa con balcones.

Irigoyen bajó de la camioneta y apretó la mano de Uribe, una mano áspera, que parecía salida de la meseta de piedra.

—Vas a estar feliz —el vasco sonrió sin sacarse el puro de la boca; lo tuteaba, con el aire de ganadero de tantos directivos, sin esperar reciprocidad.

Entraron a una sala amplia, con suelo de mármol. Una profusión de alfombras árabes agobiaba el ambiente.

Uribe lo llevó a una terraza al otro lado de la sala. Irigoyen supo que la casa había sido edificada para lograr ese punto de vista: desde el sillón de mimbre se dominaba el estadio y la cancha misma (las gradas recorrían el campo en herradura dejando libre la cabecera que daba a la mansión del propietario).

—¿Un coctelito? —preguntó Uribe.

Irigoyen se volvió y descubrió a una muchacha que había llegado sin hacer ruido. Estaba descalza; tenía los ojos achinados y el pelo lacio de las muchachas que lamían hielo azul.

—Olivia —la presentó el vasco.

Por primera vez vio la sonrisa ambigua, como si estuviera ante algo repugnante que sin embargo le gustaba.

Tomaron un licor verde, fresco y denso. La travesía, el torpor del trópico y la bebida situaron a Irigoyen en un plano de irrealidad. Con el crepúsculo, los prados cobraron un resplandor extraño, como si absorbieran la última luz de la tarde.

—Estoy muerto —dijo.

—Acompáñalo —Uribe se dirigía a la muchacha con un efecto impositivo, como si su autoridad no derivara de un salario.

El bungaló destinado al entrenador resultó agradable. Televisión con canales de Miami, ventilador en el techo, regadera para dar masajes de agua.

Los días siguientes transcurrieron para corregir la visión inicial de Punta Fermín. Encontró un plantel bien conformado, con cinco veteranos de la primera división, una docena de novatos con más empeño que oficio y los cuatro refuerzos que exigió con su contratación. En los vestidores respiró el olor a lodo, sudores, cueros gastados, idéntico al de cualquier cancha, el recordatorio de que el fútbol partía siempre de la misma pobreza. Tal vez porque llevaban algún tiempo sin ver a nadie, los jugadores lo escucharon con extraño respeto, como si hablara de cosas al otro lado del mar.

Después de la visión semidesierta que recogió en Punta Fermín, resultó misterioso que el estadio se llenara cada dos domingos. A pesar de los infernales traslados en autobús para sus juegos de visitantes, el equipo corría con eficacia y Marcelo Casanueva encabezó pronto la tabla de goleo. Marcelo era el tipo de jugador que Irigoyen admiraba y detestaba: un santurrón de pelo engominado, lleno de supersticiones, que entrenaba el doble, con terco puritanismo. Aunque sus goles eran un evidente triunfo de la voluntad, no podía responderle a un periodista sin mencionar a Dios. En su mirada y en su estilo de juego había una incapacidad de disfrute que ponía en evidencia los placeres buscados por los otros. Aun en el comer parecía regirse por una disciplina superior. Después de diez partidos era obvio que la segunda división le quedaba chica pero no quiso recibir a los scouts del Atlas que fueron a buscarlo. Irigoyen le agradeció su lealtad y Marcelo miró desagradablemente al cielo, como si fuera entrenado por Dios.

Entre semana, las plantas y el mar aislaban al equipo. Irigoyen no quiso pensar en lo que esa permanente concentración significaría al cabo de un año. En fútbol el futuro era el próximo domingo.

El camión de los Rayados iba a Cancún los días libres. Él prefería quedarse a leer las revistas que le traían sus jugadores, caminar por los prados vacíos, desvelarse con las películas de la madrugada, que siempre eran las mejores.

Una de esas tardes en que su equipo estaba lejos, caminó por una zona de palmas bajas. Llegó a un claro en el que sintió algo extraño, como cuando corría en punta y una sombra salida de cualquier parte le borraba el balón. Se volvió a la derecha y encontró a Olivia, recargada contra una palma. Un perro le lamía los pies.

—Le fascina. Es por la sal. Los perros necesitan sal —vio la lengua que mojaba los dedos de Olivia. Ella cerró los ojos, para concentrarse en la caricia húmeda y rasposa o para que él la pudiera observar mejor. Alzó los brazos, abrazó el tronco que le servía de respaldo. Irigoyen se alejó deprisa. ¿Qué hacia Olivia en Punta Fermín? El chofer le había contado que venía de Veracruz, donde el patrón tenía cafetales y una cadena de hoteles (juntó los índices de ambas manos, sugiriendo una relación estrecha). En alguna ocasión, Irigoyen la había visto bajar de los coches largos que usaban los líderes del sindicato petrolero y departir con ellos en el palco de Uribe, vestida con las telas floreadas y brillosas que ahí eran elegantes. Tal vez el vasco la usaba para reforzar sus vínculos con el sindicato. Desde el primer juego, el entrenador entendió la función secreta del estadio; en las gradas, los hombres del petróleo encontraban a las mujeres que llegaban en canoas y balsas de los caseríos cercanos y no pagaban la entrada. Irigoyen sabía de sobra que en fútbol el público es un furor anónimo, pero a las cinco de la tarde algo distinguía a ese estadio; los gritos inconexos, el entusiasmo a destiempo, sugerían que la gente hacía su propio juego. La cancha de los Rayados era un poco la plaza que faltaba en el pueblo. En ocasiones había golpizas y algún acuchillado que no tenían que ver con el partido. A las siete de la noche, costaba trabajo sacar a la gente, de nada servía apagar los reflectores; en las gradas aparecían fogatas, radios con música de guitarras y acordeones.

—Cuando se construían las plataformas, hubo que traer mujeres de Chetumal; los hombres enloquecían con estos calores —le comentó Uribe. Desde su terraza, los últimos fuegos sugerían un festejo bárbaro.

El lunes en la mañana la panga se llenaba de mujeres solas. Olivia era distinta; se quedaba en tierra y venía de más lejos. En el claro de las palmas bajas Irigoyen sintió que ella lo miraba de otro modo.

Se metió a la regadera y la tortura del agua helada lo alejó de los ojos brillantes, las piernas tostadas, los pies lamidos golosamente. Se secó con rabia. Al retirar la toalla de la cara, encontró a Olivia. Por primera vez ella sonrió de un modo inequívoco:

—Déjame verte.

A partir de ese momento Punta Fermín fue el talle estrecho de Olivia entre sus manos, sus pezones oscuros, el olor vegetal que exhalaba su garganta, los pies manchados por la hierba, los ocasionales vahídos del perro que la esperaba afuera.

Olivia contaba pocas cosas, como si le costara mucho trabajo dar con palabras para llegar a una historia. En cambio, su sonrisa siempre contradecía algo. A Irigoyen le divertía pensar ese gesto como un tiro penal: la finta hacia un lado, la resolución al otro.

—El señor me espera —ella se despedía en el tono que Marcelo usaba para sus citas con Dios en el área chica.

El vasco debía saber, y de un modo complejo aceptar, que ella lo visitara, tal vez incluso se lo pedía. Irigoyen acabó por acostumbrarse a esa ironía: él, que despreciaba el marcaje personal, era vigilado hasta la intimidad.

Quizá el sol calcinante tuvo que ver en la facilidad con que Irigoyen asimiló la sombra del vasco en las visitas de Olivia. De cualquier forma, siempre tardaba en preocuparse de lo que ocurría en proximidad, imaginaba las cosas de acuerdo al puesto que ocupó en la cancha; lo suyo fue correr junto a la línea de cal, llenar un hueco repentino en el extremo izquierdo, un poco al margen, entre testigo y participante, como si anticipara su destino de entrenador fuera del campo o su vida en esa región donde el país extrañamente seguía existiendo.

A fines de mayo el cielo reventó en tormentas y una humedad calurosa se apoderó de las noches; el pelo de Olivia siempre se veía mojado, como una señal que pasaba afuera. Un día en que llovió temprano y ella no pudo visitarlo, la televisión trajo noticias de Menotti. Su equipo había jugado como nunca, pero hubo cambios en la federación y el entrenador renunció entre una ola de calumnias. Irigoyen recordó la voz del *Sordo* cargada de fracasos: «aquí el que piensa pierde; cuídate, ése es el peligro de los porteros y los que juegan en punta». El *Zorri* y él tenían tiempo de reflexionar hasta que les llegara el balón. El portero era el excéntrico del grupo: sus talismanes, sus vistosas sudaderas, lo apartaban del resto. Con el extremo izquierdo ocurría algo similar; allí se acababa el equipo y todo se volvía zurdo. Hasta él desconfiaba de esa zona y entraba a la cancha con el pie derecho. «Lo más grave es pensar fuera del estadio; los directivos no lo perdonan», el *Sordo* hablaba como si su número 11 no representara una posición sino una conducta.

«Vino de lejos, se aprovechó de nosotros», declaró un funcionario en la televisión. Se refería a Menotti. En ese momento él pensó en su futuro más allá de Punta Fermín. Dos días después Olivia dibujaba con su dedo en la espalda sudada de Irigoyen y él le pidió que se fueran al terminar la temporada. Ella replegó las piernas, se abrazó las rodillas:

—Sólo si ganas —lo dijo como si eso fuera imposible, como si no hubiera leído los muchos artículos en tinta café y azul que los consagraban como la revelación de la segunda—. Te conviene irte antes. Yo paso mucho rato con el señor —Irigoyen tardó en advertir la relación entre ambas opiniones.

—¿Qué te dijo?

—Los equipos de la primera viajan en avión —Irigoyen recordó el cielo limpio que lo había cubierto durante meses, sin ver jamás la cauda de un jet. Estaban demasiado lejos; los grandes equipos no aceptarían un viaje tan costoso y extenuante—. Además, el sindicato necesita un equipo en la segunda —Olivia cerró la pinza: no lo dejarían ganar—. Vete antes.

Insistió en que partieran juntos. Ella repitió, con la sonrisa que significaba cualquier cosa, que para eso debía ganar. Quizá lo dijo porque lo consideraba imposible o porque de un modo oscuro eso implicaba su despido.

El futuro fue el domingo hasta llegar a la liguilla de ascenso. Pasaron sin trabas por equipos que confiaban en las marcas persecutorias y no anhelaban otra cosa que un gol fortuito, de preferencia a balón parado. Marcelo Casanueva jugó como si ya estuviera en su siguiente equipo. A Irigoyen le repugnaba verlo salir del campo como si ignorara sus proezas, pero sabía que ésa era su ventaja: el ariete frío, inconmovible.

Llegaron a la final contra el Tecnológico Hidalgo. Al día siguiente, el *Esto* anunció que el club de Pachuca recibiría refuerzos del América, el Atlante y el Guadalajara. La señal era inequívoca: tres franquicias poderosas sacrificaban a sus reservas en favor de un equipo del centro. Irigoyen pensó en los aviones imposibles mencionados por Olivia.

No se necesitaba gran suspicacia para advertir que el aire se empañaba. El vasco viajó a la capital y fue imposible localizarlo por teléfono. El sindicato, encargado de darles el autobús para ir a Pachuca, mandó un ejemplar oxidado, de asientos metálicos, que se descompuso en el istmo. Llegaron dos horas antes del juego, como espectros de sí mismos. El árbitro los devolvió molestamente a la realidad: se tragó el silbato cuando quiso, marcó un penalty rigorista y permitió que les fracturaran al lateral derecho. El 0-2 les salió barato. El vasco los visitó en los vestidores: «Ni modo, muchachos, se hizo lo que se pudo», aunque buscaba un tono resignado, lucía nervioso. Irigoyen entendió sus temores: los creía capaces de una voltereta en Punta Fermín. Pasó las veintiséis horas del camino de regreso refinando esta certeza; nada le convenía tanto a Uribe como perder en la final. Apenas le sorprendió que lo llamara a su oficina antes del partido de vuelta. Olió el aire; el puro llevaba horas apagado pero el vasco aún lo tenía en los labios, absorto en las ideas rotas que le iba a comunicar:

—Aquí sólo el calor es real —empujó el sobre; Irigoyen alcanzó a ver el filo verde de los dólares—. A ver si así despiertas: tuviste un sueño de mierda. El *Zorri* me hablo de ti y te aposté como esos imbéciles que arriesgan su dinero según los nombres de los caballos. Eras primerizo y tenías los delirios de grandeza que siempre hunden a los equipos. Olivia me advirtió a tiempo, sí, no pongas esa cara de tarjeta amarilla, yo te la puse entre las sábanas. Te debí mandar a la chingada en la primera vuelta pero pensé que tenías suerte de principiante, además, la taquilla es la taquilla; después supe que no jugabas con la suerte; montaste un equipo excesivo, ¿no se te ocurrió pensar que no se puede jugar así en los pantanos? ¡Relevos por los extremos en este muladar! ¿Sabes cómo conseguí mi franquicia? Gente de arriba, con la que no has soñado, necesitaba que los petroleros tuvieran otra diversión que las putitas tropicales. ¿Crees que nos dejarían llegar a primera? ¿Has visto pasar un avión por este pinche cielo? Nunca va a haber equipos en las fronteras. Aquí no se acaba la cancha, aquí se acaba el país.

Irigoyen recogió una última imagen de Uribe, como si quisiera perfeccionar su desprecio. Sentía un dolor en el esternón, una náusea incontenible ante ese plato con ceniza fría. Pensó en ganar; de un modo absurdo eso también significaba llegar a Olivia.

La cabeza le dolía con fuerza cuando entró al vestidor y encaró a sus jugadores. Supuso que también ellos habían recibido dinero para perder el juego. Algunos, los veteranos a punto de despedirse, no tenían grandes motivos para rechazar un pago fuerte. Otros —por primera vez vio a Marcelo como un aliado— simplemente no podían aceptarlo. Su arenga duró mucho, al final todos lo miraban con un respeto que se debía más que nada al asombro de que alguien hilara tantas palabras con tan poco aire. Salieron de los vestidores como de una cámara al interior de una pirámide. Nunca la cancha de Punta Fermín le pareció tan fresca. «No jueguen para el vasco; no vean al palco de honor...» ¿Qué más había dicho? De nuevo respiró los olores primarios y pobres del fútbol, y habló del dinero sin gloria, los ídolos, las cuentas que tendrían que rendir, todo muy confuso, muy apasionado, poco convincente. Fue el primero en traicionar sus palabras; en el aire que había vuelto a ser ardiente, buscó la piel tostada, el mechón oscuro de Olivia en el palco de Uribe y los líderes sindicales.

Si ganaban, el vasco estaría obligado a negociar con la Federación y a rematar su franquicia a algún equipo del centro. Después, con el partido ya empezado, Irigoyen se dejó llevar por una idea turbia, insistente: que la decisión de Olivia dependiera del marcador, era un motivo para perder. «Yo también me la estoy jugando», le había dicho mientras él miraba la marca que tenía en el muslo. «Me cayó ácido.» Ignoraba cómo pudo caerle ácido; pensó en los hombres del petróleo, tomó la herida como un anticipo de los destrozos que vencerían su cuerpo. Sí, ella corría otros riesgos. Las noches compradas por Uribe habían desembocado en una apuesta; Irigoyen era una oportunidad de doblar su vida, siempre y cuando entrara al juego. En el banquillo, empezó a compartir los argumentos sin palabras de Olivia: desde siempre, él no había hecho otra cosa que condicionar sus pasiones al resultado. De nuevo pensó en perder, en arruinarse el gusto de recuperar el olor vegetal de Olivia.

De cualquier forma, desde el silbatazo inicial supo que lo que se desataba esa tarde dependía muy poco de él. Era un delirio suponer que aún podía dirigir algo. El partido fue un ejercicio en confusión; los veteranos que llegaban tarde a las jugadas apenas se distinguían de los que se barrían demasiado pronto. Por primera vez, Marcelo jugaba del lado de las emociones; erraba pases sencillos y disparaba con un ímpetu que terminaba en el graderío. Irigoyen comprendió su error, había infundido un coraje que no pertenecía a las canchas.

En el descanso, con el marcador 0-1 y el global 0-3, buscó apaciguar los nervios: jugaban contra sí mismos, no contra el Tecnológico y sus refuerzos. Leyó la desilusión en las miradas; no le creían, o creían que Uribe lo había visitado en el banquillo. Los jóvenes lo miraron como si la calma fuese un soborno y los veteranos con molesta simpatía. Añadió algún consejo para abrir la cancha y marcar al esquivo número 9. Nadie lo escuchó.

A veinte minutos del final, Marcelo fue sembrado en el área. Aun ese árbitro que tomaba la violencia como un requisito deportivo tuvo que marcar el penal. El tirador designado era el propio Marcelo. Irigoyen sabía lo que la adrenalina produce en un cuerpo recién fauleado; sin embargo, el sustituto podía fallar adrede. Dejó que él cobrara. Desde que lo vio correr supo que la pelota acabaría muy lejos del arco. Marcelo tenía tantos motivos para anotar que ninguno acabaría en la red.

Había amanecido. El tanquero se recortaba contra un cielo amarillo. Irigoyen vio el óxido que cubría los costados de la proa. El sobre le abultaba la camisa; aún tenía una oportunidad de grandeza: podía destruir los billetes. Sin embargo, desde que empacó sus cosas supo que no lo haría; lentamente aceptaba la idea de una liquidación, exagerada, si se quiere, pero todo había sido un poco confuso en esos calores, elegía un drama menor, una derrota pactada.

Aguardó en el embarcadero hasta que escuchó risas y se volvió para encontrar los rostros cansados de las muchachas que regresaban de su noche en Punta Fermín. La presencia del entrenador las hizo guardar silencio. Una de ellas le ofreció un cono con hielo azul. Era la primera vez que lo probaba; un jarabe fragante, a pétalos desconocidos. La mayoría de las muchachas estaban descalzas, casi todas bostezaban, se protegían los ojos del sol con los antebrazos. Ninguna parecía mayor de veinte años. Al poco rato se oyó un motor. Irigoyen buscó el estadio; sólo entonces supo que aún pensaba que Olivia podría acompañarlo. Había perdido la apuesta pero tal vez se trataba de otra finta. Le pareció que alguien lo llamaba. Se equivocó: era uno de los ruidos rotos que el viento trasladaba desde cualquier parte.

Subió a la madera podrida, con el pie derecho, y sintió el empellón que lo alejaba de la costa. Navegó río abajo, rodeado de mujeres con sueño, y obtuvo una vista insólita del estadio. Un enclave de felicidad, plantas, prados bien cuidados. Entonces distinguió la silueta junto al agua. El perro le lamía los pies. Ella no agitó la mano en señal de despedida; vio la balsa en el río caliente, como si él hubiera llegado para irse, para desprenderse hacia un lugar sin nadie, la punta que significaba el fin del juego.

(Inédito)

Este libro
se terminó de imprimir
en los Talleres Gráficos
de Gráfica Internacional, S. A.
Madrid
en el mes de octubre de 1995

OTROS TÍTULOS PUBLICADOS
EN ESTA COLECCIÓN:

EL PIANO
Jane Campion y Kate Pullinger

ABRIL ENCANTADO
Elizabeth Von Armin

LA TABLA DE FLANDES
Arturo Pérez-Reverte

VIDA DE ESTE CHICO
Tobias Wolff

LA MACHINE
René Belleto

LA FERMATA
Nicholson Baker

PIERNAS DE SEDA
Maria Mercè Roca

CUENTAS PENDIENTES
Juan Madrid